"타종교에도 구원이 있는가?" 이 질문은 진지하고 신실한 그리스도인들을 오랫동안 고뇌하게 만들었다. 이 책은 그 오랜 질문에 대한 명쾌하면서도 안전한 대답을 모색한다. 저자는 '최종 구원의 여부'가 아니라, '계시의 속성'이라는 맥락에서 복음주의자들이 세계 종교들과 교류할 수 있는 새로운 길을 제시한다. 사실 이것은 전혀 새롭지 않다. 예수님과 바울로부터 아우구스티누스, 토마스 아퀴나스, 칼뱅, 에드워즈, C. S. 루이스 등으로 계승된 오래된 패턴일 뿐이다. 저자는 이들의 사상을 바탕으로 타종교에 대한 깊은 이해가 기독교를 더 풍성하게 해 줄 수 있다고 단언한다. 저자의 말처럼 이 책은 위험할 수 있다. 하지만 본래 가치 있는 일에는 늘 위험이 따르기 마련이다. 나는 이 책을 통해서 타종교를 믿는 이들에 대한 존중과 민감함 가운데 그들에게 계시의 완성이신 예수 그리스도를 나눌 수 있으리라는 담대한 희망을 갖게 되었다.

김선일 웨스트민스터신학대학원대학교 실천신학 교수, 「전도의 유산」 저자

우리 사회는 다종교 사회다. 다행히 종교로 인한 테러나 전쟁이 벌어지지는 않지만 사회 전반이나 개인의 삶에서 크고 작은 종교적 갈등은 계속되고 있고, 만약 사회적 상황이 변한다면 언제라도 그 갈등이 폭력화될 여지가 있다. 그렇기에 우리에게는 자신과 신념이 다른 이들을 이해하고 포용하는 태도가 절실하다. 한국 개신교는 역사적 과정을 거치면서 타종교에 대해 유독 배타적인 성향을 갖게 되었다. 그 결과 개신교는 바람직한 사회를 만드는 데 기여하는 빛과 소금 역할을 하기보다 오히려 개신교 자체가 사회 문제가 되는 모습을 보이기도 한다. 이 책은 그리스도인이 다른 종교들을 어떻게 이해할 것인지 조언을 제시한다. 자신의 신앙에 충실하면서도 다른 신앙의 소유자들을 포용하려 하는 이중의 과제를 균형 잡힌 시각에서 풀어 간다. 내 신앙이 소중한 만큼 다른 이들의 신앙도 소중하다고 느끼지만, 어떻게 생각하고 행동해야 할지 마땅한 지침이 없어 고민하던 열린 그리스도인들에게 이 책은 값진 필독서가 될 것이다.

김윤성 「종교 전쟁」 저자, 한신대학교 인문콘텐츠학부 교수

우리에게 가장 필요한 책이 한 권 추가되었다. 맥더모트는 기독교 복음주의 신앙의 전문가이면서, 교회의 역사에 통달해 있으며, 세계의 주요 종교 전통의 내용과 주장 및 의미에 대해서도 해박한 지식을 선보인다. 복음주의 신앙과 세계 종교와의 관계를 다루는 이 책은 지난 수십 년간 극적으로 종교적으로 다원화된 서구 사회에서, 복음적 신앙에 충실히 헌신하면서도 타종교에 근본주의적 공격성을 보이는 것에는 부담을 가졌던 모든 그리스도인에게 중요한 교과서 역할을 할 것이다. 이런 균형 잡힌 연구서가 극히 부족한 한국 신학계에서 이 책은 이제 신학과 선교학 및 종교학 분야의 꼭 읽어야 할 도서로 자리매김할 것이다.

이재근 웨스트민스터신학대학원대학교 선교학 교수, 광교산울교회 협동 목사

복음주의자들은 이제껏 기독교 이외의 다른 신앙에 깊이 관여하는 것을 경계해 왔다. '특수성의 스캔들'에 대한 헌신은 그만큼 많은 사람이 비기독교 종교들의 계시적 가치가 무엇인지 고려하지 않는다는 반증이기도 하다. 제럴드 맥더모트는 대부분의 경건한 복음주의자들이 발을 내딛기 두려워하던 분야에 시기적절하고 매우 필요한 멋진 책을 써냈다.

제레미 벡비(Jeremy Begbie) 케임브리지 대학교 리들리 홀 부학장

한 사람의 기독교 신앙이 공자의 『논어』를 만나면서 풍성해질 수 있을까? 예수 그리스도로 드러난 하나님의 구원하심이 다른 세계 종교들의 지혜 속에 작동하는 더 넓은 범위의 은혜를 포괄할 수 있을까? 복음주의자 제럴드 맥더모트는 그렇다고 말한다. 저자는 성경과 조나단 에드워즈의 전통에 근거하고, 종교 다원주의를 놓고 진행되는 오늘날 논의에 대한 바람직한 이해를 바탕으로, 비기독교 종교들의 주요 저술들을 면밀히 검토하여 자신의 주장을 펼친다. 최근 논의에서 경청해야 할 참신한 목소리가 여기 있다.

가브리엘 파크레(Gabriel Fackre) 앤도버 뉴턴 신학교 명예 교수

이 책은 복음주의권의 종교 신학에 커다란 기여를 한다. 복음을 듣지 못한 사람들이 처한 운명의 문제는 차치하고, 다른 신앙을 가진 사람들에게서 배우기를 기대하게 한다. 또한 그들이 우리에게 가르칠 것이 없다는 가정에서 벗어나게 한다. 이 메시지는 우리로 하여금 관대하고 개방적인 정신을 지니게 할 것이다.

클라크 피녹(Clark H. Pinnock) 맥매스터 신학대학교 신학과 교수

기독교는 타종교로부터
무엇을 배울 수 있는가?

IVP(InterVarsity Press)는
캠퍼스와 세상 속의 하나님 나라 운동을 지향하는
IVF(InterVarsity Christian Fellowship)의 출판부로
생각하는 그리스도인을 위한 문서 운동을 실천합니다.

Can Evangelicals Learn from World Religions?
Copyright © 2000 by Gerald R. McDermott
Translated and printed by permission of InterVarsity Press
P. O. Box 1400, Downers Grove, IL 60515, USA
All rights reserved.

Korean Edition © 2018 by Korea InterVarsity Press
156-10 Donggyo-Ro, Mapo-Gu, Seoul 04031, Korea

기독교는 타종교로부터 무엇을 배울 수 있는가?

다종교 사회를 사는 그리스도인을 위한 교양

제럴드 맥더모트 | 한화룡 옮김

Ivp

차례

한국어판 서문 11

감사의 글 13

서문 15

1. **복음주의자들과 세계 종교들** 31
   역사적 주요 사건들 36 | 신학적 정의 40 | 복음주의 대 근본주의 48
   개신교 정통주의, 자유주의, 후기 자유주의 52 | 세계 종교들을 대하는 복음주의자들 55

2. **계시란 무엇인가?** 63
   정의 64 | 매개와 방식 68 | 자연을 통한 계시? 69 | 계시에 드러나는 진리의 본질 76
   계시의 차원들 84 | 계시의 해석 88

3. **성경적 시사** 101
   하나님은 이방인들이 그분을 알기 원하신다 102 | 히브리 민족과 기독교 전통 밖,
   하나님에 대한 지식 106 | 하나님의 백성이 유대 및 기독교 교회 밖에 있는 자들로부터
   배우다 110

4. **신학적 고찰** 125
   언약들과 종교들 132 | 모형론 141 | 하나님 나라에 대한 바르트의 비유들 147
   다시 한 번: 종교들 가운데 있는 계시 149 | 하나님은 왜 그런 모형들을 제공하셨는가? 156

5. **오래된 패턴: 이집트인들을 강탈한 기독교 신학자들** 163
   성 아우구스티누스 164 | 토마스 아퀴나스 168 | 장 칼뱅 175

6. 불교의 무아와 무념 181

　다른 비전들 182 ｜ 생각과 언어 너머에 계시는 하나님 185 ｜ 세상과 자아의 우연성 191
　일상적인 것의 신비 195 ｜ 옛 사람의 강박적 집착 202 ｜ 십자가 위에 앉아서 205
　참 자아를 찾아서 208 ｜ 두 가지 마지막 언급 210

7. 도교의 위장 신학 213

　위장해 계신 하나님 216 ｜ 하나님의 역설적인 방식 223

8. 덕에 대한 유교의 헌신 231

　중국의 정언적 명령법 234 ｜ 충과 서 242 ｜ 마지막 언급 245

9. 무함마드와 하나님의 증표들 249

　몇 가지 놀라운 일들 251 ｜ 차이점들 259 ｜ 두드러진 교훈들 261

10. 결론: 반대와 응답 277

　부록: 하나님과 남성 대명사 295
　이름 및 주제 찾아보기 303
　성구 찾아보기 307

이 책에 대한 영감을 준
나의 친구 아비 자카이에게

한국어판 서문

『기독교는 타종교로부터 무엇을 배울 수 있는가?』가 한국어판으로 출간되어 매우 기쁩니다. 번역자와 출판사의 노고에 감사드리며, 이 책이 많은 독자의 손과 생각과 마음에 가닿기를 기도합니다. 한국은 매우 중요한 나라입니다. 한국 교회는 예수 그리스도 안에서 한 몸 된 매우 중요한 지체입니다.

그리스도인은 왜 다른 종교에 대해 배워야 할까요? 우리는 이웃을 사랑하라는 명을 받았는데, 그 '이웃'의 대부분은 다른 신앙을 지녔기 때문입니다. 이웃의 신앙을 이해할 때 우리는 그들을 지성을 다해 더욱 사랑할 수 있습니다. 또한 그들의 종교에 대해 배울 때 우리가 그들을 존중하고 있음을 표현할 수 있습니다.

우리는 '이웃'에게서 홀로 참 하나님이신 삼위일체 하나님에 대한 무언가를 배울 수 있습니다. 삼위일체 하나님은 각 문화 안에 말씀의 씨앗을 심으셨기 때문입니다. 이는 곧 모든 문화가 그리스도에 대한 새로운 차원을 우리에게 가르쳐 준다는 의미입니다. 모든 문화로부터 믿는 자들이 나아와 그리스도의 영광을 볼 때, 그들은 우리가 보지 못하는 방식으로 예수님을 볼 것입니다. 우리가 그들의 눈으로 볼 때, 삼위일체 하나님이 지닌 아름다움의 새로운 차원을 보게 될 것입니다.

부디 이 책을 통해 그리스도를 추구하는 이들과 믿는 이들이 성부, 성자, 성령 하나님의 아름다움을 더욱더 깨닫게 되기를 빕니다.

제럴드 맥더모트

감사의 글

이 책을 쓸 수 있도록 도와주신 많은 분에게 깊이 감사를 드립니다. 하절기 연구를 할 수 있도록 연구비를 지원해 주신 로어노크 대학에 감사를 드립니다. 덕분에 이 책의 여러 장을 쓸 수 있었습니다. 빌과 코니 핀텔은 일주일 동안 호수 근처에 있는 그들의 집을 빌려주었습니다. 그곳에서 첫 세 장을 구상했습니다. 로버트 벤은 계속해서 전문적인 조언으로 저를 북돋워 주었습니다. 우리 대학 종교철학 학부의 분위기를 조성하는 그와 네드 위스네프스키 덕분에 저는 기쁜 마음으로 학생들을 가르치고 글을 씁니다. 조지 헌싱거는 저에게 기독교 신학을 한다는 것이 무엇인지 가르쳐 주었습니다.

여러 학자들이 저에게 중요한 비판적 의견을 보내 주었습니다. 그들 모두를 흡족하게 할 수 있을 정도로 의견을 다 반영하지는 못했습니다. 따라서 이 책에 남아 있는 오류들이 있다면 그것은 제 잘못입니다. 앨런 피어라트, 발레리 호프만, 폴 그리피스, 한스 존, 브렌트 샌디, 브루스 라이헨바흐에게 감사를 드립니다. 또 윈프리드 코르두안과 익명의 IVP 논평자에게도 감사를 드립니다. 그들이 해 준 비평과 제안들은 매우 유익했습니다.

  마지막으로, 매일 집으로 돌아가는 발걸음을 너무도 즐겁게 만들어 주는 소중한 이들인 아내 진과 세 아들에게 가장 고맙다고 말하고 싶습니다.

서문

20세기 초 중국에서 린위탕(Lin Yutang)이 기독교 목사의 아들로 자랄 때, 중국 그리스도인들은 유교 고전을 위험한 이교의 허튼소리로 생각했다. 그래서 린위탕의 아버지는 아들에게 중국 고대 문명의 풍부한 문화적 유산을 전혀 가르치지 않았다. 린위탕의 영적 자서전인 『이교도에서 기독교인으로』(*From Pagan to Christian*, 포이에마)[1]에 보면, 대학에 입학한 그는 근본주의적 두려움 때문에 자신의 토착 문화의 진가를 이해하지 못했었다는 사실을 깨닫고 화를 낸다. "나는 내 민족 유산에 대해 속아 왔다. 그것이 잘났다는 청교도 기독교 교육이 중국인 소년에게 해 줄 수 있는 것이었다. [그래서] 나는 우리 민족의식의 거대한 흐름에 뛰어들기로 결심했다."[2]

아이가 오랜 세월 잃어버렸던 부모를 찾고 기뻐하는 것처럼, 린위탕은 중국 철학과 민속학을 섭렵했으며 어릴 때부터 양육받은 기독교 신앙을 버렸다. 이후 그는 20세기 중국의 가장 선도적인 지식인 중 하나

---

1 Lin Yutang, *From Pagan to Christian* (London: Beinemann, 1960).
2 앞의 책, p. 35.

가 되었다. 그리고 극동의 사상과 문화의 영광을 극찬하면서 기독교의 문화적 둔감성을 넌지시 고발하는 많은 책을 썼다.

인생의 황혼기에 린위탕은 어린 시절의 기독교 신앙으로 돌아왔다. 일찍이 접한 불교와 유교와 도교의 전통으로 단련되고 계몽된 덕분에, 그의 새로운 신앙은 젊은 시절보다 더 깊고 지혜로워졌다.

오늘날 미국의 복음주의는 린위탕이 소년 시절 경험한 근본주의보다는 세상사를 더 잘 안다. 인간 문화에 대해 더 개방적이고 문화의 생산에 훨씬 더 큰 역할을 담당한다. 하지만 타종교들에 대한 태도에서는 린위탕 당시의 중국 근본주의와 상당히 비슷하다. 미국 복음주의는 멀리 있는 아시아의 사촌과 비슷하게 종종 비기독교 종교를 금기시해 왔다. 어리석은 허튼소리이거나 악마에 사로잡힌 망상이라는 것이다. 때로 미국 복음주의는 이런 종교들에 약간 우호적 존중을 표하기도 했다. 제한적이나마 기독교 교리와 융합되는 지점이 있음을 인정하면서 말이다. 그러나 미국 복음주의는 비기독교 종교에서 무언가를 배울 수 있다고 여긴 적이 거의 없었다. 그 결과, 기독교 자체의 계시에 대한 그리스도인들의 이해는 그 가능성에 비해 작아졌다. 더 중요한 것은 비그리스도인들에게 그리스도인들이 그렇게 증거함으로써 그리스도인들과 비그리스도인들 모두에게 걸림돌이 형성되었다는 점이다. 타종교 가운데 있을 수 있는 진리를 그리스도인들이 존중하지 않아서, 그리스도인들에게 귀 기울이지 않기로 작정한 비그리스도인들이 얼마나 많은가?

21세기 교회가 당면한 가장 큰 도전은 '특수성의 스캔들'(Scandal of particularity)이라는 문제일 것임이 틀림없다.[3] 과거 어느 때보다 더 그리스도인들은 붓다나 공자나 크리슈나 무함마드가 아니라 예수님을 따르는 이유가 무엇인지 설명해야 할 것이다. 그러나 그리스도인들이 자신의 신앙을 타종교와 대비시키면서 비기독교 종교들을 완전한 흑암의 지하 세계로 간주한다면, 교회의 메시지는 특수성의 스캔들이 아니라 오만한 반계몽주의 스캔들이 될 것이다.

고수케 고야마(Kosuke Koyama)는 방콕에 도착한 한 선교사 부부에 대해 이야기한다. 그들은 자신들을 초대한 집주인에게 모든 태국 종교(주로 소승불교)가 악마 숭배라 말했다(3천만 인구와 700년 전통이 한순간에 무시되었다고 고야마는 언급한다). 또 (그 당시) 중화인민공화국의 8억 시민들은 모두 무신론자이므로 구원받지 못한다면서, 나라 전체를 복음의 적으로 만들었다.⁴ 감사하게도 내가 아는 대부분의 선교사들은 그런 문화적 무감각을 보여 주지는 않는다. 하지만 비그리스도인들은 하나님에 대한 지식이 없으며 그들의 전통은 무가치하고 유해하다고 무지하게 가정하는 전도 방식은 그리스도의 이름에 도움보다 해가 된다. 비그리스도인들에게 그리스도인들은 그들에 대해 배우는 데 관심이 없으며 그들 문화를 존중하지 않는다고 말하는 것이다. 이럴 때 흔히 그리스도인들은 사람을 인간 개인이 아닌 사상 체계의 대표자로만 본다는 메시지가 전달된다. 마르틴 부버(Martin Buber)의 말을 빌려 표현하면, 우리는 다른 사람을 존경해야 할 너(Thou)가 아니라 조건적으로만 받아들이는 그것(It)으로 여긴다.⁵

---

3 '특수성의 스캔들'은 하나님이 역사상 모든 인간에게 동일하게 그분 자신을 계시하시지 않고, 특정한 장소와 시간에 특히 유대인과 예수님을 통해 그분 자신을 계시하셨다는 확신을 말한다.
4 Kosuke Koyama, *Waterbuffalo Theology* (Maryknoll, N. Y.: Orbis, 1974), p. 213.
5 Martin Buber, *I and Thou*, 2d ed. (New York: Charles Scribner's Sons, 1938). 『나와

타종교 문제에 대한 최근 복음주의 입문서들이 J. N. D. 앤더슨(Anderson)과 스티븐 니일(Stephen Neill)이 놓은 기초 위에 저술된 것은 고무적인 일이다.⁶ 앤더슨과 니일은 서구 복음주의권에 처음으로 '이교도' 세계들을 소개하여, 많은 비그리스도인들이 구원을 추구하고 그들의 신과 개인적 관계를 맺고 있음을 보여 주었다. 지난 10년 동안, 클라크 피녹과 존 샌더스(John Sanders)는 구원에 대한 포괄주의적 이해를 주장했다. 또 해럴드 네트랜드(Harold Netland)는 종교들 안에 있는 진리 문제를 새롭게 조명했다.⁷ 하지만 어떤 복음주의자도―비복음주의자들인 키이스 와드(Keith Ward), 다이애나 에크(Diana Eck), 폴 니터(Paul Knitter)가 그런 것처럼―비기독교 종교들에 존재하는 진리의 계시적 가치에 대해 초점을 맞추지는 않았다.⁸ 앤더슨과 니일은 기독교와 비기

너』(대한기독교서회).
6 J. N. D. Anderson, *Christianity and Comparative Religion* [Downers Grove, Ill.: InterVarsity Press, 1970; rev. ed., *Christianity and the World Religions* (Downers Grove, Ill.: InterVarsity Press, 1984)]; J. N. D. Anderson, ed., *The World's Religions* (Grand Rapids, Mich.: Eerdmans, 1976, 『세계의 종교들』, 생명의말씀사); Stephen Neill, *Christian Faith and Other Faiths* (Downers Grove, Ill.: InterVarsity Press, 1984).
7 John Sanders, *No Other Name: An Investigation into the Destiny of the Unevangelized* (Grand Rapids, Mich.: Eerdmans, 1992); Clark Pinnock, *A Wideness in God's Mercy: The Finality of Jesus Christ in a World of Religions* (Grand Rapids, Mich.: Zondervan, 1992); Harold A. Netland, *Dissonant Voices: Religious Pluralism and the Question of Truth* (Grand Rapids, Mich.: Eerdmans, 1991).
8 Keith Ward, *Religion and Revelation* (Oxford: Clarendon, 1994); Diana Eck, *Encountering God: A Spritual Journey from Bozeman to Banaras* (Boston: Beacon, 1993); Paul Knitter, *No Other Name?* (Maryknoll, N. Y.: Orbis, 1985, 『오직 예수 이름으로만?』, 한국신학연구소). 또 Francis X. Clooney, *Hindu Wisdom for All God's Children* (Maryknoll, N. Y.: Orbis, 1998)과 Kenneth Cracknell, *Justice, Courtesy and Love: Theologians and Missionaries Encounter World Religions, 1846-1914* (London: Epworth, 1998)를 보라.

독교 전통들 간에 제한적으로나마 수렴되는 점이 있음을 보여 주었으며, 피녹은 그리스도인들이 타종교인들에게 배울 수 있는 진리들이 있다고 주장했다. 그러나 니터와 존 힉(John Hick)과 달리, 복음주의자들 가운데 그리스도의 최종성을 희생하지 않으면서 그리스도인들이 배울 수 있는 것을 찾기 위해 실질적 방법으로 종교들을 검토한 사람은 내가 아는 한 아직 없다.[9]

이 책은 구원의 문제가 아니라 진리와 계시의 문제를 다루며, 다른 전통들의 규범적 주장을 진지하게 받아들이는 복음주의 종교 신학의 시발점이다. 또한 예수님이 모든 사람을 밝히는 빛(요 1:9)이시며, 하나님은 비기독교 전통들 가운데 그분 자신에 대한 증거를 남겨 두셨다(행 14:17)는 성경적 명제들을 탐구한다. 성 아우구스티누스(Saint Augustine)가 복음을 더 잘 이해하기 위해 신플라톤주의로부터 배웠다면, 토마스 아퀴나스(Thomas Aquinas)가 성경을 더 잘 이해하기 위해 아리스토텔레스(Aristotle)로부터 배웠다면, 장 칼뱅(John Calvin)이 르네상스 인문주의로부터 배웠다면, 복음주의자들도 붓다―그리고 다른 위대한 종교 사상가들과 전통들―로부터 그리스도 안에 나타난 하나님의 계시를 더 분명히 이해하게 해 주는 것들을 배울 수 있다고 주장한다. 이 책은 복음주의자들 사이에서 앞으로 훨씬 더 깊은 대화가 이루어지길 바라는 서언이다.

1-5장은 이론적인 것으로, 복음주의자들은 세계 종교들로부터 배

---

[9] John Hick, *God Has Many Names* (Philadelphia: Westminster Press, 1982, 『하나님은 많은 이름을 가졌다』, 창), *An Interpretation of Religion* (New Haven, Conn.: Yale University Press, 1989); Knitter, *No Other Name?*

울 수 있다는 주장을 입증한다. 처음 두 장은 서설이다. 1장에서는 복음주의라는 말의 의미를 규정한 다음, 1990년대 말까지 복음주의 학자들이 종교를 어떻게 다루어 왔는지 간단히 살펴본다. 2장에서는 계시의 의미를 규정하고 복음주의자들이 계시를 어떻게 해석해야 하는지 정리해 보고자 한다. 3장에서는 하나님이 때로 이스라엘과 교회 밖에 있는 사람들에게도 그분 자신을 계시하셨음이 성경에 제시되어 있음은 물론 교회가 때로 그러한 '아웃사이더들'로부터 배웠음을 주장한다. 4장에서는 언약과 모형론에 대한 (여러 해석 가운데) 조나단 에드워즈(Jonathan Edwards)의 해석을 사용하여, 종교 안에 계시가 있다는 개념에 대한 신학적 논거를 제시한다. 내가 주장하는 바는 적어도 일부 종교들 가운데 일종의 계시가 있다는 것인데, 여기서 말하는 계시란 일반 계시나 특별 계시가 아닌 '계시된 모형들'이다. 5장에서는 세 명의 주요 기독교 신학자들이 교회 밖에서 나온 생각으로 그리스도의 계시를 이해하는 데 도움을 받았음을 보여 줄 것이다.

다음 네 장들에서는 내 이론적 결론들을 몇몇 현실 세계의 전통들에 적용하는, 말하자면 사례 연구들을 소개한다. 6-9장에서 네 가지 주요 비기독교 종교 전통들(불교, 도교, 유교, 이슬람교)에 대해 다루고, 복음주의자들이 그들에게서 배울 수 있는 것을 제안한다. 이 넷이 전부라기보다는 두드러지는 몇 가지라는 뜻이다. 힌두교나 시크교나 애니미즘 또는 세상에 있는 수많은 다른 종교들은 다루지 않았다. 물론 내가 살펴본 네 가지 전통에 대해서도 말할 것과 배울 것이 매우 많다. 이 네 전통들은 대표적인 예시로 선정한 것들인데, 다른 복음주의 학자들이 내 뒤를 이어 연구할 자극제가 되기를 바란다. 마지막 장은 이 연구에 대한 반대 의견들을 고려하면서 각각에 대해 답한다.

6-9장을 읽고 난 독자들 가운데, 내가 이 전통들로부터 실제로는 아무것도 배우지 않았다고 항의할 사람도 있을 것이다. 내가 논의하는 개념들 대부분이 기독교적 개념들과 매우 비슷하기 때문이다. 그러나 대부분의 학습 과정에서 일어나는 일을 다시 살펴보면, 이 책에서도 같은 방식으로 학습이 이루어지는 것이 분명해질 것이다. 그래서 이 장들에 제시된 논지를 따라 읽다 보면, 타종교 가운데 있는 매우 비슷해 보이는 개념들이 내용과 맥락 면에서는 여전히 다르다는 것을 깨달을 것이다.

'대부분의' 학습을 어떤 의미로 사용하는지 설명해 보려고 한다. 내가 볼 때 대부분의 학습에서 관건은 전적으로 새로운 것을 보는 게 아니라 옛것을 새로운 방식으로 보는 것이다. 종교적으로 그리고 신학적으로, 학습이란 전적으로 새로운 신조들을 완전히 이해하는 경우보다는 익숙한 개념들을 새롭게 이해하는 경우가 더 흔하다. 따라서 예를 들어, 그리스도의 거룩하심이나 사랑을 더 깊이 또는 생생하게 인지함으로써, 또는 그분의 거룩하심을 우리가 이전에는 생각하지 못했던 방식으로 그분의 사랑에 연결함으로써 그리스도에 대한 우리의 이해가 증가된다. 옛것을 새로운 방식으로 봄으로써 일어나는 학습은 삼위일체와 같은 개념을 처음 접할 때처럼 완전히 새로운 개념을 처음 대함으로써 일어나는 학습보다 훨씬 더 흔한 일이다. 즉 삼위일체에 대한 대부분의 학습은 새로운 개념으로 그것을 접하기보다는 삼위일체의 의미 및 그 의미가 우리의 신관을 어떻게 변화시키는지 이해하려고 노력할 때 일어난다. 다시 말해, 대개 그리스도인들에게 학습은 익숙한 개념들을 새로운 관점에서 볼 때 이루어진다.

기독교 사상사에서도 대부분의 학습은 그와 같이 이루어져 왔다. 그것은 그리스도 안에서 하나님이 보이신 독창적이고 눈부신 계시의 의미를 자세히 설명하고 해명하는 것과 관련되었다. 분명 그 계시를 해석하면서 전적으로 새로운 개념들을 받아들이는 순간들이 있다. 예를 들면, 속죄 같은 것이다. 그러나 학습은 훨씬 더 많은 경우에 기본 개념들의 의미를 천천히 인내심을 갖고 이해하는 것이다. 많은 다른 계통들을 따라오면서 그런 이해가 이루어졌다. 그러나 나는 새로운 이해나 통찰이 생기는 전형적인 방식 세 가지를 제안하고자 한다. 첫째, 그리스도의 계시의 일부를 새롭게 강조하여 계시 전체가 새롭게 밝혀지는 것이고, 둘째, 전에 그리스도를 이해하도록 우리를 도와주었던 옛 개념을 새로운 관점에서 보는 것이며, 셋째, 새로운 적용과 연결 또는 함축을 통해 개념들을 더 발전시키는 것이다.

옛 개념들이 새롭게 밝혀지게 하는 첫 번째 방식은 강조점을 바꾸는 것이다. 하버드 역사학자인 에드먼드 모건(Edmund Morgan)은 다음과 같이 말한다.

> 기독교 사상의 변화는, 종교개혁처럼 매우 급진적인 변화조차도, 보통 강조의 문제가 관건이었다. 즉 어떤 개념들에 전보다 더 큰 비중을 부여하거나 다른 개념을 희생시키면서 한 개념을 논리적으로 완결 지어 나가는 것 말이다. 이런 식으로 한 시대는 다음 시대로 넘어가며, 지적 혁명은 모든 사람이 받아들인다고 항상 공언했던 개념들을 새롭게 표현함으로써 성취될 수 있다.[10]

동일하게 마르틴 루터(Marin Luther)는 전적으로 새로운 칭의 개념을 소개함으로써가 아니라 아우구스티누스 전통 내 일부를 선택해 새롭게 강조함으로써 기독교 세계의 신학적 의제를 변화시켰다.[11] 믿음을 통해 은혜로 의롭게 된다는 것은 루터 이전에 행해진 기독교 전통과 이질적인 것이 아니었다. 그러나 루터가 그 개념을 다른 무엇보다 강조하고 기독교 신앙의 중심으로 삼았을 때, 계시되어 왔던 다른 모든 것들이 새롭고도 다르게 보였다. 루터와 칼뱅은 단지 기독교 교회들에서 소홀히 취급되어 온 전통을 새롭게 강조했다는 이유로 부당하게 설교를 '발명'한 사람으로 불렸다. 그와 마찬가지로, 나는 이슬람교가 강조하는 하나님에 대한 순종이 복음주의자들이 잘못 강조하는 자기 결정권을 바로잡아 줄 수 있다고 주장할 것이다. 또한 환경에 상관없이 올바른 것을 행하고자 하는 유교 전통은 복음주의자들이 다시 기독교 제자도에 적절한 주안점을 두도록 도울 수 있다. 두 경우 모두 실제로 학습이 일어나는 일이 가능하다.

존 헨리 뉴먼(John Henry Newman)에 따르면, 위대한 개념들에는 많은 측면이 있다.[12] 역사의 참으로 위대한 개념들에는 많은 차원이 있다는 뜻이다. 즉 개념들은 의미가 매우 풍부해서 한 관점이나 측면으로

---

10 Edmund Morgan, ed., *Puritan Political Ideas: 1558-1794* (Indianapolis: Bobbs-Merrill, 1965), p. xiii.

11 Harry S. McSorley, *Luther Right or Wrong? An Ecumenical-Theological Study of Luther's Major Work, "The Bondage of the Will"* (New York: Newman Press, 1969)을 보라.

12 개념들과 측면들에 대해서, John Henry Newman, *An Essay on the Development of Christian Doctrine*, 6th ed. (Notre Dame, Ind.: University of Notre Dame Press, 1989), 1장 1항을 보라.

는 그 개념이 지닌 내용을 제대로 설명할 수 없다는 것이다. 이것이 우리가 학습을 하는 두 번째 방식이다. 익숙한 개념을 새로운 측면이나 관점에서 봄으로써 배우는 것이다.

분명히 그리스도는 역사의 가장 위대한 '개념'이다.[13] 그리스도라는 개념은 의미가 **한없이** 풍부하다 해도 지나치지 않을 것이다. 그리스도 안에 "만물이 함께 섰고", "그 안에는 지혜와 지식의 모든 보화가 감추어져" 있기 때문이다(골 1:17; 2:3). 이것은 적어도 모든 실재가 어떻게든 그리스도 안에서 그리스도에 의해 이해된다는 의미다. 그렇기 때문에 그리스도라는 개념을 볼 수 있는 무수한 측면들이나 관점들이 있으며, 각각은 하나님이 그리스도 안에 계시다는 것의 의미에 대해 새롭고 독특한 무언가를 보여 줄 것이다. 이는 곧 우리가 교회로서 그리스도를 이해하는 여정을 겨우 시작했다는 의미다. 또 교회가 성령의 도움을 받아서 성경과 전통에 대해 그리고 어쩌면 타종교들에 대해 깊이 생각할 때 그리스도에 대해 배울 것이 훨씬 더 많을 것이라는 의미이기도 하다.

보통, 그리스도의 의미에 대한 새로운 측면들이나 관점들은 다른 전통이라는 렌즈를 통해 그리스도를 볼 때—그것으로 볼 수 있는 만큼—생긴다. 예를 들어, 5장에서는 토마스 아퀴나스가 아리스토텔레스 전통을 통해 봄으로써 어떻게 그리스도의 의미에 대한 새로운 통찰을 얻었는지 검토할 것이다. 6장에서는 욕망을 자아에 대한 강박적 집착으로 분석하는 불교의 창을 통해 봄으로써 바울이 말한 타락한 자아와

---

13 나는 그리스도의 인간성이 아니라 그리스도에 대한 이해를 언급하는 것이다. 그리스도는 개념보다 훨씬 더 무한한 분이다.

루터가 말한 자기 안으로 '구부러진 자아'(curvatus in se)라는 것을 더욱 분명히 이해할 수 있다고 제안할 것이다.

학습이 일어나게 하는 세 번째 방식은 한 개념이 함축하는 의미를 뽑아내거나 그것을 다른 개념들과 관련시킴으로써 그 개념을 발전시키는 것이다. 뉴먼에 따르면, 계시는 드러난 체계가 아니라 역사 내에 온전히 드러나지 않은 광대한 체계에 속한 분리되고 불완전한 진리들의 연속이다.[14] 영원에서는 모든 기독교 교리가 꼭 들어맞을 것이지만, 현재는 시간 속에서 연결된 많은 것이 신비한 채로 남아 있다. 신학의 역사는 연결된 것들을 서서히 더욱더 끌어내는 역사다. 예를 들어, 가장 초기의 것 중 하나는 신약이 완성된 후 처음 몇 세기에 발전된 삼위일체 교리다. 여러 세기에 걸친 투쟁 후, 교회는 마침내 하나님의 단일성을 신학적이고 송영적인 의미가 통하게 하는 방식으로 성경에 계시된 삼위와 연결시켰다. 이것은 성경의 증언에 암시된 것을 명시적 교리로 끌어낸 것이었다.

이렇게 끌어내는 것은 성경에 기록된 계시의 역사 안에서도 시작되었다. 호세아와 다른 선지자들이 하나님은 제사가 아니라 자비를 원하신다고 선포했을 때, 그들은 모세오경에 암시적으로 있던 것을 명시적으로 드러낸 것이었다. 바울, 베드로, 요한은 성령의 영감 아래, 예수님이 그분의 기적, 비유, 대답, 질책 속에서 초기 형태로 가르치셨던 것을 성찰함으로써 그들의 가장 좋은 통찰을 끌어냈을 것이다.[15] 이 책 후반

---

14 Francis McGrath, *John Henry Newman: Universal Revelation* (Tunbridge Wells: Burns and Oates, 1997), p. 123.
15 바울은 구두 전승으로부터 예수님의 가르침에 대한 어떤 것을 알았다. N. T. Wright, *The New Testament and the People of God* (Minneapolis: Fortress, 1992), 특히, pp. 407-

부에서는 비슷한 형식들을 따름으로써 우리가 타종교들로부터 어떻게 배울 수 있는지 탐구한다. 예를 들어, 공공 광장에서 보이는 무슬림의 담대한 행동에서 복음주의자들은 전에 보지 못한 방식으로 신앙과 행동이 어떻게 연결될 수 있는지 볼 수 있다. 아퀴나스가 성경에 암시된 유비 개념을 발전시키려고 아리스토텔레스를 활용한 것처럼, 도교의 무위를 연구함으로써 복음주의자들은 하나님을 기다리라는 성경의 명령이 의미하는 바에 대해 배울 수 있다. 또한 다른 전통들은 우리가 현재 그리스도에 대해 암시적으로만 이해하는 것을 명시적으로 이해하도록 도울 수 있다. 이것은 전적으로 새로운 교리들이 아니라(그것이 이론적으로는 가능하다 해도) 옛 교리들과 개념들을 새로운 방식으로 봄으로써 배우는 것이다.

 타종교들 안에 있는 비슷한 개념들로부터 배우는 것에 대해 주의할 점 하나를 말하겠다. 우리는 타종교들이 그 개념들을 보는 것과 똑같이 볼 수 없다. 각 개념은 그것이 꼭 맞는 틀에 의해 채색되고 형성되며, 틀 전체는 다른 종류의 사랑과 혐오 (또는 조나단 에드워즈가 명명한 것처럼 '감정') 가운데 생겨난다.[16] 각 개념은 그것이 들어맞는 틀의 맥락 가운데서만 제대로 보이기 때문에 그리고 그 틀을 사랑하는 종교인들의 감정을 공유하지 않을 경우 제대로 볼 수 없기 때문에, 그들이 보는 것처럼 그 개념이나 부분을 결코 보지 못할 것이다. 따라서 나는 도교 신자들이 무위를 이해하는 것처럼 무위를 결코 이해할 수 없다. 그것

 408를 보라. 『신약성서와 하나님의 백성』(CH북스).
16 Jonathan Edwards, *Religious Affections*, ed. John E. Smith, vol. 2 of *The Works of Jonathan Edwards* (New Haven, Conn.: Yale University Press, 1959). 『신앙감정론』(부흥과개혁사).

은 도를 궁극적 실재로 보는 자들에게만 분명하게 보인다. 나는 공유하지 않고 또 공유할 수도 없는 확신이며 비전이다. 그럼에도 나는 그 개념으로부터—내가 아무리 불완전하게 이해한다 하더라도—배워서 그리스도 안에 나타난 하나님의 계시에 대해 새로운 것들을 볼 수 있다.

게다가, 복음주의자들이 그리스도 안에 나타난 하나님을 더 잘 해석하기 위해 다른 전통들에서 온 개념을 사용할 때, 불가피하게 자신이 가진 기독교적 틀에 끼워 맞춤으로써 그 개념의 형태에 변화를 줄 것이다. 모든 인간이 지닌 이해의 본질이 그렇다. 자신이 가진 관점을 통해 보기 때문에, 보는 것은 그 관점으로 채색되고 일부는 형성된다. 그러므로 복음주의자들이 다른 전통들에 있는 개념으로부터 배울 때, 그 학습은 분명 (복음주의적) 기독교의 윤곽과 특징을 지닐 것이다. 따라서 내가 도교의 무위로부터 배울 때, 무위에 대한 내 해석은 내 기독교적 틀에 의해 형성되며, 내 기독교적 틀의 일부를 바꾸려고 무위를 사용하는 방식 역시 여전히 명백하게 기독교적이다. 그러나 그렇다고 해서 내가 도교의 무위와 만나면서 새로운 것을 배웠다는 사실을 변화시키지는 않는다. 무위에 대한 나의 이해는 내가 가진 기독교적 감정과 관점에 의해 제한을 받는다. 그리고 내가 무위를 사용한다면 분명 기독교적으로 할 것이다. 하지만 도교의 무위와 만났기 때문에 지금의 나는 그리스도와의 연합을 다르게 바라본다고 여전히 말할 수 있다. 나는 **배웠다**.

따라서 나는 종교를 믿지 않으면 그 종교를 완전히 이해할 수 없다고 말한 아우구스티누스의 확신에 동의한다. "이해하기 위해 믿으라." 내가 말했듯, 이것은 상반된 두 의미와 통한다. 한편으로, 나에게는 불교나 이슬람교 또는 내가 논의하는 다른 비기독교 종교들에 대한 '내부적' 지식이 없다는 의미다. 그러므로 나는 그것들의 내적 역학의 어떤 것, 아마도 많은 것을 놓칠 것이다. 다른 한편으로, 나는 기독교 신앙에 헌신하였으므로 나에게는 이러한 다른 신앙들을 평가할 수 있는 그리스도의 마음이 조금이나마 있다. 그리하여 동시에 어쩌면 나는 타종교 신자들이 갖지 못한 그 종교에 대한 통찰을 얻을 수 있을 것이다. (나는 기독교 계시가 타종교에 대한 통찰을 준다고 확신하면서도, 내가 그 통찰을 어느 정도 전용했는지 확신하지 못하기 때문에 '어쩌면'이라는 전제를 붙였다.) 이와 같이 나는 내 헌신으로 인해 다른 신앙의 내적 역학의 큰 부분을 보지 못하기도 하지만, 그 신자들이 그 신앙에 대해 이해하지 못하는 어떤 것을 이해하는 경우도 있다.

바라건대, 나는 이 주제에 겸손히 접근하고자 한다. 즉 나는 비기독교 경전들을 그 원어로 읽지 않았음을 인정해야 한다. 그리고 우리 모두 알다시피 번역 과정에서 많은 것이 상실된다. 나는 또 기어츠(Geertz)가 표현한 것처럼, 이런 종교들을 "입체적으로" 볼 수 있을 만큼 널리 다니지도 못했다.[17] 그러나 나는 여러 해 동안 경전들과 전통들을 연구하고 가르쳤으며, 이슬람교를 연구하려고 중동을 다녀왔고, 내가 이 책에서 논의하는 종교들을 믿는 친구들과 이 주제에 관해 토론해 왔다.

다른 사람들의 신앙을 연구하는 데는 몇 가지 위험이 따른다. 그리스도인 학생들은 자신들과 신념을 공유하지 않은 이들에게 더 잘 받

---

17 Clifford Geertz, *The Interpretation of Cultures* (New York: Basic Books, 1973). 『문화의 해석』(까치).

아들여지기 위해 기독교 진리를 희석시키거나 타협하려는 유혹을 받을 수 있다. 다른 사람들의 헌신을 이해하기 위해 자신의 헌신을 유보해야 한다고 잘못 판단해서 경솔하게 다른 신앙에 대한 헌신을 생각하기도 하고, 예수님이나 새로운 전통 모두에 헌신하지 않기로 할 수도 있다. 한 예로, 그들은 어떤 헌신도 하지 않은 사람은 없다는 것을 깨닫지 못한다. 우리는 한 전통에 대한 헌신을 그만두면, 불가피하게 또 다른 전통(그것은 우리 자신이 스스로 날조한 전통일 수도 있다)에 헌신한다. 우리가 종교와 관련해서 중립적 관찰자가 될 수 있다는 계몽주의적 가정은 근대성의 위대한 신화 중 하나다. 헌신하지 않고 이해를 추구하는 자들은 가장 깊은 이해를 위해서는 헌신이 필요하다는 것을 이해하지 못한다. 예수님께 헌신함으로써 다른 신앙들의 최종성에는 헌신하지 못하지만, 그렇다고 해서 다른 신앙들에 있을 수 있는 진리를 받아들이지 못하는 것은 아니다. 이를 통해 다른 신앙들이 닿으려고 하는 실재에 대한 통찰에 눈을 뜰 수도 있다.

또 다른 위험은 신앙이 매우 미성숙한 이들이 자기 신앙에 대한 지식이 피상적인 상태에서 다른 전통들을 깊이 탐구하는 것이다. 그 결과 아무것도 분명하지 않고 모든 것이 비교적 참되어 보이는 영적 혼란이 생길 수 있다. 이는 이민자가 미국에 와서 영어와 다른 두 언어를 한꺼번에 배우려고 하는 것과 같다. 다른 언어들을 더 배우기 전에 영어에 집중해서 그 언어에 어느 정도 능통해지는 것이 훨씬 낫다. 이런 이유로 나는 새 신자들에게는 다른 이국 종교들의 복잡한 모든 내용을 탐구하기 전에 그리스도와 성경에 나타난 그분의 계시에 기반을 두라고 격려하고자 한다. 그러나 그리스도 안에 적절히 기반을 두고서 그리스도가 타종교들과 어떤 관련이 있는지 궁금해지기 시작한 이들에게 이 책은 좋은 출발점이 될 것이다.[18]

마지막으로, 하나님에 대해 내가 쓰는 용어와 관련해 첨언하려고 한다. 이 책의 끝에 실은 부록에서 내가 하나님에 대해 남성 대명사와 대문자를 사용하는 이유를 설명한다. 그런 관례에 대해 불편함을 느끼는 독자들은 1장을 읽기 전에 부록을 먼저 살펴보는 것이 좋다.

---

18 나는 또한 이 주제에 관심이 있는 입문자들에게 다음의 책들을 추천한다. Winfried Corduan, *Neighboring Faiths: A Christian Introduction to World Religions* (Downers Grove, Ill.: InterVarsity Press, 1998); Kenneth Cragg, *The Christ and the Faiths* (Philadelphia: Westminster Press, 1986); Neill, *Christian Faith and Other Faiths*.

1장
복음주의자들과 세계 종교들

포스트모더니즘이 가져온 유익 중 하나는 이제 복음주의자들이 대등한 경기장에서 겨루게 되었다는 점이다. 더 이상 비복음주의 학자들은 자신들의 연구 활동은 냉철한 객관성이 있지만, 복음주의 학자들의 연구는 '열광적인' 전제를 가지고 활동하므로 근본적으로 다르다고 주장할 수 없다.[1] 포스트모던주의자들이 가르쳐 준 것이 있다면, 모든 학문은 '열광적인' 것이란 점이다. 마르크스주의적 의미로는 '이해관계가 있다'는 뜻이다. 모든 학자―그런 점에서 모든 인간―는 그 사람의 역사와 상황으로 형성된 렌즈를 통해 세상을 본다. 모든 편견과 전통으로부터 자유롭다고 주장하는 학자는 순진하거나 부정직한 것이다. 그가 보는 방식 그리고 실제로 보는 것에 자신이 가진 전제들의 영향을 받지 않는 학자는 없다.[2] 합리성에 대한 보편적 규범이 있다면, 그것에 접

---

[1] 나는 모든 비복음주의자들이 복음주의자들을 대등한 경기장에서 겨룬다고 **본다**는 것이 아니라, 학계가 점차 비복음주의자들에게 경기장을 그런 식으로 볼 것을 요구하는 틀을 채택했다고 말하는 것이다.
[2] 이제 고전이 된 *The Structure of Scientific Revolutions*, 2d ed. (Chicago: University

근할 수 있는 인간은 없다.³

따라서 계몽주의적인 전제로 활동하는 학자들의 주장, 곧 다른 사람들—특히 복음주의자들—은 신앙이 연구 활동에 영향을 미치는 것을 허용하기 때문에 그들의 지식은 지극히 주관적이지만 자신들은 연구와 신앙을 분리시키므로 객관적이라는 주장은 이제 우스꽝스러워 보인다. 이런 주장은 과학철학자 폴 파이어아벤트(Paul Feyerabend)가 했던 논평을 떠올리게 한다. "그것이 신들의 법이기 때문에 자신들의 법을 옹호하는 원시 부족민들과…객관적 기준에 호소하는 합리주의자 사이에, 후자는 그들이 무엇을 하고 있는지 모르는 반면 전자는 그들이 무엇을 하고 있는지 안다는 점을 제외하고는 어떤 차이도 없다."⁴

---

of Chicago Press, 1970, 『과학혁명의 구조』, 까치)에서 Thomas Kuhn은 보통 사람들처럼 과학자들은 그들이 보도록 훈련받은 것만을 보는 경향이 있다고 주장했다. 과학자들은 하기가 어려운 추론에 의지하기 때문에, 그들은 지배적인 패러다임이 그들이 보아야 한다고 말하는 것만을 보기 쉽다.

3 나는 David C. Clark가 구분한 대로, 인간의 추론 형태가 기껏해야 다양한 정도로 접근하는 궁극적 관점 또는 개념적 제도를 사실로 받아들이는 온건한 토대주의, 그리고 모든 인간이 중립적 또는 순전히 객관적 방식으로 생각할 경우 인식할 수 있는 궁극적 관점 또는 개념적 제도를 주장하는 고전적 토대주의를 보는 것이 이해에 도움이 된다고 생각한다. 후자는 신화적인 것처럼 보이고, 전자는 현실적인 것처럼 보인다. 상대주의자의 어떤 것으로 해석되어 온(나는 그것이 부정확하다고 생각한다) George Lindbeck조차 이 온건한 토대주의 같은 어떤 것을 고수하는 것처럼 보인다. "문제는 보편적 형태의 합리성이 있느냐 하는 것이 아니라, 이것들이 어떤 중립적이고 틀에 얽매이지 않는 언어로 표현될 수 있느냐 하는 것이다." David C. Clark, "Relativism, Fideism and the Promise of Postliberalism", in *The Nature of Confession: Evangelicals and Postliberals in Conversation*, ed. Timothy R. Phillips and Dennis L. Okholm (Downers Grove, Ill.: InterVarsity Press, 1996), pp. 107-120; George A. Lindbeck, *The Nature of Doctrine: Religion and Theology in a Postliberal Age* (Philadelphia: Wesiminster Press, 1984), p. 130.

4 Paul K. Feyerabend, *Science in a Free Society* (London: Verso, 1983), p. 82. Alister McGrath, *A Passion for Truth: The Intellectual Coherence of Evangelicalism* (Downers Grove, Ill.: InterVarsity Press, 1996), p. 90에서 인용. 『복음주의와 기독교적

더 철학적인 언어로 말하자면, 합리성이라는 틀은 보편적인 것이 아니라 사회적·역사적으로 결정되는 것이다.

그러므로 내가 복음주의 관점에서 종교들 가운데 있는 계시의 문제를 살펴보겠다고 말하는 것이 이 책의 객관성[5]을 손상시키는 것은 아니다. 그 말은 다만 내 해석과 결론이 비복음주의적 또는 비기독교적 관점을 사용하는 사람과 다를 것임을 의미한다. 그렇다고 내 추론이 반드시 덜 공정하거나 전체를 더 아우를 것이라는 뜻은 아니다.

물론 방금 전 진술은 추가 질문을 하게 한다. 나는 무슨 뜻으로 **복음주의**라는 말을 사용하는가? 이 말은 **사랑**과 **종교**처럼, 정의 내리기 매우 어렵다. 그 말을 사용하는 사람들만큼이나 많은 정의가 있는 것 같다. 그중 몇 가지만 인용하자면, 댄 래더(Dan Rather, 그는 복음주의자가 아니지만 대중매체에서 일하는 많은 사람이 그러하듯 일반적으로 **복음주의자**와 **근본주의자**를 하나로 보고 말한다)는 제리 폴웰(Jerry Falwell)이나 지미 카터(Jimmy Carter) 같이 스스로 복음주의자라고 말하지만 그 말을 현저히 다른 방식으로 사용하는 두 사람과는 또 다르게 복음주의를 이해한다.

매우 많은 다른 종류의 복음주의자가 있다는 것이 그 문제의 한 부분이다. 예를 들어, 성경의 무오성에 대해 문자주의적 입장을 철저히 지키면서 논쟁적이고 (자유주의자들 및 다른 복음주의자들에 대해) 분리주의적인 경향을 나타내는 매우 보수적인 복음주의자들이 있다. 그

지성』(IVP).
[5] 분명히 나는 순수한 객관성을 주장하지 않는다. 그런 것을 갖고 있는 사람은 아무도 없다. 그러나 자신의 전제를 진술하면서, 자료에 대해 더 공정하거나 덜 공정하게 증거를 다룸으로써, 사람은 더 객관적이 되거나 덜 객관적이 될 수 있다.

들은 내가 이 책 후반부에서 근본주의자들이라고 규정하는 자들과 구별하기 어려운 사람들이다. 하지만 복음주의 신학회(the Evangelical Theological Society)에서 활동하는 많은 사람처럼, 창의적으로 학문 활동을 하고 그들이 속한 공동체 밖에 있는 자들과 대화를 잘하는 다른 성경 무오주의자들이 있다. 가브리엘 파크레가 '오래된 복음주의자'라 부르는, 종교적 경험이 다른 모든 것에 우선한다고 생각하는 사람들도 있다. 그들은 중생의 경험과 대중 전도를 강조한다. 복음의 사회적 의미와 변증적 설득력을 매우 중요하게 생각하는 '신복음주의자'들도 있다. 다른 집단으로는 (주로 정치적으로 보수적인 복음주의자들로 구성된) 종교적 우파를 반대하고 '16세기 재세례파 전통과 연관되어 있는 급진적인 정치 의제'를 지지하며 '정의와 평화'를 강조하는 복음주의자들, 방언과 신유 및 활기찬 예배 안에 역사하는 성령의 사역을 옹호하는 '은사주의적 복음주의자들'이 있다. '에큐메니칼 복음주의자들'은 보통 주류 교단들 내에서 찾아볼 수 있다. 그들은 사회적 관심과 역사적 신경 및 예배와 관련해 주류 교단 교회들 내 비복음주의자들과 함께 공동 노력을 기울인다.[6] 그리고 또 다른 종류의 복음주의자들이 있다. 그들 중 많은 사람이 방금 전 언급한 여섯 집단으로부터 이질적인 요소들을 이것저것 받아들인다. 스스로를 복음주의자라 칭하는 집단들을 넓은 범위에서 조사해 보니, 복음주의는 집단들의 종합이 아니라 긴 연속체와 같다는 점이 분명히 드러난다. 거기에는 수많은 문제에 대한 서로 다른 입장들이 광범위하게 펼쳐져 있다.

---

[6] 이 분석 중 많은 것은 Gabriel Fackre, *Ecumenical Faith in Evangelical Perspective* (Grand Rapids, Mich.: Eerdmans, 1993), pp. 22-23에서 가져왔다.

그렇다면 복음주의라는 말을 어떻게 이해할 수 있을까? 내가 모든 복음주의자들을 대표할 수 없다는 것은 분명하다. 또 그럴 생각도 없다. 그러나 나는 역사적·신학적으로 복음주의 폭넓은 흐름에 기반을 둔 입장을 대변할 수는 있으며 또 그렇게 하고자 한다. 복음주의로 알려진 비교적 최근에 나타난 역사적 현상 이전과 그 현상 밖에 있는 고전적 기독교의 근원을 토대로 하겠지만, 가장 특징적인 강조점들 가운데 많은 것은 복음주의로 특징지어진 사상가와 운동에 기반을 둘 것이다.

나는 역사적·신학적으로 정의를 이어 나갈 것이다. 즉 3세기에 걸친 복음주의 역사의 주요 사건들을 검토함으로써 역사적 정의를 내릴 것이다. 그리고 나서 내가 받아들이는 복음주의 전통의 최선을 제안함으로써 신학적으로 정의를 내릴 것이다. 무엇이 최선인지에 대한 다른 사람들의 의견은 분명 나와 다를 수 있다. 그리고 그들의 의견이 내 의견보다 더 뚜렷하거나 더 나은 근거가 있을 수 있다. 다만 나는 내가 복음주의라는 말을 정의하는 방식이 복음주의 원리들에 근거하고 있다고 주장할 것이다. 즉 이것이 복음주의 역사와 신학에 근거한 복음주의의 유일한 정의는 아니지만, 내가 이 책에서 **복음주의라는** 말을 사용할 때 나는 그러한 정의를 상정해 두고 쓸 것이다.

복음주의에 대한 내 정의를 분명히 설명함으로써, 독자들은 내가 정말 복음주의자인지 판단할 수 있을 것이다. 어떤 사람들은 이 책을 읽고 놀라워할지도 모른다. 내가 제안하는 것 중 일부는 과거에 대부분의 복음주의자들이 세계 종교들에 대해 말했던 것을 넘어서기 때문이다. 복음주의라는 말에 대한 내 이해를 분명히 함으로써 독자들은 이 책 나머지 부분에서 제시되는 제안들이 이번 장에서 명기한 정의와 조화하는지 판단할 수 있을 것이다.

역사적 주요 사건들

복음주의라는 단어는 헬라어 명사 유앙겔리온(*euangelion*)에서 유래하는데, 그 말은 '기쁜 소식', '좋은 소식' 또는 '복음'을 의미한다. 그리고 그중 마지막 것은 'God talk'라는 고대 영어로 거슬러 올라간다.[7] 신약은 세 번에 걸쳐 우리 죄를 위해 죽으시는 그리스도의 복음을 선포하는 사람을 유앙겔리스테스(*euangelistēs*), 즉 전도자라고 부른다.[8] 초대교회와 교부들로부터 아우구스티누스, 암브로시우스(Ambrose), 클레르보의 베르나르(Bernard of Clairvaux), 토마스 아퀴나스와 블레즈 파스칼(Blaise Pascal)을 거쳐 종교개혁의 선도자들인 존 위클리프(John Wycliffe), 얀

---

[7] 복음주의 의미에 대해 미국에서 가장 훌륭한 논의 중 일부를 다음의 책들에서 찾아볼 수 있다. George M. Marsden, "The Evangelical Denomination", in *Evangelicalism and Modern America*, ed., George M. Marsden (Grand Rapids, Mich.: Eerdmans, 1984); Marsden, *Understanding Evangelicalism and Fundamentalism* (Grand Rapids, Mich.: Eerdmans, 1991); Douglas A. Sweeney, "The Essential Evangelicalism Dialectic: The Historiography of the Early Neo-Evangelical Movement and the Observe-Participant Dilemma", *Church History* 60 (March 1991): 70-84; Donald W. Dayton and Robert K. Johnston, eds., *The Variety of American Evangelicalism* (Knoxville: University of Tennessee Press, 1991); Mark A. Noll, *The Scandal of the Evangelical Mind* (Grand Rapids, Mich.: Eerdmans; Leicester: Inter-Varsity Press, 1994, 「복음주의 지성의 스캔들」, IVP); Mark A. Noll, David W. Bebbington and George Rawlyk, eds., *Evangelicalism: Comparative Studies of Popular Protestantism in North America, the British Isles, and Beyond, 1700-1990* (New York: Oxford University Press, 1994).

[8] 행 21:8; 엡 4:11; 딤후 4:5.

후스(Jan Hus), 지롤라모 사보나롤라(Girolamo Savonarola)에 이르기까지 교회사 전체에 걸쳐 복음주의 정신[9]이라 부를 수 있는 흔적들이 있다. 그러나 그 단어는 후기 중세 교회가 아니라, 성경적 믿음과 관례로 돌아가려고 더욱 노력했던 16세기 초 가톨릭 저자들이 먼저 사용했다. 그런 다음 종교개혁 시기에 그 명칭은 믿음으로 말미암아 은혜로 의롭다 함을 받는다는 칭의 교리에 초점을 맞추고 성경에서 발견한 것에 기초해 교회를 갱신하고자 했던 루터파 교인들에게 부여되었다.[10]

오늘날 복음주의 운동은 1730년대와 1740년대에 대서양을 넘어 전개된 부흥에 조금 더 근거해 있다. 조나단 에드워즈, 존 웨슬리(John Wesley), 조지 휫필드(George Whitefield)가 이끈 운동으로서 성경의 권위, 구원과 거듭남(the New Birth, 신생)에 있어 그리스도가 행하신 사역을 강조했다. 이 운동은 설교와 회심을 강조하는 청교도 유산에 의해 형성되었지만, 구원의 확신을 더 강조했다. 또한 때로 교리를 희생시켜 가면서 감정적 뜨거움을 강조했던 경건주의로부터 일부 영향을 받았고, 존 로크(John Locke)의 권위에 호소하면서 경험으로 의견을 시험하는 방법론을 사용하는 계몽주의식 사고방식에 영향을 받아 형성되기도 했다.

이러한 계몽주의 영향은 19세기에 직관의 확고한 가치를 주장하는 철학인 상식철학이 고조되었던 시기에 강화되었다. 에드워즈가 타락

---

[9] 나중에 자세히 설명하겠지만, 나는 이 단어를 성경의 권위, 설교, 그리스도의 십자가, 회심에 대한 강조를 뜻하는 것으로 사용한다.

[10] Alister McGrath, *Evangelicalism and the Future of Christianity* (Downers Grove, Ill.: InterVarsity Press, 1995, 『복음주의와 기독교의 미래』, IVP), pp. 20-22. 오늘날 유럽에서 복음주의는 신학적으로 16세기 종교개혁으로부터 유래된 루터교 신자들과 개혁파 신자들에게 사용되는 단어다.

한 이성으로 하나님의 장엄하심을 결코 알 수 없다고 주장한 반면, 찰스 하지(Charles Hodge)는 성경의 언어를 안다는 것은 그것이 가리키는 실재를 안다는 뜻이라고 말했다.[11] 20세기 칼 헨리(Carl Henry)는 성경의 서사들보다 성경에서 끌어낼 수 있는 지적 원리들을 더 강조했다. 그것은 한스 프라이(Hans Frei)가 계몽주의 사고방식의 특징이라고 밝혔던 한 형태다.[12]

오늘날의 복음주의는 근본주의에 반하는 자의식의 반응으로 생겨났다. 근본주의는 1910년 직후에 개신교 자유주의에 반대하는 이성적 주장이 담긴 일련의 소책자들을 통해 시작했다가, 교회의 역사적 신경들과 연결점이 없고 복음의 사회적 요구들을 무시하는 경향의 반동적 '반대주의'로 전락했다. 한 학자가 묘사한 것처럼, 근본주의는 "지나치게 내세를 지향했고", "반지성적이었으며", 율법주의적이고 도덕주의적이며 반에큐메니칼적이었다.[13]

금세기에 **복음주의**라는 용어를 의도적으로 사용한 것은 1942년 전

---

11 이성에 대한 Jonathan Edwards의 입장을 알려면, "A Divine and Supernatural Light", in *A Jonathan Edwards Reader*, ed. John E. Smith, Harry S. Stout and Kenneth P. Minkema (New Haven, Conn.: Yale University Press, 1995), pp. 105-123; Charles Hodge, introduction to *Systematic Theology* (Grand Rapids, Mich.: Eerdmans, 1986), 1:1-17를 보라.

12 George Hunsinger, "What Can Evangelicals and Postliberals Learn form Each Other? The Carl Henry-Hans Frei Exchange Reconsidered", in *The Nature of Confession*, ed. Timothy R. Phillips and Dennis L. Okholm (Downers Grove, Ill.: InterVarsity Press, 1995), pp. 134-150.

13 Martin E. Marty, "What is Fundamentalism? Theological Perspective", in *Fundamentalism as an Ecumenical Challenge*, ed. Hans Kung and Jurgen Moltman (London: SCM Press, 1992), p. 3; 또 R. V. Pierard, "Evangelicalism", in *Evangelical Dictionary of Theology*, ed. Walter A. Elwell (Grand Rapids, Mich.: Baker, 1984), pp. 381-382를 보라.

국복음주의협회(the National Association of Evangelicals)가 형성된 때로 거슬러 올라간다. 복음주의를 근본주의와 구별하려는 조심스러운 시도의 일환이었다. 현대 문화와 분리를 주장하는 근본주의자들과 달리, [E. J. 카넬(Carnell), 해럴드 오켕가(Harold Ockenga), 칼 헨리, 빌리 그레이엄(Billy Graham)이 이끄는] '신복음주의자'들은 복음으로 문화를 변혁시키려고 문화에 적극적으로 관여했다.[14]

이후 반세기 동안, 복음주의자들은 미국 사회에서 중요한 역할을 했다.[15] 그들은 정치적 영향력과 수적 힘을 획득했다. 최근 연구들에 따르면, "이제 복음주의자들은 미국의 종교 생활에서 가장 크고 가장 적극적인 부분을 차지한다." 1992년에 시행한 조사에서는 미국 인구의 25.7퍼센트는 '백인 복음주의자들', 다른 7.8퍼센트는 '흑인 개신교 신자들'인 것으로 확인되었는데, 그중 많은 사람을 복음주의자로 분류할 수 있을 것이다.[16] 복음주의 신학도 동시에 성숙하게 발전했다. 많은 복음주의자들이 (휴거 및 의문의 여지가 있는 다른 종말론적 세부 사항들 같은) 지엽적인 문제들에 집중했으며, 또 교리의 논리적 결론들을 교리 자체

---

14 '신복음주의' 운동의 가장 중요한 한 전초기지에 대한 대단히 흥미로운 설명으로, George M. Marsden, *Reforming Fundamentalism: Fuller Seminary and the New Evangelicalism* (Grand Rapids, Mich.: Eerdmans, 1987)을 보라.

15 동시에, Noll이 표현한 대로 복음주의는 "언제나 변화하는 운동들, 잠정적인 동맹들 그리고 여러 인물의 지속적인 영향력으로 존재해 왔다"는 점을 언급해야만 한다(Noll, *Scandal of the Evangelical Mind*, p. 8).

16 "Akron Survey of Religion and Politics in America", John Green, James Guth, Lyman Kellstedtt and Corwin Smidt, Noll, *Scandal of the Evangelical Mind*, p. 9, n. 8에서 인용. 중요한 최근의 한 책에서, Christian Smith와 Michael Emerson은 복음주의자들은 그들이 근대성으로부터 물러서기 때문이 아니라 바로 그들이 근대성에 관여하기 때문에 유명하다고 주장한다[*American Evangelicals: Embattled and Thriving* (Chicago: University of Chicago Press, 1998)].

(성경 무오성에 대한 특정한 입장 표명, 이중 예정론, 두 번째 축복과 천년왕국)와 동일시했던 때에 말이다.

신학적 정의

칼 바르트(Karl Barth)는 미국이나 영국에서 사용하는 의미의 복음주의자는 아니지만, 그가 내린 복음주의 정의에는 오늘날 내가 복음주의 신학이 이룬 최고의 성과라고 생각하는 것이 적절히 요약되어 있다. "복음주의란 성경으로 그대로 돌아가라고 16세기 종교개혁에서 새롭게 외친, 예수 그리스도의 복음에 의해 특징지어진다는 의미다."[17] 많은 학자들이 복음주의 신학이 무엇인지 좀더 상세하게 설명하려고 시도해 왔지만, 알리스터 맥그래스(Alister McGrath)의 여섯 가지 '근본적 확신들'이 가장 중요한 특징을 정확히 포착하고 있는 것 같다.[18]

1. **성육신한 하나님이자 주님이시며, 죄악에 물든 인류의 구세주가 되시는 예수 그리스도의 장엄하심.** 복음주의 신학은 근본적으로 중심에 그리스도가 있다. 거기에는 세 가지 함축하는 바가 있다. 첫째, 우리는 그리스도를 통해서만 하나님을 안다. 사도 요한이 쓴 것처럼, "은혜와 진리는 예수 그리스도로 말미암아 온 것이라. 본래 하나님을 본 사람이 없으되 아버지 품 속에 있는 독생하신 하나님이 나타내셨느니라"(요 1:17-18). 창조 세계에는 창조주 하나님을 아는 지식(칼뱅이 사용한 유

---

[17] Donald G. Bloesch, *God, Authority, and Salvation*, vol. 1 of *Essentials of Evangelical Theology* (San Francisco: Harper & Row, 1978), p. 7에서 인용.
[18] McGrath, *Evangelicalism and the Future of Christianity*, pp. 53-87. 『복음주의와 기독교의 미래』(IVP).

익한 구절)이 있지만, 사람의 관점이 구속자 하나님(그리스도)에 대한 지식으로 명확해지기 전까지 그 지식은 철저히 왜곡되어 있다.

둘째, 우리는 그리스도의 삶, 죽음, 부활에 의해 구원받는다. 십자가를 떠나서 구원은 없다. 즉 모든 신학은 십자가로 시작해야 한다는 뜻이다. 이런 이유로 기독교 신앙의 중심에는 그리스도 안에서 이루어진 하나님의 사역이 있다. 하나님은 우리가 그분을 선택하는 것에 대해 생각하기도 전, 창세전에 우리를 선택하셨다(엡 1:4). 이 때문에 나는 복음주의 신학의 '개량주의' 진영(reformist wing)이 "기독교의 영속적인 본질은—회심, 중생, 또는 거듭남이라고 다양하게 지칭되는—인간의 삶 가운데 이루어지는 하나님의 사역"[19]이라고 선언한다면, 잘못된 방향으로 가는 것이라 생각한다. 위험스러울 정도로 인간 중심적이기 때문이다. 특히 그들이 한 걸음 더 나아가 "교리가 하나님을 만나는 경험만큼 중심적인 것이 될 수는 없다"고 주장할 때가 그렇다.[20] 이 마지막 진술은 우리가 우리의 신학에 의해 구원을 받는 것이 아니라는 엄중한 경고일 수도 있지만, 우리의 종교적 경험이 하나님이 그리스도 안에서 하신 일보다 더 결정적이라고 말하는 것일 수도 있다. 게다가 그것은 아주 위험한 주관주의로 이끌 수도 있는데, 슐라이어마허(Schleiermacher)

---

[19] Roger E. Olson, "The Future of Evangelical Theology", *Christianity Today*, February 9, 1998, p. 44. 나는 개량주의 접근법의 이 측면에 동의하지 않지만, 하나님의 영이 교회에 그리스도 안에서 계시에 대한 조명을 계속 주셔서 때때로 그 계시를 새롭게 이해하게 하신다는 확신은 긍정한다. 영국의 분리주의 목사 John Robinson이 진술한 것처럼, "주님은 앞으로 그분의 거룩한 말씀 가운데서 터져 나올 더 많은 진리와 빛을 갖고 계시다." John Robinson Keith L. Sprunger, "John Robinson", in *Dictionary of Christianity in America*, ed. Daniel Reid et al., (Downers Grove, Ill.: InterVarsity Press, 1990), p. 1022를 보라.

[20] Olson, "Future of Evangelical Theology", p. 44.

가 그리스도에 대한 성경적 계시가 아니라 경험으로부터 신앙을 도출했던 것과 같은 종류다. 이로써 복음주의 신학에서는 성경의 우선성과 믿음을 통한 은혜로 말미암은 칭의를 강조하는 종교개혁 그리고 초대교회의 삼위일체적이고 기독론적인 합의로부터 배워야 한다는 점이 드러난다.[21]

셋째, 중심에 십자가가 있음을 믿는 것은 우리는 타락으로 인해 십자가가 필요하다는 의미다. 복음주의자들은 삶의 어떤 차원에서도 죄로부터 자유롭지 못하다고 믿는다. 죄는 단지 내재하는 약함이나 무지가 아니라, 하나님의 법에 대항하는 적극적인 반역이다. 죄는 우리가 통제할 수 없는 권세들에 대한 도덕적이고 영적인 무지이자 속박이다. 죄는 교만, 권력에 대한 욕망, 감각적인 것에 대한 집착, 이기심, 두려움, 영적인 것에 대한 거부 등의 형태로 나타난다. 죄에 대한 성향은 태어날 때부터 존재한다. 죄의 권세는 인간의 노력으로 깨부술 수 없다. 그리고 궁극적인 결과는 하나님으로부터 분리되는 것이다.

2. **성령의 주 되심**. 성령은 그리스도의 임재와 사역을 적용하는 데 필요한 분이다. 많은 다른 그리스도인들처럼, 복음주의자들은 삼위일체의 제3위이신 분을 소홀히 하는 경향이 있다. 칼뱅과 에드워즈가 성령을 강조하고, 청교도들이 중생에 있어 성령이 차지하는 역할을 주장했음에도 불구하고 말이다. 하지만 최근에 복음주의 신학자들은 삼위일체의 제3위에 대해 더 체계적인 관심을 기울이기 시작했다.[22]

---

21 혹자는 내가 이 책 후반부에서는 다른 종교들의 경험에 집중하기 때문에 매우 주관적이라고 반박할지도 모르겠다. 하지만 나는 우리가 그러한 경험과 교리를 해석하는 최종적 규범은 성경과 신경 가운데 전달된 그리스도의 교리라는 입장을 계속 고수할 것이다.

22 예를 들어, Clark Pinnock, *Flame of Love: A Theology of the Holy Spirit* (Downers

3. **성경의 최고 권위.** 이 말은 복음주의자들이 성경 정경을 하나님을 아는 지식의 가장 결정적인 근원이자 기독교적 삶에 대한 지침으로 간주한다는 뜻이다. 성경이 독서를 제한하거나 이 지식의 유일한 근원인 것은 아니지만, 복음주의자들에게는 중력의 중심이다. 성경의 권위를 인정하는 것이 우리를 좁은 범위의 지식이나 경험으로 제한하기보다 오히려 자유롭게 한다. 모든 문화적 추세를 맹종하며 따르라는 요구로부터 우리를 자유롭게 하고 그런 추세들을 판단할 수 있는 틀을 마련해 주기 때문이다. 정경에서는 하나님이 성경을 통해 그분 자신을 계시하기로 선택하셨다고 선언한다. 그러므로 성경의 권위에 순종하는 것은 우리가 바라는 하나님의 모습이 아니라, 하나님이 선택하신 방법으로 드러나는 하나님을 받아들이는 것이다.

최고의 복음주의 신학에서는 성경의 언어가 문화적으로 조건화되어 있지만 그럼에도 그것을 통해 하나님은 영원하고 무조건적인 말씀을 전달하셨다고 믿는다. 또한 성경이 이성의 도움을 받아 최고의 학문적 도구들을 통해 해석되어야 한다고 가르친다. 성경 구절의 장르에도 관심을 기울여야 한다. 예를 들어, 시는 과학적 명제가 아니라 시로 읽어야 한다. 마지막으로, 성경은 우리 자신에 **의해** 읽히는 책이 아니라, 우리 자신을 **위해** 읽어야 하는 책이다. 루터와 칼뱅은 성경에 대한 개인적 해석이 지난 2천 년의 역사적 신경들과 위대한 신학들을 포괄하는 기독교 공동체적 합의보다 우위를 차지하지 못하게 했다.

Grove, Ill.: InterVarsity Press, 1996); Thomas Oden, *Life in the Spirit*, vol. 3 of *Systematic Theology* (San Francisco: HarperSanFrancisco, 1992), 특히 1, 2, 5장을 보라. 또 신약학자 Gordon Fee가 쓴 책, *God's Empowering Presence: The Holy Spirit in the Letters of Paul* (Peabody, Mass.: Hendrickson, 1994)을 보라. 『성령』(새물결플러스).

이것은 성경 숭배가 아니다. 기독교는 책의 종교가 아니라 인격의 종교이기 때문에 그렇다. 루터에 의하면, 성경은 그리스도를 눕힌 구유와 강보가 아니며 모든 성경은 그리스도를 가리킨다. 즉 하나님에 대한 이해를 그리스도 안에 계시된 하나님과 관련시키지 않는 성경 해석은 부족하다는 의미다. 또한 궁극적으로 그리스도에 초점을 맞추지 않는 하나님에 대한 이야기는 결국 비기독교적이라는 의미다.[23]

성경의 핵심이 그리스도 및 하나님이 그리스도를 위해 한 백성을 준비하신 이야기이기 때문에, 신학은 예수님과 하나님의 백성에 대한 서사에 현저한 관심을 기울여야 한다. 유감스럽게도, 조나단 에드워즈 이후 등장한 [B. B. 워필드(Warfield), 찰스 하지, 칼 헨리 같은] 일부 복음주의 신학자들은 성경의 서사적 특성을 간과하고, 성경을 일련의 원리나 개념으로 축소시키는 경향이 있었다.[24] 하지만 최근 복음주의 신학자들은 신학을 서사 중심으로 재정립하기 시작했는데, 성경의 하나님이 역사의 하나님이시며 그분의 역사가 담긴 서사가 성경에서 발견된다는 것을 인식하면서 나온 자연스러운 흐름이다.[25]

---

23 메시아가 항상 구약 구절에서 명시적으로나 암시적으로 언급된다는 의미는 아니다. 그러나 모든 구약은 궁극적으로 그리스도를 언급할 때에만 온전하게 설명될 수 있다는 의미다.
24 세계관이 강조되는 최근의 현상조차도 성경적 계시를 교묘하게 왜곡하는 계몽주의 유산의 일부로 볼 수 있다. Gregory A. Clark, "The Nature of Conversion: How the Rhetoric of Worldview Philosophy Can Betray Evangelicals", in *The Nature of Confession*, ed. Timothy R. Phillips and Dennis L. Okholm (Downers Grove, Ill.: InterVarsity Press, 1996), pp. 201-218를 보라.
25 Gabriel Fackre, Donald Bloesch, Stanley Grenz 및 다른 사람들이 있다. 서사 신학은 Karl Barth, Hans Frei, H. Richard Niebuhr, George Lindbeck의 저작물 가운데서 생겨났다.

4. 개인적 회심의 필요성. 에드워즈, 횟필드, 웨슬리가 청교도와 경건주의 유산에서 배웠기 때문에, 복음주의자들은 대부분의 다른 그리스도인들보다 회심을 더 많이 강조해 왔다. 회심에 감정적 경험이 필요한 것은 아니다. 또한 그리스도께 했던 최초의 헌신을 기억해야 한다고 말하지도 않는다. 일부 그리스도인들은 그들이 그리스도를 신뢰하지 **않았던** 때를 기억하지 못한다. 개인적 회개, 그리스도의 인격과 사역에 대한 신뢰가 있어야 한다. 그저 기독교 교리를 지적으로 받아들여서는 안 된다.[26]

5. 개인과 전 교회에 우선적으로 요구되는 전도. 맥그래스가 지적한 것처럼, 전도의 근본 동기는 관대함이다. 구원의 위대한 소식을 다른 사람들과 나누고자 하는 마음이다.[27] 복음주의는 우리의 메시지가 아닌 그리스도가 세상의 창조자, 구원자, 주님이 되신다는 사실을 세상에 전하는 그리스도의 선포다.

6. 영적 양육, 친교 및 성장에 기독교 공동체가 차지하는 중요성. 복음주의자들은 편할 때 공동체를 무시하고, 개인주의적이 되는 경향이 종종 있었다. 그러나 복음주의 전통—특히 종교개혁과 18세기에 뿌리를 둔—에서는 보통 영적 성숙을 위해 기독교 공동체가 필수라는 점을 강조해 왔다. 이것은 내가 앞에서 성경에 대해 논의하면서 지적한

---

26 일부 사람들은 이것이 Roger Olson이 경험은 교리보다 더 중심적이라고 진술하면서 의미한 것이라고 지적하면서 반대할지 모른다. 그러나 Olson의 진술이 지닌 위험은, 그것을 그의 사상 전체와 분리시켰을 때, 경험이 교리보다 해석적 우선성을 가지는 것으로 보일 수 있다는 점이다. 이것은 그리스도의 사역에 대한 우리의 이해를 예수님 안에 나타난 하나님의 객관적 계시가 아니라 타락한 자아에 굴복시키는 것이다.
27 McGrath, *Evangelicalism and the Future of Christianity*, p. 76.

것처럼, 해석학에 매우 중요하다. 성령은 처음부터 교회 가운데 활동하시면서, 계속해서 점진적으로 말씀의 진리를 밝히셨다. 그러므로 성경을 제대로 읽는다는 것은 성령이 오랜 시대에 걸쳐 교회에 말씀하신 것에 귀를 기울인다는 의미다. J. I. 패커(Packer)가 표현한 것처럼, "성경의 권위라는 원칙을 교회사 책을 통해 배우는 것을 금하는 규정으로 받아들인 것은 복음주의가 아니라 재세례파가 범한 실수다."[28] 전통은 곧 제자도의 역사다. 우리가 신자 공동체에 속한 다른 사람들에게 귀 기울일 때만 영적으로 성장할 것이라는 뜻이다. 그리고 그 공동체는 수많은 시대를 거쳐 과거로 소급된다. 복음주의자로서 우리는 자유롭게 루터교의 만인 제사장 교리를 받아들이고, 성경을 스스로 읽고 해석한다. 그러나 전통을 통해 우리에게 전해 내려온 풍부한 지혜를 무시한다면 우리는 화를 입을 것이다. 전통은 우리 스스로 성경을 읽을 때 생기는 실수와 피상성을 막아 주기 때문이다.

앞에서 언급한 여섯 가지 각각의 특징은 대부분의 다른 그리스도인들도 공유하고 있다. 하지만 이 특징들이 복음주의적이 되는 것은 복음주의자들이 여섯 가지 특징을 강조하는 정도와 그것들이 구현되는 형식에 달려 있다. 예를 들어, 모든 그리스도인이 복음 전도는 여러 측면에서 중요하다고 말한다. 그러나 모든 사람이 전도 메시지를 규정할 때 복음주의자들이 사용하는 그리스도 중심적 방식으로 하지는 않는다. 어떤 사람들은 사회봉사를 전도로 여기며, 어떤 사람들은 그리스

---

[28] J. I. Packer, *Fundamentalism and the Word of God* (London: InterVarsity Press, 1958), p. 48. McGrath, *Evangelicalism and the Future of Christianity*, p. 84 n. 77에서 인용.

도를 믿는 회심이 필수적이라고 생각하지 않는다. 또 모든 사람들이 복음 전도를 동일한 정도로 긴급하게 생각하지 않는다. 빌리 그레이엄이 뉴욕 시에서 처음 전도 대회를 열었을 때, 개신교 주류 교회에 속한 일부 지도자들은 그의 노력을 조롱했다. 그가 구조적 사회 개혁을 강조하지 않았기 때문만이 아니라 그들은 개인 전도를 신학적으로 잘못되었다고 여겼기 때문이었다.[29] 이제 당시 교회들 가운데 일부는 개인 전도가 세상 속에서 교회가 성장하는 데 필수적인 것이라고 말한다. 그러면서도 복음주의 교회들이 일반적으로 하는 것보다 상당히 적은 수의 선교사들을 파송하며 교인들에게 전도 훈련도 많이 시키지 않는다.

복음주의자들은 앞에서 언급한 여섯 가지 특징에 부여하는 중요성이 각각 다르며, 각 특징에 대한 엄밀한 해석, 강조하고 싶어 하는 부차적 특징들도 다르다. 하지만 일반적으로 복음주의 신학은 가장 중요한 문제들이 관련되지 않는 한, 다양성을 기꺼이 용인한다. 리처드 백스터(Richard Baxter)가 표현한 것처럼, "본질적인 것에는 연합을, 비본질적인 것에는 자유를, 그리고 모든 것에 관용을." 그러므로 예를 들어, 성경의 권위, 여성의 역할, 교회론, 성례, 예전, 예배 양식, 성령의 은사에 대해 복음주의적이면서도 다른 이해가 많다.

마지막으로, 복음주의 신학은 오늘날 가장 두드러지는 개신교 대안인 근본주의, 정통주의, 자유주의, 후기 자유주의와 구별해 봄으로써 더욱 명확해진다. 내가 이런 목록을 제시한다고 해서 가톨릭은 복음주

---

[29] *Christianity and Crisis* 16 (March 5, 1956): 18. Reinhold Niebuhr는 Graham이 "매디슨 애비뉴"의 마케팅 기술을 사용한다며 특히 비판적이었으며 또 Graham의 전도 방식을 "경건주의적 개인주의"라고 비판했다[Richard Fox, *Reinhold Niebuhr: A Biography* (San Francisco: Harper& Row, 1985), pp. 265-266].

의가 될 수 없다고 말하는 것이 아니다. 앞에서 언급한 여섯 가지 특징들을 가지고 있다고 단언할 가톨릭 신자들이 많이 있다. 하지만 가톨릭의 공식적 교리가 성경의 최고 권위를 부인하고 성경과 가톨릭 전통의 이중 권위를 받아들이기 때문에 앞에서 언급한 특징들은 주로 개신교 신자들에게 해당된다. 그러므로 복음주의자들과 대부분의 가톨릭 신자들 간에 동의하는 점들이 많이 있긴 하지만,[30] 많은 단계에서 가톨릭 신학은 복음주의 사상과 다르다.

복음주의 대 근본주의

복음주의와 가장 많이 혼동하는 것이 근본주의다. 그래서 나는 먼저 이 두 접근법이 달라지는 지점들을 밝힐 것이다. 모든 일반화가 다 그러하듯, 다음에 제시하는 '원칙들'에는 많은 예외가 있을 것이며 그것들은 두 진영에 속한 사람들이 움직이는 경향이나 방향성임을 밝혀 둔다. 각 유형들은 그 역사적 가치보다는(어떤 유형이든 그 유형에 완전히 들어맞는 사람은 하나도 없을 것이다) 경험상의 의미 면에서 유익한 이상적 유형 정도로 여겨야 한다. 각 유형을 모두 합하면 사고의 특징적 패턴과 대략 비슷하다.[31]

---

30 예를 들어, 주요 복음주의자들과 가톨릭 신자들이 최근에 발표한 두 성명서를 보라. 성명서는 16세기에 칭의 및 다른 문제들과 관련해서 가톨릭 신자들과 개신교 신자들 간 차이점들이 상당히 좁혀졌음을 보여 준다. "Evangelicals and Catholics Together: The Christian Mission in the Third Millenium", *First Things*, May 1994, pp. 15-22; "The Gift of Salvation", *First Things*, January 1998, pp. 20-23.

31 Donald Dayton은 그가 저술한 책 *Discovering an Evangelical Heritage* (Peabody, Mass.: Hendrickson, 1988, 『다시 보는 복음주의 유산』, 요단출판사)에서 이러한 패턴들

1. **성경 해석.** 근본주의자들은 성경을 좀더 문자 그대로 읽는 경향이 있는 반면, 복음주의자들은 장르와 문자적이고 역사적인 맥락을 더 면밀히 살펴보는 경향이 있다.[32] 다른 식으로 말하면, 근본주의자들은 성경의 의미를 단번에 분명히 알 수 있다고 상정하는 경향이 있는 반면, 복음주의자들은 다층적 의미에 대해 이야기하기를 원한다. 예를 들어, 근본주의자들은 여러 장들 중에서도 창세기의 처음 세 장은 시작에 대한 과학적 진술을 담고 있는 것으로 이해하는 반면, 복음주의자들은 그 이야기들의 신학적 특징에 더 집중한다. 예를 들어, 저자 혹은 편집자는 지구가 정확히 어떻게 창조되었는가보다 지구에는 창조자가 있다는 점을 보여 주는 데 더 관심을 둔다.

2. **문화.** 근본주의자들은 그리스도인들이 만들어 내지 않거나 성경과 관련 없는 인간 문화의 가치에 대해 의문을 갖는다. 반면에 복음주의자들은 하나님의 '일반 은총'이 모든 인간 문화 가운데 그리고 인간 문화를 통해 역사하고 있다고 본다. 그들에게 모차르트는 정통 그리스도인이 아니고 대부분의 사람보다 결함이 더 많은 사람일 수 있지만, 그의 음악은 하나님의 아주 소중한 선물이다. 인간이 낳은 다른 모든 산물처럼 문화는 죄로 오염되긴 했지만, 그럼에도 하나님의 영광을 나타낼 수 있다.

의 역사적 차원들에 대해 논의한다.

32 하지만 사람들이 문자주의와 근본주의에 대해 이야기할 때 종종 많은 혼동이 발생한다. 근본주의자들이 성경의 모든 단어를 문자적 방식으로 해석하는 것은 사실이 아니다. 예를 들어, 나는 하나님은 말 그대로 바위(시 18:2)이거나 예수님은 문(요 10:7)이라고 생각하는 어떤 근본주의자도 보지 못했다. 또 가장 자유주의적인 그리스도인들조차 하나님은 유일하다(신 6:4)고 주장할 때 성경을 문자적으로 받아들인다.

3. **사회 활동.** 근본주의자들이, 가난한 자들을 돕는 활동을 자유주의 신학의 표지로 간주하던 때가 있었다. 1920년대 현대주의 논쟁이 벌어지는 동안 사회복음을 지지한 사람들이 신학적 자유주의자들이었기 때문이다.[33] 최근까지 많은 근본주의자들은 기독교의 사회적 참여를 종교적 자유를 지지하고 반 낙태 운동을 벌이는 것 정도로 이해했다. 복음주의자들은 복음이 우리에게 인종주의, 성차별, 빈곤에 맞서 싸우기를 요구한다고 목소리를 높여 왔다.[34]

4. **분리주의.** 20세기의 수십 년 동안, 근본주의자들은 그리스도인이라면 자유주의 그리스도인들(이들은 때때로 복음주의자를 의미하기도 했다), 심지어 자유주의자와 어울리는 보수주의자들과도 분리되어야 한다고 역설했다. 이것은 일부 근본주의자들이 빌리 그레이엄을 후원하지 않기로 한 이유이기도 하다. 그레이엄은 주류 개신교 및 가톨릭교회들에 도움을 요청하고 회심자들을 추가 양육하려고 이들 교회에 보냈다. 복음주의 신학은 문화를 변혁시키고자 문화에 관여하는 것과 공통된 종교적·사회적 목표를 위해 다른 그리스도인들과 함께 일하는 것을 더 강조한다.

5. **자유주의자들과의 대화.** 근본주의자들은 과거에 자유주의 그리스도인들(예수님의 부활, 인간의 죄악 된 본성, 속죄의 능력, 또는 성경의 무오성

---

33 George M. Marsden, *Fundamentalism and American Culture: The Shaping of Twentieth Century Evangelicalism: 1870-1925* (New York: Oxford University Press, 1980), pp. 85-93. 또 Joel Carpenter, *Revive Us Again: The Reawakening of American Fundamentalism* (New York: Oxford University Press, 1997), 특히 pp. 118, 193을 보라.

34 하지만 나는 많은 근본주의 교회들(그리고 구세군 같은 교회 병행 단체들)이 한 세기 훨씬 넘는 기간 동안 가난한 자들의 영적·물질적 향상을 위해 노력했다고 생각한다.

에 대한 근본주의적 견해를 부인했던 사람들)이 이름만 그리스도인이고, 그들에게서 배울 것은 아무것도 없으며, 그들이 복음에 대한 근본주의적 견해를 받아들이지 않는 한 이야기를 해도 아무 소용이 없다고 믿는 경향이 있었다. 복음주의적 접근은 그보다 더 자유주의적인 신념을 가진 사람들도 설득하고 심지어 그들에게서 배우려는 자세로 이야기를 나누는 것이다.[35]

6. **기독교의 본질.** 대부분의 근본주의자들은 은혜에 의한 구원을 역설하지만, 그들 교회는 교인들이 기독교의 핵심은 외적 행위를 통제하는 일련의 율법이라는 인상을 받을 정도로 규칙과 규제(할 것과 하지 말 것)에 많이 집중하는 경향이 있다. 복음주의 교회에도 마찬가지 위험이 있지만, 복음주의 신학은 기독교 신앙의 핵심을 그리스도의 인격과 사역으로 보고 그것에 더 집중한다.

7. **연쇄적인 분열.** 많은 복음주의 그룹들은 이후 세대 사람들에게는 사소한 문제처럼 여겨질 것들로 분열하고 다시 갈라졌다. 그러나 그런 경향은 근본주의 가운데서 더 심한 것 같다. 종종 상당히 사소한 문제에 대한 교리의 차이로 새로운 교회를 시작하거나 교단까지 만들기 때문이다. 복음주의 신학에서는 본질적인 것들과 비본질적인 것들을 더욱 구분하기 때문에, 복음주의자들은 이를테면 주류 개신교 교회에 남아 있으려고 한다.

---

[35] 이런 종류의 대화를 보여 주는 예들로, David L. Edwards and John Stott, *Evangelical Essentials: A Liberal-Evangelical Dialogue* (Downers Grove, Ill.: InterVarsity Press, 1988, 『복음주의가 자유주의에 답하다』, 포이에마); Clark H. Pinnock and Delwin Brown, *Theological Crossfire: An Evangelical/Liberal Dialogue* (Eugene, Ore.: Wipf & Stock, 1998)를 보라.

개신교 정통주의, 자유주의, 후기 자유주의

복음주의는 고전적 개신교 정통주의와 교리 면에서는 거의 다른 것이 없고 매우 비슷하지만, 방법에서 차이가 있다. 복음주의는 개신교 전통에서 뻗어 나왔지만 그보다 훨씬 더 근본적으로 성경의 우선성을 강조하는 경향이 있다. 즉 복음주의는 교회의 위대한 신경들에 담긴 교리에 동의하는데, 그것은 신경들이 교리를 가르쳐서가 아니라 교리들이 성경에 기반을 두기 때문이다. 복음주의는 (종교개혁 이후부터가 아니라) 교회의 위대한 교부와 교모들에게 귀를 기울이며 최선의 존경심으로 역사적 신앙고백들을 배운다. 하지만 복음주의는 매우 주의를 기울여 그것들을 받아들이려고 한다. 복음주의는 역사적 이해를 재형성하거나 개선시킬 수 있는 더 나은 조명이 하나님의 말씀에서 쏟아져 나올 여지를 남겨 두기 원한다. 복음주의 신학의 가장 좋은 형태는 역사적 신경에 나오는 삼위일체, 기독론, 구원이라는 기본적인 교리를 부인하지 않을 것이지만, 그것들을 적용하는 방법에 대한 성령의 새로운 조명에는 열려 있는 것이다. 여러 세기 동안 노예제도와 여성에 대해 교회가 믿던 바에 일어난 변화는 성경의 계시를 새롭게 이해하도록 이끄는 성령의 더 나은 조명을 보여 주는 예다. 게다가 복음주의는 예수 그리스도에 대한 개인적 믿음을 신경 및 교리에 대한 충성과 배타적인 것이라고 여기지는 않지만, 그리스도에 대한 개인적 믿음을 더 소중히 여긴다. 즉 개인적 신앙의 뜨거움이 없는 메마른 정통주의를 경계한다.

복음주의자들은 인간의 경험을 진리와 도덕의 최종 규범으로 여기는 자유주의 신앙을 거부한다. 모든 신앙에 공통적이고 근원적인 종교성을 가정하는 자유주의 신학의 동질화 경향에 반대하여 복음주의 신학은 기독교 계시의 특수성과 기독교 영성의 독특성을 강조한다. 자유주의자들은 개인적 자율성을 특히 중요하게 여기고 내적 규범들(양심과 종교적 경험)에 호소하는 반면, 복음주의자들은 예수 그리스도와 성경 안에서 우리에게 외적 규범들을 주신 하나님에 대한 인간의 책임을 강조한다.

복음주의자들은 후기 자유주의라 부르는 최근의 "연구 프로그램"(research program)으로부터 많은 것을 배웠다. 이 프로그램은 칼 바르트, 한스 프라이, 조지 린드벡(George Lindbeck)에게서 영감을 받았다.[36] 유명한 후기 자유주의자인 윌리엄 플래처(William Placher)에 따르면, 이 신학 방법론은 성경에 대한 해석의 유형으로 서사를 우선시하고, 인간 경험의 세계보다 성경적 서사로 창조된 세계에 대한 해석학적 우선성을 주장하며, 경험보다 언어의 우선성에 관심을 둔다.[37] 복음주의자들은 후기 자유주의자들이 기독교의 독특성, 사상과 가치의 최고 근원이 되는 성경, 예수 그리스도 중심성, 기독교 공동체를 강조하는 것을 환영한다.

그러나 복음주의자들은 후기 자유주의가 진리를 내적 일관성의 문제로 축소하는 경향을 보이는 것이 문제라고 생각한다. 후기 자유주의는 '왜 불교 신자가 아니고 그리스도인인가?' 하는 문제에 대해 제대로 대답하기 매우 어렵다. 후기 자유주의자들은 두 시각을 설명하면서 어

---

36 "연구 프로그램"은 그에 고맙게 여기는 복음주의자들과 후기 자유주의자들이 언급한 표현이다. Phillips and Okholm, eds., *Nature of Confession*, pp. 13, 246.

37 William C. Placher, "Paul Ricoeur and Postliberal Theology: A Conflict of Interpretations", *Modern Theology* 4 (1987): 35-52.

떻게 하나가 다른 하나보다 더 진리일 수 있는지 말하기보다, 그리스도인들과 비그리스도인들 간 접촉점을 인정하기를 거부한다. 그러나 복음주의자들은 경험, 이성, 문화 가운데서 접촉점들을 찾는 것에 성경적 선례가 있다고 주장한다. 바울은 그리스도 밖에서도 창조주 하나님에 대한 지식을 얻을 수 있다고 썼다(롬 1:18-20). 누가는 하나님이 그분 자신에 대해 증거하지 않은 것이 아니라고 진술했다(행 14장). 복음주의자들은 성령의 사역으로만 사람이 믿음을 가질 수 있다는 점에서 후기 자유주의자들에게 동의한다. 그러나 성령을 따라, 믿음 안에 있는 자들과 믿음 밖에 있는 자들 간 접촉점들을 통해, 이성과 경험도 믿음의 선물을 전달하는 도구로 사용될 수 있다고 믿는다.

후기 자유주의자들은 계시의 본질에 대해서도 명확하지 않다. 그들은 성경이 하나님이 주신 객관적 계시라는 점을 부인하고, 대신 성령이 대단히 감동할 때에야 성경이 하나님의 말씀을 전한다고 한다. 결과적으로, 복음의 이야기들이 허구인지 사실인지 분명하게 밝히지 않는다.[38] 복음주의자들은 성경적 계시의 객관적 본질을 더 강조한다. 그들은 후기 자유주의자와 같이 성경의 이야기 가운데 나오는 위격(the Person)을 참으로 이해하기 위해 성령의 조명이 필요하다는 점을 강조하지만, 성령이 본문의 저술을 영감하셨으므로 아무도 성경을 하나님의 말씀으로 받아들이지 않는다 해도 성경이 하나님의 말씀인 것은 변함없다고 주장한다. 복음서는 나사렛 예수일 수도 있고 아닐 수도 있는 그리스도를 묘사하면서 기독교적 삶을 살도록 우리를 도와주는

---

[38] 이것에 대해 더 알기 원하는 사람은 McGrath, *Passion for Truth*, pp. 157-161를 보라.

그저 그런 이야기가 아니다. 복음서는 우리에게 그리스도이신 참 예수님을 보여 준다.

세계 종교들을 대하는 복음주의자들

복음주의자들은 세계 종교들을 고려할 때, 대개 계시(종교들 가운데 신적 계시가 있는가?)가 아니라 진리(모든 종교는 동일한 핵심 진리를 가르치는가? 진리는 명제로 되어 있는가 아니면 언어로 표현할 수 없는가?)와 구원(비그리스도인들은 구원받을 수 있는가?) 문제에 집중했다. 복음주의자들은 계시가 구원의 문제에 영향을 미치는 지점까지만 계시에 관심을 가졌다. 그래서 비그리스도인들이 일반 계시를 통해 구원을 받을 수 있는지, 또는 타종교들 가운데 진리가 있다면 그 진리가 그들을 구원할 수 있는지에 대해서만 물어보았다. 내가 아는 한 어떤 복음주의 신학자도 하나님이 종교들 가운데 진리를 주셨는지 아닌지의 문제에 대해서는 진지한 연구를 하지 않았다.

최근 이루어진 종교에 대한 복음주의 토론에서는 이해의 틀로 제한주의, 다원주의, 포괄주의 유형론을 사용했는데, 그 토론은 거의 다 구원의 문제에 집중했다. 이 세 유형은 비그리스도인들이 구원받을 수 있는가에 대한 주요 대답을 분류하는 방식이다. 제한주의자들은 복음을 듣지 못한 모든 사람은 지옥에 간다고 말한다. 구원을 받기 위해서는 현세에서 예수님을 분명히 고백해야 하기 때문이다. 구원은 신앙고백을 하는 그리스도인이 된 자에게만 주어진다. 아우구스티누스, 장 칼뱅, R. C. 스프로울(Sproul), 로널드 내쉬(Ronald Nash)가 이 입장을 취하

는 대표적인 인물들이다.[39]

다원주의자들은 구원을 얻는 방법이 많으며, 천국과 하나님과의 연합에 이르는 길도 많다고 말한다. 그들에게 예수님은 하나의 방법일 뿐이다. 예수님과는 별개로 불교 신자나 무슬림이 되어서도 하나님께 나아갈 수 있다. 따라서 예수님은 일부 사람들의 구세주이지 모든 사람의 구세주는 아니다. 다른 사람들은 다른 구세주들에 의해 구원을 받는다. 존 힉, 폴 니터, 윌프레드 캔트웰 스미스(Wilfred Cantwell Smith), 알로이시우스 피어리스(Aloysius Pieris)가 이 접근법을 지지하는 대표적인 인물들이다.[40]

포괄주의자들은 구원을 위해 인식론적으로가 아니라 존재론적으로 예수님이 필요하다고 말한다. 즉 누구도 예수님의 사역과 인격을 떠나서 구원을 받지 못하지만, 예수님에 의해 구원을 받기 위해 현세에

---

[39] Augustine, *Letter to Deogratius*, in Nicene and Post-Nicene Fathers, ser. 1, ed. Philip Schaff (1886; reprint, Grand Rapids, Mich.: Eerdmans, 1974), 1:416-18; John Calvin, *Institutes of the Christian Religion*, ed. John T. McNeill, trans. Ford Lewis Battles (Philadelphia: Westminster Press, 1977), 2.6.1; R. C. Sproul, *Reason to Believe* (Grand Rapids, Mich.: Zondervan, 1982), pp. 47-59; Ronald Nash, *Is Jesus the Only Savior?* (Grand Rapids, Mich.: Zondervan, 1994). 이 문제에 대한 다른 논의들로 다음의 책들을 보라. Millard J. Erickson, *How Shall They Be Saved? The Destiny of Those Who Do Not Hear of Jesus* (Grand Rapids, Mich.: Baker, 1996); John Sanders, ed., *What About Those Who Have Never Heard? Three Views on the Destiny of the Unevangelized* (Downers Grove, Ill.: InterVarsity Press, 1995, 『복음을 듣지 못한 사람 어떻게 되는가』, 부흥과개혁사).

[40] John Hick, *The Myth of God Incarnate* (Philadelphia: Westminster Press, 1977), *An Interpretation of Religion* (New Haven, Conn.: Yale University Press, 1989); Paul Knitter, *No Other Name?* (Maryknoll, N. Y.: Orbis, 1985); Wilfred Cantwell Smith, Faith and Belief (Princeton, N. J.: Princeton University Press, 1979), *Toward a World Theology* (Maryknoll, N. Y.: Orbis, 1981); Aloysius Pieris, *An Asian Theology of Liberation* (Maryknoll, N. Y.: Orbis, 1988)

서 그분을 알아야 하는 것은 아니라고 말한다. 따라서 타종교를 고백하지만 감추어진 그리스도를 의지하는 자들은 구원을 받을 수 있다는 것이다. 예수님에 대해 들어 본 적 없는 중국 농부가 자신의 마음 가운데서 발견한 법을 제정하신 도덕적 하나님이 있다는 것을 자연과 양심을 통해 알고, 또 이 법이 자신을 정죄하는 것을 깨닫고 하나님의 자비에 스스로를 내던진다면, 실제로는 하나님의 자비가 되시는 그리스도께 스스로를 내던진 것이다. 예수님은 그가 선한 사람이기 때문이 아니라 그가 예수님이 그분의 삶, 죽음, 부활을 통해 구원하기로 선택하신 백성들 가운데 있기 때문에 구원하신다. 예수님은 이 사람에게 믿음과 회개를 선물로 주셨다. 모든 포괄주의자들이 자신들의 생각을 정확히 이런 방식으로 진술하는 것은 아니지만, 다음의 사람들은 방금 개략적으로 설명한 견해를 받아들이고 있다. 알렉산드리아의 클레멘스(Clement of Alexandria), 유스티누스(Justin Martyr), 이레나이우스(Irenaeus), 존 웨슬리, C. S. 루이스, 클라크 피녹, 존 샌더스, J. N. D. 앤더슨, 밀라드 에릭슨(Millard Erickson)이 여기에 해당된다.[41]

---

41 Clement of Alexandria *Stromata* 1.5, 15; 5.5, 13; 6.6-8, 17; 7.2; Justin Martyr *First Apology* 46; Irenaeus *Against Heresies* 4.6.5-7; 4.20.6-7; 2.6.1; John Wesley, "The General Spread of the Gospel", in *The Works of John Wesley*, 3rd ed. (Peabody, Mass.: Hendrickson, 1986), 6:286; John Wesley, "On Faith", in *Works*, 7:197; C. S. Lewis, *Mere Christianity* (New York: Macmillan, 1967, 『순전한 기독교』, 홍성사), pp. 65, 176와 *God in the Dock*, ed. Walter Hooper (Grand Rapids, Mich.: Eerdmans, 1970, 『피고석의 하나님』, 홍성사), p. 102; John Sanders, *No Other Name: An Investigation into the Destiny of the Unevangelized* (Grand Rapids, Mich.: Eerdmans, 1992); Clark Pinnock, *A Widness in God's Mercy: The Finality of Jesus Christ in a World of Religions* (Grand Rapids, Mich.: Zondervan, 1992); J. N. D. Anderson, *Christianity and Comparative Religion* (Downers Grove, Ill.: InterVarsity Press, 1977); Millard Erickson, "Hope for Those Who Haven't Heard? Yes, But…", *Evangelical Missions*

이 책에서 나는 이 입장들 중 하나를 선택해서 변호하는 일은 하지 않을 것이다. 내 관심사는 구원이 아니라 종교들 가운데 있는 계시의 문제이기 때문이다. 내가 아는 모든 복음주의 사상가는 예수님이 하나님께 이르는 유일한 구세주이자 길이라고 주장하는 요한복음 14:6과 사도행전 4:12 같은 분명한 본문 증거들 때문에 다원주의를 거부한다고만 말해 두고자 한다. 복음주의자들은 제한주의와 포괄주의로 나누어지지만, 종교개혁 이후로 포괄주의가 꾸준히 지지를 얻고 있으며 저명한 복음주의 사상가들 사이에서 우위를 차지하면서 제한주의에 도전하기 시작했다.[42]

하지만 최근 비복음주의자들 사이에서 이러한 유형 분류는 붕괴되었으며 또 구원 문제가 이제 급격히 전환되었다는 점에 주목할 필요가 있다. 복음주의자들은 틀림없이 이러한 새 국면에 대해 탐구하기 시작할 것이다. 조셉 디노이아(Joseph DiNoia)는 이 새로운 전환을 알리는 최초의 저명한 학자였으며, 마크 하임(Mark Heim)은 현재 그 전환을 충분하게 설명해 놓았다.[43] 그들은 종교들이 각기 다른 목표를 갖고 있기 때문에 포괄주의는 앞뒤가 맞지 않는다고 주장했다. 포괄주의는 타종교들이 기독교와 유사한 목표, 즉 무한하고 인격적인 하나님과의 연합을 추구한다고 말하는 것 같다.[44] 그렇다면 그와 같은 하나님을 믿지

Quarterly 11 (August 1975): 124.
42 Sanders, *No Other Name*, p. 216 n. 1.
43 Joseph DiNoia, "The Universality of Salvation and the Diversity of Religious Aims", *World Mission* (Winter 1981-1982): 4-15; S. Mark Heim, *Salvations: Truth and Difference in Religion* (Maryknoll, N. Y.: Orbis, 1995).
44 물론, 대부분의 포괄주의 학자들은 아드바이타 베단타 같은 체계들이 유신론이라고 생각할 만큼 순진하지는 않다. DiNoia와 Heim이 주장하는 요점은 종교들의 목표들이 근본

않고 그와 같은 목표를 갖고 있지 않은 소승불교 신자들을 어떻게 이해해야 하는가?

포괄주의는 종교들 가운데 있는 수많은 목표에 비추어 볼 때 문제가 있을 뿐만 아니라, 또 면밀히 조사를 해 보면 (디노이아와 하임이 제안하듯) 모든 종교는 배타적인 (어떤 의미에서는 제한주의적인) 주장들을 하고 있다. 즉 역사적·실증적 차원에서 입체적으로 종교들을 살펴보면, 모든 종교가 자신들의 종교적 목표는 그 종교만을 따름으로써 (제한주의적 의미로, 현세에서 의식적으로 자신들의 방법만을 취함으로써) 달성할 수 있다고 가르치고 있음을 발견한다. 이런 이유로 각 종교는 "단 하나이며 유일하고", 그 종교가 말하는 구원에 이르는 유일한 길이다. 그러므로 실제로는 많은 종류의 구원이 있는데 모든 종교가 단 하나의 구원을 추구한다고 가정하기 때문에 포괄주의는 설득력이 없다.

다원주의도 일관성이 없다. 겉으로 드러나지 않는 포괄주의이기 때문이다. 많은 목표를 믿는다고 주장하지만 실제로는 오직 하나만 믿는다. 힉은 실재 중심성, 니터는 사회적 억압으로부터 해방을 추구하는 정행, 윌프레드 캔트웰 스미스는 보편적 공통의 합리성과 신앙의 보편적 특성을 믿는다. 각각의 목표는 종교를 실제 믿는 자들이 말하는 것과 매우 다르다. 실제 신자들은 신적인 것과 그것에 도달하는 방법에 대해 매우 다른 것들을 말하는데도, 다원주의자들은 그들이 모두 동일한 것을 이야기한다고 주장한다. 그렇다면 사실상 다원주의자들은 정작 가장 중요한 다원주의를 부인하는 것이다. 포괄주의자들처럼, 그

적으로 다양해서 그것들이 다른 경로들을 통해 같은 목적지로 이끈다고 생각하는 것이 불가능하다는 것이다.

들은 모두에게 오직 한 가지 목표가 있다고 말한다.

디노이아와 하임이 주장하는 바에 따르면, 종교들이 가르치는 다른 목표나 구원뿐만 아니라 실제로도 다른 구원이 있을 수 있다. 다른 목표란 한 번에 한 사람을 위한 것이 아니라 다른 여러 사람을 위한 것이거나, 여러 번에 걸친 한 사람을 위한 것일 수 있다. 게다가, 이 다른 목표라는 실재를 하나님이 '섭리적으로' 주실 수도 있다고 말한다. 다시 말해, 소승불교 신자들은 실제로 열반(nirvana)을 경험하고, 무슬림들은 실제로 낙원을 찾을 수 있다는 것이다. 따라서 종교적 성취는 세 가지 유형이 있다. 비움(lostness), 비기독교 종교를 통한 불완전한 종교적 성취, 삼위일체 하나님과의 교감이며, 기독교 신앙만 마지막 것을 제공한다.

디노이아와 하임은 신플라톤주의적 존재의 대사슬(Great Chain of Being) 및 충만성 개념과 '다양성을 위한 예시'로 작용하는 기독교의 삼위일체 교리에 호소하면서, 이를 뒷받침하는 철학적이고 신학적인 논의를 제시한다. 그들은 단테(Dante)의 낙원을 언급한다. 거기서 각 영혼은 간절히 바라던 것을 받는다. 하지만 복음주의자들은 놀랍게도 이 시나리오를 성경적으로 옹호하려는 시도가 전혀 없다는 사실에 주목해야 할 것이다.

또한 복음주의자들이 옛 유형론 사용을 재고하기 시작할 수도 있는데, 일부는 다수의 구원을 지지하는 성경적 증거가 있는지 보기 원할 것이다. 하지만 이 논의가 여전히 구원의 문제를 중심으로 이루어지고 있음을 주목하라. 종교들 가운데 계시가 있다는 개념을 성경이 지지한다는 증거에도 불구하고,[45] 수많은 정통 가톨릭 학자들이 수십 년 동안 이 문제에 관해 연구하고 있음에도 불구하고, 복음주의자들은 아직 그 문제에 대해 질문도 시작하지 않고 있다. 존 스택하우스(John G. Stackhouse Jr.)와 클라크 피녹 정도가 문제를 제기하기 시작했으며, 피녹은 예비적 탐구를 진행했다. 하지만 그 이상 시도된 것은 없다.[46] 이제 더 나아가야 할 때다.

---

45 3장을 보라.
46 John G. Stackhouse Jr., "Evangelicals Reconsider World Religions: Betraying or Affirming the Tradition?" *Christian Century*, September 8-15, 1993, pp. 858-865; Pinnock, *Widerness in God's Mercy*, 특히 3-4장.

2장
계시란 무엇인가?

이 책은 타종교 안에 계시가 있을 가능성에 대한 연구이기 때문에, 먼저 **계시**가 무엇인지 규정할 필요가 있다. 이 용어는 계몽주의 운동 이후, 즉 영국의 이신론자들이 하나님은 자연과 이성을 뛰어넘는 매개를 통해 자신을 알리셨다는 생각에 정면 공격을 가했던 때부터 신학에서 흔히 사용되는 말이 되었다. 이신론자들은 하나님이 유대인들과 그리스도인들에게만 그분 자신을 계시하셨다면 올바른 사고를 하는 사람이라면 결코 믿을 수 없는 독단적인 괴물이라고 주장했다. 의로운 하나님은 유대 기독교 전통의 범위 안에 있는 사람들에게만 아니라 모든 인간에게 그분 자신을 계시하셨을 것이기 때문이다. 이런 이유로 계몽주의 운동 이후 하나님을 아는 지식에는 두 원천이 있다고 언급하는 것이 관례가 되어 왔다. 하나는 모든 사람이 활용할 수 있는 자연과 이성이고, 다른 하나는 성경에 접근하는 사람들이 활용할 수 있는 계시다.[1]

---

1 하나의 원천을 계시, 다른 원천을 자연과 이성으로 구분할 때, '특별 계시'는 구원에 대해 배울 수 있는 성경으로부터 나온 것을 의미한다. 자연과 이성은 합쳐서 나중에 '일반' 계

정의

어원적으로, 라틴어 레베로(*revelo*)에서 유래한 계시라는 단어는 히브리어 갈라(*gala*)와 헬라어 아포칼륍토(*apokalyptō*)로 거슬러 올라가는데, 이 둘은 감추어진 어떤 것을 드러내어 그것이 무엇인지 보고 알 수 있게 하는 것을 뜻한다. 이것이 뜻하는 바는 에베소서 저자가 잘 나타내고 있다. "이전 세대에 이 신비는 인류에게 알려지지 않았다. 이제 그것은 성령에 의해 그의 거룩한 사도들과 선지자들에게 계시되었다"(엡 3:5, 저자 사역).

그러니까 성경 저자들에게, 계시란 이전에 감추어졌던 신비를 밝히는 것이다. 하지만 더 중요한 사실은 그 신비를 드러내는 분이 바로 하나님이시라는 것이다. 하나님은 그분이 만드신 인간 피조물들에게 그분의 계획과 성품 및 존재를 밝히기 위해 앞장서신다. 그리고 선택된 인간들에게 그분 자신과 그분의 도를 알려 주셨다. 그다음, 선택받은 인간들은 우리에게 그들이 보고 듣고 경험한 것을 전해 주었다.

시라 불렸다. 나는 이 장 후반부에서 이 구분에 대해 자세히 설명할 것이다.

이신론을 훌륭하게 설명한 2차 자료로는 다음의 책들을 보라. Gerald R. Cragg, *The Church and the Age of Reason 1648-1789* (New York: Penguin, 1960)와 *Reason and Authority in the Eighteenth Century* (Cambridge: Cambridge University Press, 1964); Robert E. Sullivan, *John Toland and the Deist Controversy: A Study in Adaptations* (Cambridge, Mass.: Harvard University Press); Peter Byrne, *Natural Religion and the Nature of Religion: The Legacy of Deism* (London: Routledge, 1989); Peter Harrison, *"Religion" and the Religions in the English Enlightment* (Cambridge University Press, 1990); J. A. I. Champion, *The Pillars of Priostcraft Shaken: The Church of England and Its Enemies 1660-1730* (Cambridge: Cambridge University Press, 1992). 현대에 나온 가장 좋은 설명서는 John Leland, *A View of the Principal Deistical Writers* (1755-1757; reprint, New York: Garland, 1978)이다.

태초부터 있는 생명의 말씀에 관하여는 우리가 들은 바요 눈으로 본 바요 자세히 보고 우리의 손으로 만진 바라. 이 생명이 나타내신 바 된지라. 이 영원한 생명을 우리가 보았고 증언하여 너희에게 전하노니 이는 아버지와 함께 계시다가 우리에게 나타내신 바 된 이시니라. 우리가 보고 들은 바를 너희에게도 전함은 너희로 우리와 사귐이 있게 하려 함이니 우리의 사귐은 아버지와 그의 아들 예수 그리스도와 더불어 누림이라. (요일 1:1-3)

이 구절이 명료하게 해 주는 것처럼, 성경의 저자들에게 계시는 인간의 추구나 상상력의 산물이 아니라, 하나님의 선물이었다. 그렇지 않았다면 피조물들은 하나님에 대한 생각을 왜곡시키기만 했을 것이다. 하나님이 앞장서서 그분의 실재와 구속 계획을 볼 수 있도록 우리의 귀와 눈을 여셨을 때 우리는 죄 가운데서 "죽어" 있었으며 하나님에 대한 이해는 "어두워져" 있었다(엡 2:1; 4:18; 참고. 마 11:25-27; 16:17; 고후 4:6). 계시는 차치하고, 하나님에 대한 우리의 추측은 "어리석을" 뿐이며, 실제로 하나님에 대한 참된 지식과도 모순된다(롬 1:21-26; 고전 2:14). 죄가 하나님을 아는 것을 방해하는 장애물이 되지 않았다 하더라도, 우리와 초월적 영역 사이에는 아직도 엄청난 존재론적 간극이 있다. 하나님은 존재 방식에 있어서 인간과 전혀 달라서 인간은 그분을 볼 수 없고(요 1:18; 딤전 6:16; 참고. 출 33:20), 찾는다 해도 그분을 발견할 수 없으며(욥 11:7; 23:3-9), 그분의 생각을 추측할 수도 없다(사 55:8-9). 쇠렌 키르케고르(Søren Kierkegaard)가 표현한 유명한 말처럼, "하나님과 인간 사이에는 무한한 질적 차이"가 있다.[2] 파스칼은 바로 이런 이유들 때문에 하나님만이 하나님에 대해 잘 말씀하실 수 있다고 했다.

계시라는 단어는 하나님이 그분의 목적과 존재를 드러내시는 과정 뿐만 아니라 그분이 드러내심으로써 생기는 하나님을 아는 지식을 말한다. 그다음 이 지식으로 나머지 모든 실재의 의미가 드러난다. 토머스 오덴(Thomas Oden)이 표현한 것처럼, 하나님의 계시를 받고 이해하는 것은 그것을 통해 우리의 나머지 모든 경험을 보는 경험이다.[3] 레슬리 뉴비긴(Lesslie Newbigin)은 그것을 케플러(Kepler)가 발견한 제3법칙에 비교했다. 케플러의 말을 빌리면, "마침내 나는 그것을 발견했으며 내가 바라던 것 이상으로 그 진리를 알게 되었다.…가장 놀라운 명상의 순수한 태양 자체가 빛났다." 뉴비긴은 덧붙여, 케플러는 "내가 그것을 발견했다"고 선포했지만 성경의 선지자들은 "하나님이 나에게 말씀하셨다"라고 증언했다고 말한다.[4] 계시의 출처가 달랐다 하더라도, 결과는 비슷했다. 계시란 다른 모든 사건을 이해할 수 있게 하는 사건이다.

이것이 계시가 이스라엘 사람들과 초기 그리스도인들에게 작동했던 방식이다. 성경에 담긴 계시적 사건들의 프리즘을 통해 인간 경험을 볼 때 우주적 의미가 더해졌다. 출애굽기 저자는 독자들에게 이렇게 말했다. "후일에 네 아들이 네게 묻기를 이것이 어찌 됨이냐 하거든 너는 그에게 이르기를 여호와께서 그 손의 권능으로 우리를 애굽에서 곧 종이 되었던 집에서 인도하여 내실새"(출 13:14). 초기 그리스도인들이 신

---

2 Søren Kierkegaard, *Training in Christianity*, in *A Kierkegaard Anthology*, ed. Robert Bretall (New York: Modern Library, 1946), p. 391.
3 Thomas C. Oden, *The Living God*, vol. 1 of *Systematic Theology* (San Francisco: Harper & Row, 1987), p. 333.
4 Lesslie Newbigin, *The Gospel in a Pluralist Society* (Grand Rapids, Mich.: Eerdmans, 1989), p. 59. 『다원주의 사회에서의 복음』(IVP).

앙 문제 때문에 박해를 당하거나 기적적인 치유를 보았을 때, 이런 사건들은 그리스도의 죽음과 부활로 설명이 되었다(행 1-5장). 다시 말해, 계시의 내용은 곧 하나님이셨으며, 그분의 성품과 본질은 주로 그분의 구속 사역에 대한 이야기들을 통해 계시되었다. 그 구속 사역은 영원 속에서 하나님의 변호로 시작했으며 성자의 선도에 따라 하나님 나라가 종말론적으로 완성될 때까지 지속될 것이다. 모든 우주에 하나님의 거룩하심, 신실하심, 주권을 나타내는 것은 아담과 아브라함과 유대인들로 시작되고, 성육신을 통해 계속된 바로 그 이야기 말이다. 그 이야기는 삼위일체 가운데서 하나님은 사랑의 공동체이며 예수님은 인류에 대한 하나님의 마지막 계시가 되심을 보여 준다. 왜냐하면 예수님은 하나님의 형상으로서, 그분 안에는 신성이 충만하게 거하시기 때문이다(고후 4:4; 골 1:15; 히 1:3).[5]

계시가 지식을 전달한다면, 새로운 통찰을 제공하는 단순한 정보가 아니다. 하나님의 드러내심에는 계시된 것에 대한 전적인 신뢰가 요구된다. 그것은 적절하게 받아들이기만 하면 순종을 수반하는 믿음을 불러일으킨다(롬 1:5; 16:26). 이 계시를 받아들이는 자는 단순히 정신적으로 동의하는 것에 그치는 것이 아니라, 자신의 삶을 성찰하고 변혁시켜 나가야 한다.

---

5   이 이야기를 신학적으로 이해하려면 Jonathan Edwards, *A History of the Work of Redemption*, ed. John F. Wilson (New Haven, Conn.: Yale University Press, 1989), pp. 111-530를 보라. 『구속사』(부흥과개혁사).

매개와 방식

계시는 어떤 매개나 방식을 통해 오는가? 성경의 증거에 따르면, 계시는 많고 다양하다. 하나님은 제비뽑기(삼상 10장; 행 1:24-26), 환상(왕상 22:17-23), 귀로 들리는 소리(삼상 3:1-14), 꿈(창 28:10-17), 해몽(창 40-41장), 천사(삿 13:15-20), 예언의 영감(렘 1장), 지혜(잠언), (출애굽 같은) 역사적 사건, 은유(시 18:2), 비유(마 13:1-50) 및 이야기(예수님의 삶, 수난과 부활에 대한 복음서 설명)를 통해 말씀하셨다.

때때로 성경 본문은 단순하게 하나님이 그분 자신을 야곱(창 35:7, 9)과 사무엘(삼상 3:21)과 같은 이들에게 계시하셨다고 말한다. 아브라함에게는 인간의 형태로 나타나셨다(창 18:1-19:1). 야곱은 하나님과 씨름을 했다(창 32:24-30). 모세는 하나님의 등을 보았지만(출 33:21-23), 성경 본문에 따르면 모세는 때때로 하나님과 "대면하여" 이야기하기도 했다(민 12:8; 신 34:10).

신약에서 예수님은 하나님 아버지를 누구에게 계시할지 선택하심으로써 하나님을 아는 지식을 통제하신다(마 11:27). 예수님은 제자들에게 하나님 나라의 본질을 계시하고 또 들을 준비가 되어 있지 않거나 들을 수 없는 자들에게는 그것의 신비를 감추기 위해 비유로 말씀하셨다(마 13:11-15). 그러나 하나님에 대한 가장 완전한 계시는 그분의 위격이었다(요 1:1). 이제 그 말씀이 인간이 되셨다(요 1:17). 그래서 예수님을 아는 것은 하나님을 아는 것이었다(요 14:9). 하나님은 구약 시대에 "여러 부분과 여러 모양으로" 그분 자신을 계시하셨지만, 계시의 역사는 예수님 그분 안에서 절정에 이르렀다(히 1:1-2). 사도들의 영감된 저술을 통해 성자의 계시적 기능이 계속될 수 있도록 성령이 오셨다(요 14:25-26; 16:12-15; 요일 2:20, 27).

자연을 통한 계시?

20세기 신학에서 칼 바르트는 하나님이 그분 자신을 자연을 통해서도 계시하시는지에 대한 논의를 불러일으켰다. 그것은 때때로 '자연 계시'라고 불린다.[6] 중생하지 못한 인간은 이 계시를 적절히 해석할 수 없지만, 그럼에도 불구하고 자연은 하나님에 대한 지식을 전한다는 증거가 성경에 있다. 시편 기자는 "하늘이 하나님의 영광을 선포하고 궁창이 그의 손으로 하신 일을 나타내는도다"라고 선언한다(시 19:1). 누가는 하나님이 자연의 계절과 비와 결실을 주심으로써 그분 자신을 증거하셨다고 루스드라에서 바울이 한 말을 보고한다(행 14:17). 그리고 나서 아테네에서 바울은 다시 하나님이 땅의 계절과 지형을 창조하셔서 사람들이 "하나님을 더듬어 찾아 발견하게" 하셨다고 선포했다(행 17:26-27). 로마서에서 바울은 진리를 막는 사람들에게 "하나님을 알 만한 것이 그들 속에 보임이라. 하나님께서 이를 그들에게 보이셨느니라. 창세로부터 그의 보이지 아니하는 것들 곧 그의 영원하신 능력과 신성이 그가 만드신 만물에 분명히 보여 알려졌나니 그러므로 그들이 핑계하지 못할지니라"라고 썼다(롬 1:19-20).

장 칼뱅과 조나단 에드워즈는 이런 구절들과 다른 비슷한 구절들에

---

[6] 물론 이것은 신학 역사에서 새로운 주제는 아니었지만, 바르트는 그것을 20세기에 특별히 주목하지 않을 수 없게 만들었다.

근거해서 하나님이 자연 가운데 그분 자신에 대한 객관적 계시를 주셨다고 주장했다. 칼뱅은 하나님의 존재, 본질, 속성을 나타내는 거울이자 무대인 창조 질서를 살펴봄으로써 (그리스도를 통해서만 알 수 있는 구속자 하나님이 아닌) 창조자 하나님을 알 수 있다고 말했다.[7] 칼뱅은 또한 역사적 과정 자체가 하나님을 증거한다고 믿었다. 그는 이사야서와 하박국서와 같은 선지서의 성경 본문들을 예로 들어, 하나님이 앗시리아와 갈대아를 통해 역사하시는 것을 포착한다(사 10:5-6; 합 1:5-6). 에드워즈는 하나님의 존재를 증명하는 우주론적 논증[만물은 그것의 존재를 증명하기 위한 원인(Cause)을 필요로 한다는 개념에 근거한 논증]과 목적론적 논증[우주의 설계에 대해 책임이 있는 설계자(Designer)를 추론하는 논증]의 기초로 자연 계시를 사용했다.[8]

칼뱅과 에드워즈는 바울이 쓴 로마서 2장에 대해 응답한 것이었다. 로마서 2장에서 바울은 인간의 양심에는 하나님의 도덕법에 대한 신의 증거가 심겨 있다고 말했다. "이런 이들은 그 양심이 증거가 되어 그 생각들이 서로 혹은 고발하며 혹은 변명하여 그 마음에 새긴 율법의 행위를 나타내느니라"(롬 2:15). 칼뱅에게 이것은 그가 모든 인간에게서 발견되는 '신 의식'(sensus divinitatis, 인간에게 하나님의 존재를 알려 주는

---

7 John Calvin, *Institutes of the Christian Religion*, ed. John T. McNeill (Philadelphia: Westminster Press, 1960), 1.5. 『기독교 강요』(CH북스).
8 Jonathan Edwards, *Freedom of the Will*, ed. Paul Ramsey (New Haven, Conn.: Yale University Press, 1957), pp. 181-182; Miscellanies entry 267 (뒤이어 나오는 Miscellanies 항목들은 "Misc. ##"로 표기할 것이다), Edwards Papers, Beinecke Rare Book and Manuscript Library, Yale University. 또 Gerald McDermott, *Jonathan Edwards Confronts the Gods: Christian Theology, Enlightment Religion, and Non-Christian Faiths* (New York: Oxford University Press, 2000), 3장을 보라.

의식)이라 부르는 것을 지지해 주는 근거의 일부가 되었다.[9] 에드워즈는 하나님에 대한 타고난 직관적 인식, 영혼이 하나님을 믿게 하는 자연적 경향, 곧 "사람들이 하나님이란 존재에 대한 근거를 지니고 있음을 드러내는 은근한 암시와 일종의 내적 증거"에 대해 썼다.[10] 이 18세기 신학자에게, 자연은 하나님에 대한 증거로 가득했다. "하나님은 우리 자신 가운데, 우리의 몸과 영혼 가운데, 우리가 눈을 돌려서 보는 주변의 모든 것 가운데, 하늘이나 땅이나 공중이나 바다나 어디에서나, 분명히 나타나 계신다."[11]

에드워즈는 칼뱅과 의견을 같이하여, 자연은 구속자 하나님이 아니라 창조자 하나님만을 가리키며 창조자 하나님에 대한 지식만 가지고는 구원을 받기에 부족하다고 했다. 미국 신학자인 그는 창조자 하나님에 대한 지식은 하나님을 기쁘시게 하는 데 필요한 무언가를 인간에게 드러내지만, 하나님이 불쾌해져 계실 때 그분을 찾는 법은 가르쳐 주지 않는다고 주장했다. 이와 같이 자연은 도덕적 요구를 하시는 하나님이 계시다는 것은 보여 주지만, 죄인들이 그 요구를 충족시키지 못했을 때 하나님께로 어떻게 돌이킬 수 있는지는 가르쳐 주지 않는다. 그는 자연이 하나님을 계시하지만, 어느 누구도 자연만을 통해서는 하나님께로 오지 못했다고 썼다. 설령 누군가 자연을 통해 하나님께로 왔다 할지라도, 하나님이 자신을 구원하기 원하시는지 혹은 저주하기 원

---

9 Calvin, *Institutes* 1.3.1.
10 Edwards, Misc. 268.
11 Jonathan Edwards, "Man's Natural Blindness in Religion", in *The Works of Jonathan Edwards*, ed. Edward Hickson (Edinburgh: Banner of Truth, 1974), 2:252.

하시는지 아직 알지 못할 것이다.[12] 에드워즈는 또한 자연이 우리에게 하나님의 진리에 대해 무언가를 말할 수 있는 반면, 하나님의 실재를 계시할 수는 없다고 주장했다. 나는 계시의 해석에 대해 논의하면서 곧이어 이 점에 대해 설명할 것이다. 이와 같이 칼뱅이나 에드워즈에게 자연 계시는 계시된 신학을 정립하는 기초가 아니다. 자연을 통해 계시된 것과는 질적으로 다른 방식으로 이루어진 그리스도에 대한 특별 계시가 있어야 한다. 또한 자연 계시는 인간이 은혜를 떠나서 하나님을 발견할 수 있는 선천적 능력을 갖고 있다고 말하지 않는다. 오로지 성령의 활동만이 사람에게 참된 하나님을 계시할 수 있다. 이러한 성령의 일하심이 없다면, 그 사람은 자신의 죄 가운데서 죽어 있는 것이다.

이것을 다른 식으로 말하면, **일반** 계시와 **특별** 계시로 구분된다. 일반 계시는 자연과 양심을 통해 모든 인간에게 주어지지만(롬 1:18-20; 2:14-15), 특별 계시는 이스라엘과 예수 그리스도를 통해서 오며, 따라서 그 전통에 접근한 자들에게만 알려졌다. 전자는 하나님의 존재, 능력, 도덕적 요구를 계시하는 반면, 후자만이 그런 요구들을 충족시키지 못하는 우리가 불가피한 실패에 대해 어떻게 위안을 찾을 수 있는지 가르쳐 준다. 이러한 구분과 그것을 설명하는 데 사용하는 언어에는 가치가 수반된다. 이러한 구분으로, 우리는 많은 사람이 구원의 방법에 대한 완전한 지식을 갖지는 못하지만 또한 모든 사람이 하나님에 대한 지식을 어느 정도는 가질 수 있음을 볼 수 있다. 이것은 또한 우리가 특별 계시의 영역 밖에 있는 넓은 세계에서 하나님의 진리 일부

---

12 Edwards, Misc. 1304. 또 McDermott, *Jonathan Edwards Confronts the Gods*, 3장을 보라.

를 발견할 수 있음을 말한다. 그것을 구분하면서 양쪽에 사용된 계시라는 언어는 비그리스도인들에게 주어진 하나님에 대한 지식이 하나님이 **계시하신** 것임이 확인된다. 그것은 구원을 얻기에는 충분하지 못하지만, 그럼에도 하나님 자신이 주신 하나님에 대한 참된 지식이다.

이 구분이 종교들 가운데 있는 계시의 문제를 논의할 수 있게 해주는 반면, 어려운 문제를 일으키기도 한다. 종교들 가운데 있는 어떤 계시는 두 계시 중 어느 편에도 속하지 않는다. 우리가 성경으로부터 아는 것을 반영하거나 심화시키는 것처럼 보이는 종교들 가운데 있는 어떤 진리 주장들은 오직 하나 또는 소수의 종교들에만 해당하는 특유의 것이기 때문이다. 모든 사람이 그것들에 접근할 수 없기 때문에, 우리가 흔히 말하는 일반 계시의 예라 할 수 없다. 특별 계시에도 해당되지 않는다. 특별 계시는 보통 죄와 죽음으로부터 어떻게 구원을 받는가 하는 진리들을 뜻하는 것이기 때문이다. 예를 들어, 도교의 '무위'라는 개념은 신에게 항복하는 방법으로 소수에게 알려져 있지만, 우리가 항복하지 않을 때 용서받을 수 있는 방법에 대해서는 아무것도 말하지 않는다.[13] 따라서 그것은 일반 계시도 아니고 특별 계시도 아니다. 4장에서 나는 이 현상을 설명할 수 있는 또 다른 범주가 있다고 주장할 것이다.

칼 바르트는 자연 가운데 있는 하나님에 대한 지식을 지지하기 위

---

[13] 도교의 '무위'는 우주의 본질과 정신에 항복하는 것과 비슷한 것이다. 철학적 도교 신자들은 이 항복을 반드시 신적인 것이라 부르지는 않는다. 그들은 용서를 구할 수 있는 신을 믿지 않는다. 하지만 나는 그리스도인들이 이 개념을 그들의 말로 이해할 수 있도록 돕기 위해(나는 7장에서 더 자세히 설명할 것이다), 그리고 이것이 우리에게 구원에 대해 아무것도 말하지 않는다는 점을 보여 주기 위해 '무위'를 이런 식으로 설명한다.

해 전형적으로 사용된 성경 구절들은 여러 세대의 독자들에게, 특히 계몽 운동 이후로는 계속 오해를 받았다고 주장했다. 바르트에 따르면, 실제로 구약의 구절들은 이스라엘의 하나님에 대한 지식을 제외하고는 하나님에 대한 어떤 지식도 보여 주지 않으며(이스라엘 밖에 있는 자들은 우상을 숭배하는 목적으로만 자연을 사용한다), 또 바울은 자연을 통해 얻은 하나님에 대한 이 지식은 정죄를 받는 결과를 가져올 뿐임을 보여 준다.[14] 자연 계시를 놓고 벌인 에밀 브루너(Emil Brunner)와의 유명한 논쟁에서 바르트는 브루너가 존재의 유비(analogia entis)의 오류를 범했다고 비난했다. (바르트에 따르면) 우리는 인간의 속성이 완전하다는 근거하에 하나님에 대한 지식을 구한다는 것이다. 하지만 바르트는 성경적인 방법은 관계의 유비(analogia relationis)라고 주장했다. 즉 우리는 예수 그리스도를 통해 하나님과 관계를 맺을 때만 우리 자신을 안다. 따라서 자연에 있는 하나님의 증거들은 계시가 아니다. 그것들은 오해가 불가피하기 때문이다. 또 명백히 하기보다 왜곡시킨다. 하나님에 대해 우리가 가진 유일한 지식은 그리스도의 얼굴 가운데 있다(고후 4:6).[15]

내가 판단하기로, 바르트가 하나님에 대한 지식을 얻는 것에는 하나님에 대한 객관적 지식뿐만 아니라 그 지식에 대한 주관적 이해도 필요하다고 주장한 것은 옳다. 하지만 (바르트가 브루너의 자연 신학과 결부

---

14 Karl Barth, *Church Dogmatics*, II/1 (Edinburgh: T & T Clark, 1957), pp. 130-133.
15 Karl Barth, *Nein! Antwort an Emil Brunner, Theologische Existenz heute* 14 (Munich: Kaiser, 1934); 영어 번역본은 Karl Barth and Emil Brunner, *Natural Theology: Comprising "Nature and Grace"* (London: G. Bles, The Centenary Press, 1946).

시킨) 피와 흙에 근거한 독일식 기독교에 반대하여, 기독교 계시를 옹호하려고 하면서 바르트는 지나치게 반응했다. 예를 들어, 그는 시편 19편에 나오는 우주의 소리들이 무언이라고 주장했다. 본문이 "들리는 소리도 없으나"라고 말하기 때문이다(시 19:3). 그러나 시편 기자는 귀에 잘 들리는 소리가 없다는 의미로 말한 것이었다. 그는 계속해서 그 소리가 "온 땅에 통하고 그의 말씀이 세상 끝까지 이르도다"라고 말하기 때문이다(시 19:4, 저자 강조). 이것은 바르트가 말한 것처럼, 이스라엘 사람들이 아니라 이스라엘의 여호와에 대해 들은 적이 없는 자들에게 나타나는 하나님의 계시에 대해 말하는 것으로 보인다. 바울은 하나님의 율법에 대한 계시가 모든 인간 마음에 주어진다는 점을 명백히 한다(롬 2:14). 바르트는 많은 성경 저자들이 이러한 소리들은 들린다 하더라도 제대로 들리지 않는다고 말하고 있음을 정확히 짚어 냈다. 그럼에도 불구하고, 이 구절 및 다른 본문들은 우주와 인간을 통해 하나님이 실제로 드러내시는 일이 있음을 나타낸다. 많은 사람들이 그 드러내심을 보거나 이해하지 못한다 하더라도 말이다. 정죄는 참으로 이 계시의 일부 결과다(롬 1:20). 그러나 성경은 또한 성령이 이 계시를 사용하셔서, 틀림없이 다른 것들과 함께, 어떤 사람들을 하나님께로 인도한다고 암시한다(행 17:27; 롬 2:15). G. C. 베르까워(Berkouwer)가 표현한 것처럼, 바르트의 해석은 특별한 호소인 것 같다. "바르트의 주해는 본문 자체를 편견 없이 읽었다기보다 오히려 어떤 계시를 보는 선험적 관점의 결과다."[16]

---

[16] G. C. Berkouwer, *General Revelation* (Grand Rapids, Mich.: Eerdmans, 1983), p. 154. Gabriel Fackre, *The Doctrine of Revelation: A Narrative Interpretation* (Grand

계시에 드러나는 진리의 본질

하나님이 자연을 통해 진짜 계시를 주시는가 하는 문제를 놓고 논쟁이 계속되었다. 학자들 및 다른 해석자들은 계시에 의해 전달되는 진리의 본질에 대해서도 논쟁을 벌였다. 이 논쟁은, 더 정확히 말해 계속되는 논쟁들은 세 가지 문제와 관련이 있다. 첫째, 계시는 사건인가 아니면 단어들로 표현된 명제인가? 둘째, 하나님의 진리는 개념화될 수 있는 것인가 아니면 말로 표현할 수 없는 것인가? 셋째, 계시와 성경의 관계는 무엇인가?

첫 번째 문제는 하나님의 계시가 인간의 단어로 설명되는 역사상 사건으로 설명하는 것이 더 적절한가, 아니면 입으로 하는 말과 명제적 형태로 인간에게 전달된 하나님의 말씀으로 설명하는 것이 더 적절한가 하는 것이다. 전자의 견해를 지지하는 자들은 성경 내의 진리는 주로 그리스도 사건—즉 예수님의 위격 가운데 나타난 그리스도로서 자신을 인간에게 계시하신 하나님—을 언급한다고 주장한다. 이런 이유로 성경 저자들에게 진리는 **일어나는** 어떤 것이다. 진리는 진술의 나열이 아니라, 출애굽과 나사렛 예수라 불리는 역사상 인물과 같이 역사에서 일어난 사건들이다. 칼뱅의 언어를 빌려 표현하면, 이렇게 해석하는 이들은 하나님이 이런 역사적 사건들을 통해 우리 역사 가운데 그분 자신을 계시하심으로써 스스로를 우리의 능력에 맞추셨다고 말한다. 그렇다면 계시는 다른 무엇보다도 더 역사적인 사건이다. 바르트

Rapids, Mich.: Eerdmans, 1997), p. 50에서 인용.

가 표현한 것처럼, 계시에는 역사적 서술어들이 필요하다.

이 견해는 성경으로 아주 쉽게 확증될 수 있다. 성경에 표현된 하나님은 자신의 임재를 다양한 방법과 사례로 인간에게 나타내시는 분이다. 그중 많은 것이 사건들로 묘사될 수 있다. 하나님은 그분의 임재를 아브라함, 이삭, 야곱, 모세, 바울 및 많은 다른 사람들에게 계시하셨다(창 35:7; 출 6:3; 민 12:6-8; 갈 1:15-16). 불붙은 떨기나무, 시내산 및 그발강에서 하나님의 현현이 일어났다(출 3:2-4:18; 19:11-20; 겔 1장). 여호와의 천사는 여호와 자신이 나타나셨던 것으로 보인다(창 16:10; 출 3:2-4:18; 삿 13:9-23). 요한은 "말씀이 육신이 되어 우리 가운데 거하시매"라고 말했다(요 1:14). 성경이 예수님을 하나님의 가장 중요한 계시로 묘사한다는 것에는 의심의 여지가 없다. 하나님의 임재를 나타내는 이 모든 것은 메시지이기보다는 사건들이었다.

성경의 저자들에게 계시된 진리는 일어나는 어떤 것일 뿐만 아니라 또한 들은 어떤 것이라는 점도 똑같이 분명하다. 성경에서 하나님은 그분의 백성에게 그분의 **목적들을 말씀하심으로써** 스스로를 계시하셨다. 역사 속에 살았던 사람이 특정 장소와 시간에 전달받는 식으로 전해진 신적 말씀은 역사적이다. 메시지를 전달받고 이어서 그 메시지를 인간의 말로 반복하는 것은 역사적 사건으로 여길 수 있다. 그러나 계시 자체는 역사 속에 일어나는 사건보다는 하나님에게서 온 메시지로 더 잘 특징지어진다.

예를 들어, 하나님이 자주 진술하신 그분의 목적, 즉 그분의 성품과 계획과 요구를 생각해 보라. 하나님은 노아, 아브라함, 모세에게 그들을 향한 하나님의 계획과 목적뿐만 아니라 그분의 백성과 인류 전체를 향한 그분의 궁극적 목적도 말씀하셨다(창 6:13-21; 12:1-18; 15:13-21; 17:15-21; 18:17-33; 출 3:7-22).[17] 그다음 하나님은 이스라엘에게 출애굽기 20-23장, 신명기 6:13-25, 28장, 시편 78:5-8, 147:19에서 그분의 언약에 담긴 율법과 약속들에 대해 선포하셨다. 하나님은 선지자들에게 그분의 목적을 계시하지 않고는 아무 일도 하지 않으실 것이라고 아모스에게 말씀하셨다(암 3:7). 그리스도는 제자들에게 성부 하나님에게서 들은 모든 것을 말씀하셨으며, 또 그들에게 주신 명령을 완성하기 위해 성령을 보내실 것이라고 약속하셨다(요 15:15; 16:12-15). 바울은 하나님이 자신에게 그리스도 안에서 그분의 영원한 목적의 신비를 계시하셨다고 말했으며(엡 1:9-14; 3:3-11), 또 요한은 예수님이 자신에게 곧 일어날 일을 계시하셨다고 증언했다(계 1:1).

그러니까 성경적 증거에 따르면 사건으로서의 계시와 말씀으로서의 계시로 나누어 구분하는 것은 틀린 것이다. 성경에는 둘 다 두드러지게 나타난다. 실제로, 어느 쪽도 다른 한쪽 없이는 불완전하다. 말씀은 사건을 해석하고, 사건들은 말씀으로 한 약속들을 성취한다. 출애굽은 언약 조항들을 지키시는 하나님의 은혜와 동기를 기억하게 하는 방편으로 이스라엘의 해방을 사용하려는 말씀에 의해 해석되었다. 메시아 및 새 언약을 약속하는 선지자들의 말은 예수님과 그분의 나라에 의해 성취되었다.

두 번째 문제는 계시된 진리의 명료성과 관련된 것이다. 계시는 말

---

[17] 이것과 다음 단락은 다음의 글에서 도움을 받았다. J. I. Packer, "Revelation", in *The New Bible Dictionary*, ed. J. D. Douglas (Grand Rapids, Mich.: Eerdmans, 1962). 『새 성경사전』(CLC).

로 전달될 수 있는가, 아니면 말로 표현할 수 없는 것인가? 20세기 초 루돌프 오토(Rudolf Otto)는 고전이 된 책 『성스러움의 의미』(Das Heilige, 분도출판사)를 출간했다. 이 책에서 그는 합리적인 것에 관심을 기울이는 만큼 '비합리적인'(nonrational)—'불합리적인'(irrational)과 반대되는—것에 많은 관심을 기울여야 한다고 (올바르게) 주장했다. 그러나 또한 그가 "누미노제"(numinous)라고 불렀던 신의 타자성은 "개념적 측면에서는 전혀 이해할 수 없다"고 주장했다.[18] 오직 직관으로만 경험할 수 있고 언어로 논리 정연하게 묘사할 수 없는 것이다.

스위스 신학자 에밀 브루너는 '형언 불가능성 논지'(ineffability thesis)라 할 수 있는 것에 관한 후대판에서, 계시는 하나님에 대한 정보 전달이라는 점에서 이해하지 말고 하나님과 인간의 역동적이고 변증법적인 만남으로 이해해야 한다고 제안했다. 따라서 계시의 진리는 명제적이 아니라 실존적이며, 인간 "나"(I)와 예수 그리스도 안에 있는 하나님 "당신"(Thou)의 인격적 만남으로만 표현될 수 있다.[19]

최근 하버드 대학의 종교사학자인 윌프레드 캔트웰 스미스는 종교 공동체들의 "누적된 외적 전통"과 종교 신자의 내적 신앙을 구별했다. 그는 후자만이 중요한 종교적 진리가 된다고 주장한다. 그러므로 우리는 종교적 진리를 생각할 때, 하나님과 자아 또는 세상에 대한 명제적 진리가 아니라 개인의 정직성, 신실함, 충실함, 삶에 대한 진정성, 특정 믿음을 자신의 삶과 행위에 적용하는지 등을 나타내는 지표로 여겨야

---

18 Rudolf Otto, *The Idea of the Holy*, trans. J. Harvey (New York: Oxford University Press, 1950), pp. 5-6.
19 Emil Brunner, *Truth as Encounter*, 2nd ed. (Philadelphia: Westminster Press, 1964).

한다.[20] 이렇게 세 명의 사상가들이 내린 결론에 따르면, 비모순의 원리 (어떤 주장이 다른 주장과 모순 관계에 있다면, 둘 중 하나는 반드시 그릇된 것이어야 한다는 논리―역주)가 적용되지 않는 더 높은 수준의 종교적 진리가 존재한다. 이 수준에서는 합리적인 말로는 하나님에 대한 어떤 것도 알려질 수 없다.

이 입장이 지닌 첫 번째 문제는 내가 이미 언급한 것처럼, 성경의 자료에는 하나님이 종종 그분의 백성에게 말씀하신 그분의 목적, 계획, 요구들이 나타난다는 것이다. 하나님은 합리적인 말 또는 적어도 그 당시의 합리적인 말로 메시지를 인간에게 전달하셨다. 그러므로 성경으로부터 계시 중 많은 것이 비합리적이라는 점이 분명해지지만(예수님은 명제가 아니라 인격이셨다), 계시 중 일부는 명제적인 말로 표현될 수 있다는 점도 분명하다.

해럴드 네트랜드도 계시는 명제적인 말로 표현될 수 없다는 입장이 지닌 철학적 문제들을 지적했다. 예를 들어, 하나님에 대한 어떤 진리도 알려질 수 없다는 명제는 자기모순이다. 그 진술 자체는 알려질 수도 있는 진리다. 하나님에 대한 부정적 지식은 긍정적 지식을 전제한다. 예를 들어, 하나님이 무형(無形)이시라면, 그분은 크거나 작지 않으며 육체적 존재도 아니시다.[21]

나아가, 비모순의 원리에 의해 제한을 받지 않는 더 높은 (말로 표현할 수 없는) 형태의 종교적 진리에 호소함으로써 다른 종교들이 서로 어

---

20 Wilfred Cantwell Smith, *The Meaning and End of Religion* (New York: Harper & Row, 1962). 『종교의 의미와 목적』(분도출판사).
21 Harold Netland, *Dissonant Voices: Religious Pluralism and the Question of Truth* (Grand Rapids, Mich.: Eerdmans, 1991), 4장.

떻게 연결되는가 하는 문제를 해결하려는 시도는 인식론적으로 성립되지 않는다. 더 낮은 것과 더 높은 것을 구분해서 서술하려고 한다면 비모순의 원리에 호소해야 하기 때문이다. 더 높은 수준이 있거나 아니면 없다. 있으면서 동시에 없다고 말할 수는 없다. 그러므로 더 높은 수준은 모든 구별과 논리적 원리들을 넘어설 수 없다.

일부 종교적 진리는 정말로 말로 표현할 수 없다. 바울은 그리스도의 사랑은 "지식을 초월"하고(엡 3:19, 새번역), 또 인간은 신의 많은 것(아마도 대부분)을 알 수 없다고 했다. 그러나 계시라는 바로 그 개념으로 하나님은 그분의 존재와 도의 일부 차원들을 우리에게 알려 주셨다. 따라서 우리는 **우리에게**(ad nos) 알려 주신 하나님에 대한 무언가를 알 수 있다. 토마스 아퀴나스가 주장한 것처럼, 하나님에 대한 우리의 지식은 분명하지도 모호하지도 않으며 유비적이다. 우리가 계시로부터 하나님에 대한 지식을 얻을 때, 하나님은 그분을 빗댄 대상과 동일하지 않으시지만 전혀 의미가 없는 것도 아니다. 다만 그 대상과 비슷한 점과 다른 점이 다 들어 있다. 우리는 거울을 통해 희미하게 보는데, 어쨌든 그것은 우리가 무언가를 본다는 의미다.[22]

다른 식으로 표현하면, 성경과 신학은 우리에게 하나님에 대한 모형을 제공한다고 할 수 있다. 모형은 그것이 나타내는 것과 결코 같지는 않다. 그러나 모형을 이해함으로써, 지성은 그것이 가리키는 실재에 대한 무언가를 파악할 수 있다. 예를 들어, 복음서에 나오는 예수님의 이야기들은 우리에게 예수님의 실재를 완전하게 가르쳐 주지는 않지만,

---

22 Thomas Aquinas *Summa Theologiae* 1,13,1-6, 12. 『신학대전』(바오로딸).

그럼에도 그 이야기들은 그분의 인격과 성품 그리고 가르침에 관한 무언가를 우리에게 전해 준다.[23]

그러므로 성경에 있는 계시의 말들과 이미지들을 파악함으로써, 우리는 하나님의 실재에 대한 무언가를 파악할 수 있다. 성경의 단어와 상징들뿐만 아니라 그 안에 묘사된 역사적 사건들도 마찬가지다. 어떤 역사적 기술도 정확하게 재구성한 것은 아니다. 항상 해석이 더해진 형태다. 하지만 성경에 있는 역사적 기술들은 성령의 영감으로 감독을 받았기 때문에, 하나님의 성품과 목적에 대한 무언가를 우리에게 보여 줄 수 있다. 성경의 객관적인 내용이 성령의 조명을 받을 때(나는 이제 그것에 대해 논의할 것이다), 성경의 독자는 신을 만날 수 있다.

그러므로 가빈 드코스타(Gavin D'Costa)가 주장한 것처럼, 우리는 하나님에 대해 무언가를 알 수 있으며, 그것은 합리적인 말로 표현될 수 있다. 경세적 삼위일체는 내재적 삼위일체다. 구속을 통해 우리에게 알려진 삼위일체는 삼위일체 신(the triune deity-in-Itself)과 다른 실재가 아니다. 우리가 계시를 통해 얻은 하나님에 대한 지식도 단지 인간적 해석이 아니다(하지만 계시에 대한 우리의 이해와 공식화는 항상 우리의 유한하고 타락한 관점에 의해 좌우되기는 한다). 우리가 하나님이 어떤 분인지 그리고 그분은 무엇과 같은 분인지 전혀 알 수 없을 만큼 하나님에 대한 우리의 지식이 완전히 망가진 것은 아니다.

성경이 계시인가 아니면 그저 계시에 대한 증언인가를 묻는 세 번째 질문은 사건 또는 말씀으로서의 계시에 대한 첫 번째 질문과 관련

---

23 Colin Brown, "Revelation", in *The New International Dictionary of New Testament Theology*, ed. Colin Brown (Grand Rapids, Mich.: Zondervan, 1978), 3:336-337.

된다. 바르트를 따라서 계시는 언제나 사건이라고 말한 자들은 성경이 계시 자체가 아니라 계시에 대한 증언이라고 했다. 이런 성경관은 바르트의 현실주의(actualism) 모티프에 기초한 것으로, 사물이나 실체보다 사건과 관계의 면에서 생각한다. 바르트는 하나님의 존재는 언제나 활동하는 존재라고 가르쳤다. 하나님과 우리의 관계가 영 단번에 세워지는 것이 아니라 계속적인 은혜의 활동에 의해 끊임없이 새롭게 수립되는 것처럼, 계시는 언제나 사건 또는 일이며 결코 사물이 아니다.[24] 그러므로 하나의 사물인 성경은 하나님의 선한 즐거움을 따라 계속해서 새롭게 수립되는 하나님의 말씀과 동일시될 수 없다. 성령은 종종 성경을 읽거나 듣는 사람에게 역동적이고 살아 있는 말씀을 전달하기 위해 성경을 사용하시지만, 성령의 역동적 조명 없이 성경은 하나님의 말씀이나 계시가 아니다.

계시와 성경의 관계에 대한 바르트의 이해는 너무 우인론(偶因論)적이어서 계시에 대한 성경 자체의 증거를 완전하게 다루지 못한다. 신약 저자들은 구약 구절들을 하나님의 권위 있는 발언으로 간주한다(마 19:4-5; 행 4:25-26; 히 1:5-14; 3:7-11). "읽어 보지 못하였느냐?"라는 질문은 사실상 "하나님이 말씀하신 것을 너희가 알지 못하느냐?"와 같은 말이다(마 12:3; 21:16; 22:31; 막 2:25; 12:10, 26; 눅 6:3). 그리고 "기록된 바"라는 구절은 완전한 신적 권위를 갖는다(마 11:10; 21:13; 26:24, 31; 막 9:12-13; 11:17; 14:21, 27; 눅 7:27; 19:46). 때로 **하나님**과 **성경**은 교차되어

---

24 George Hunsinger, *How to Read Karl Barth: The Shape of His Theology* (New York: Oxford University Press, 1991), pp. 30-32, 76-102; Barth, *Church Dogmatics*, II/1, pp. 257-321를 보라.

사용된다(롬 9:17; 참고. 출 9:16; 갈 3:8; 참고. 창 12:3; 마 19:4-5; 참고. 창 2:24).

성경은 **기록된** 내용이 성령에 의해 영감되었다고 주장하는 반면(딤후 3:16; 벧후 1:20-21; 3:2, 15-16; 참고. 딤전 5:18), 바르트는 영감을 신자의 마음과만 연결시킨다. 바르트의 『교회 교의학』(*Church Dogmatics*, 대한기독교서회)을 주로 번역한 제프리 브로밀리(Geoffrey W. Bromiley)는 바르트가 성경의 저자이신 성령의 단회적 사역을 훼손시키면서 성령의 현재적 사역을 강조했다고 결론짓는다.[25] 반면에, 에드워즈는 (성경적으로) 더 균형 잡힌 방법, 즉 성경에 담긴 계시의 객관적 특성과 신자들에게 필요한 주관적 조명을 결합시키는 것을 제시한다.

계시의 차원들

이제까지 나는 계시를 설명하기 위해 상반되는 용어들(사건 또는 명제, 합리적 또는 말로 표현할 수 없는, 객관적 또는 주관적)을 사용했으며, 또한 각 쌍은 잘못된 이원론이라 제안했다. 계시는 사건들 및 그 사건들에 대한 명제들을 모두 포괄하며, 어떤 지점에서는 말로 표현할 수 없고 또 다른 지점에서는 합리적으로 설명하는 것이 가능하다. 그리고 성령의 과정이나 활동뿐만 아니라 하나님에 대한 지식이라는 객관적 내용 둘 다 포함한다. 하지만 이것조차 아주 충분한 설명이 되지는 못한다. 여기서 설명을 멈추면, 계시에 대해 협소하고 불필요하게 제한된 관점을 제시하는 격이 된다. 계시에는 하나나 둘이 아니라 많은 차원이 포함

---

[25] Geoffrey W. Bromiley, *Historical Theology: An Introduction* (Grand Rapids, Mich.: Eerdmans, 1978), pp. 420-421. 『역사신학』(은성).

된다고 말하는 것이 훨씬 낫다.

가톨릭 신학자 애버리 덜레스(Avery Dulles)는 계시를 다섯 가지 모형으로 유익하게 정리하면서, 하나님이 그분의 창조 세계에 그분 자신을 계시하신 광범위한 방법들을 훌륭하게 조망한다.[26] 그 모형들은 상호 배타적인 것이 아니라 입자와 파동으로 이루어진 빛의 이론처럼 상호 보완적이다. 모든 신학적 모형은 신앙이라는 신비의 제한된 측면들을 불완전하게 나타낸다. 그리고 그러한 측면들의 가치가 동등하지는 않다. 그러나 다섯 가지 모형의 조합은 앞서 논의한 세 가지 양극성보다 성경에서 발견되는 계시에 대해 더 완전하고 예리하게 자세히 설명한다.

1. **교리로서의 계시.** 성경을 이렇게 보는 방식은 성경이 교회 교리들을 추론할 수 있는 자료로서 분명하고 명제적 진술들을 포함한다고 보는 관점이다. 즉 성경의 사건들이 성경의 말씀에 의해서만 해석되는 것으로 본다. 이 견해는 구술 영감론을 지지하지 않으며, 계시의 명제적 내용을 강조한다. 신앙이 맹목적인 것이 아니라 성경의 내적·외적 타당성에 기초하는 합리적인 신뢰의 행위라고 주장한다.

2. **역사로서의 계시.** 이 견해는 첫 번째 견해를 지배하는 것으로 여겨지는 그리스 형이상학으로부터 벗어나, 셈족의 역사적 구체성으로 돌아갈 것을 주장한다. 그리고 계시는 교리들의 모음이 아니라 하나의 이야기라고 주장한다. 이 견해를 지지하는 자들이 성경 가운데서 잠언과 야고보서같이 이야기가 아닌 부분을 훼손하지 않으면서도 이야

---

[26] Avery Dulles, *Models of Revelation* (Garden City, N. Y.: Doubleday, 1983).

기의 중요성을 강조한 것은 옳다. 덜레스는 성경 안에 있는 역사적 사건은 계시에 있어 물질적 요소이지만 그것을 해석하는 말씀은 형식적 요소라고 말함으로써 이 처음 두 견해들을 중재할 것을 제안한다. 계시는 복잡하다. 이는 곧 다음의 세 가지 모형 역시 필요함을 의미한다.

3. **내적 경험으로서의 계시.** 계시를 은혜의 내부 경험 또는 하나님과의 교제로 여기는 것으로, 이때의 영적 지각은 개인에게 즉시 일어난다. 이 견해를 지지하는 이들 중 일부는 영적 지각이 반드시 그리스도께 의존하지는 않는다고 말할 것이다. 반면, 다른 이들은 이런 의미에서 계시는 도덕적이고 신비스러운 삶의 정상적이고 보편적인 경험이 고조되는 것이라고 생각한다. 나는 그것이 기독교 계시가 되기 위해서는 그리스도에 의해 중재되어야 하며, 자연적 경험과 초자연적 계시 간에는 근본적인 불연속성이 있다고 주장한다. 이 견해의 일부 형태는 계시에 대한 복음주의적 이해와 충돌하지만, 그럼에도 불구하고 복음주의자들에게 계시는 객관적 극단(첫 번째와 두 번째 모형)뿐만 아니라 주관적 극단도 포함한다는 점을 상기시킨다. 주관적 극단 안에서 계시의 객관적 내용은 성령의 사역을 통해 신자에 의해 개인적으로 전용된다.

4. **변증법적 존재로서의 계시.** 하나님은 자연이나 역사로부터의 추론에 의해, 직접적인 지각에 의해, 또는 명제적인 가르침에 의해 알 수 있는 대상이 아니라고 여기는 모형이다. 하나님은 전적으로 초월적이시다. 하나님의 존재를 인정하는 믿음이 담긴 말로써 그분을 기쁘시게 할 때, 하나님은 비로소 인간 존재를 만나신다. 그러므로 하나님의 말씀은 하나님을 드러내기도 하고 감추기도 한다. 예수님이 그 당시 대부분의 사람들에게 하나님으로 인정받지 못하셨던 것처럼, 하나님의 말

씀도 그분이 기쁨 가운데 그것을 하나님의 말씀으로 계시하기로 하지 않으시면 하나님의 말씀으로 여겨지지 않는다. 이 견해는 계시의 객관적 내용을 불필요하게 제한하기는 하지만, 말씀에 대한 조명이 계시에 있어 필요한 부분이고 이 점을 망각할 때 복음주의자들은 하나님을 길들이는 위험을 무릅쓰게 된다는 점을 알려 주는 강력한 경고다.

5. 새로운 인식으로서의 계시. 이 마지막 모형을 지지하는 이들은 앞서 언급한 네 가지 모형들이 너무 개인주의적이고 내세 지향적이 될 수 있다고 염려한다. 그들은 계시가 사람들로 하여금 사회적 해방의 일에 참여하게 하는 의식의 확대 또는 관점의 변화라고 주장한다. 즉 계시는 사람의 경험을 재구성할 수 있는 상상력을 자극하는 전형적인 일들을 보여 주는 것이다. 진리는 실제적이고 구원하며, 고정된 내용을 갖고 있지 않다. 복음주의자들은 계시에 정말로 내용이 있다고 주장하지만, 그들은 성령의 조명이 성경의 기록된 계시에 역사하여 새로운 의식을 불러일으킨다는 점에 동의할 수 있다. 이러한 새로운 인식은 개인 구원뿐만 아니라 다른 사람들의 물질적이고 사회적인 복지와도 연결될 것이다.

내가 덜레스의 다섯 가지 계시 모형들을 소개한 이유는 무엇일까? 그것들이 모순된다고 주장할 수도 있을 것이다. 어떤 사람들은 계시를 지식의 모음이라고 하는 반면, 다른 사람들은 계시를 알아가는 과정으로 본다. 첫 번째 견해는 계시를 명제적인 것으로 강하게 단언하지만, 다섯 번째 견해는 명제들을 포함하면서도 초월하는 인식을 주장한다. 내 요점은 계시가 다차원적이라는 것이다. 계시가 모든 존재와 아름다움의 무한한 원천이 되시는 삼위일체 하나님의 자기 현현이라면 마땅히 그러해야 한다. 하나님은 필연적으로 모든 실재를 아우르신다. 따라서 스스로를 드러내시는 하나님의 계시는 실재의 모든 차원을 포괄하는 것이어야 이치에 맞다.

그러므로 이러한 각각의 모형은 다른 것들로부터 고립시켜 다룰 때는 불완전하지만, **계시**라는 말 아래 함께 있는 다차원적 현상들을 이해하는 데는 기여한다. 하나님에 대한 다른 모든 것처럼, 오직 한 관점에서만 고려할 때 계시는 언제나 왜곡된다. 그것은 **하나님의** 계시이기 때문에, 우리는 그것이 최소한 우리가 경험하는 가장 심오한 현세적 실재들만큼 복잡하고 다차원적일 것이라는 점을 예상해야 한다. 그리고 그것보다 훨씬 더 많다! 그러므로 우리가 이러한 다섯 가지 모형에서 얻는 개념들로도 하나님의 계시의 의미를 온전히 설명하지 못한다. 하지만 우리에게 그 말이 지닌 다양한 의미를 열어 주기 시작한다. 그리고 우리가 타종교들 가운데 있는 계시에 대해 물을 때 계시가 일어날 수 있는 다양한 방식들에 대해 열린 자세를 가져야 한다고 말한다.

계시의 해석

계시와 그 진리의 본질을 규정하는 것이 어려웠다면, 계시를 해석하는 것도 간단한 문제가 아니다. 먼저 간단하게 근원과 방법에 대해 언급하기로 하자. 나는 이미 성경은 삼위일체 하나님의 참된 정체성에 대한 주요 증언이지만, 전통과 이성도 성경을 해석하는 과정의 필수 요소들이며 또 필수 요소들이 되어야 한다고 말한 바 있다. 가브리엘 파크레는 우리에게 이러한 요소들을 서로 관련시키는 유용한 방법을 제공해 주었다. 최근에 그는 성경이 권위 있는 왕의 역할을 담당해야 하고, 교회 전통과 대화는 각료의 역할을, 일반적인 인간 경험(이것은 이성의 사용과 결코 분리될 수 없다)은 촉매 및 상황적 역할을 담당해야 한다고 썼다. 파크레에 따르면, 이것을 다른 식으로 표현하여 그리스도는 믿음의 중심이고 복음은 본질이며 전통은 그 둘을 해석하는 지침이라 할 수 있다. 그가 표현한 대로 하면, 이 과정에서 믿음의 눈은 성령의 조명 아래 세상을 훑어본다.[27]

방법에 대해서는 말할 것이 많지만, 나는 여기서 두 가지만 논의하고자 한다. 첫째, 사람은 신적 계시라는 이 중대한 문제를 겸손한 자세로 접근해야 한다. 여러 세기 전에 위 디오니시우스(Dionysius)가 표현한 것처럼, 우리의 언어는 단편적이고 취약하다. 우리는 궁극적으로 전혀 묘사할 수 없는 것을 안간힘을 다해 유창하지 못한 언어로 이야기하려고 애쓴다.[28] 우리는 합리적인 말로 진리에 대해 이야기할 수 있지만, 우리가 신에 대해 말하는 모든 것의 쇠약하고 불완전한 특성을 인정해야만 한다. 우리는 유한한 언어를 사용해서 무한한 실재를 파악하고 있기 때문이다. 그러므로 키르케고르는 하나님에 대한 모든 이야기에는 희극의 요소가 있다고 말했다. 일정 정도의 은혜를 받은 우리는 즉시 인정해야 하는 말이기도 하다.[29] 우리가 자신의 하찮음을 인정하

---

27 Gabriel Fackre, *The Doctrine of Revelation*, p. 13.
28 Pseudo-Dionysius, *Divine Names*, trans. C. E. Rolt (London: SPCK, 1975), 1,1ff. Oden, *Living God*, p. 321에서 인용.
29 Søren Kierkegaard, *Concluding Unscientific Postscript*, trans. David F. Swenson and Walter Lowrie (Princeton: Princeton University Press, 1941), pp. 250-251. Oden, *Living God*, p. 321에서 인용.

면서도 하나님에 대한 엄청난 진리들을 선언한다고 여기는 것은 사실 터무니없다. 왜냐하면 하나님은 "다른 모든 것보다 무한히 크시고 탁월하실 뿐만 아니라, 존재의 우주적 체계에서 우두머리이자, 모든 존재하는 것과 아름다움의 기초와 원천이며, 온전히 모든 것이 그분으로부터 나오고, 모든 것이 절대적이고 완전하게 그분께 의존하며, 모든 존재와 완전함이 그분께 속해 있고, 그분을 통해 있으며, 그분을 향해 있고, 그분의 존재와 아름다움은 모든 존재와 탁월성의 총합이자 포괄이며, 태양보다 훨씬 더 낮의 모든 빛과 밝음의 원천이 되시고 아우르시기" 때문이다.[30] 물론 은혜의 위대한 기적들 중 하나는 이 존재의 원천이 우리에게 그분 자신에 대한 지식을 나누어 주려고 스스로를 낮추었다는 것이다. 그러나 그 엄청난 사실에 대해 진심으로 감사를 표한 후에도, 그 계시에 대한 우리의 해석이 우리 죄와 유한성 때문에 불가피하게 결함이 있다는 점을 겸손히 견지해야 한다.

둘째, 우리는 성경이 성경을 해석한다는 종교개혁 원리를 준수해야 한다. 또는 다른 식으로 표현해서, 성경은 하나님의 영에 의해 교회에 주어진 통일된 전체라 할 수 있다. 우리가 초조하게 기다리는 동안, 무엇을 믿어야 할지 정하려고 숙고하는 역사 비평학자들이 준 것이 아니다. 내 요점은 학문이 성경에 대해 우리에게 아무것도 말해 주지 않는다는 것이 아니라, 우리가 학문의 판단들을 비판적으로 받아들여야 한다는 것이다. 그와 동시에, 객관적인 성경적 비평을 위해 이제껏 거쳐 온 많은 것의 전제가 부끄러운 줄 모르는 근본주의적 주석들만큼

---

[30] Jonathan Edwards, *The Nature of True Virtue*, ed. Paul Ramsey (New Haven, Conn.: Yale University Press, 1989), p. 551.

이나 편견을 드러냈음을 인정하면서 말이다.[31] 그러므로 우리는 성경 해석자들은 "성경의 다른 곳을 혐오스럽게 할 만큼 한 부분을 자세히 설명"하지 말라고 경고했던 영국 종교개혁자들의 조언을 귀담아듣는 것이 온당할 것이다.[32] 하나님의 기록된 계시는 이음매 없는 온전한 전체이기에, 우리가 그것의 부분들을 뜯어내면 전체 일관성을 손상시킬 위험이 있다.

그러나 해석은 성경의 한 부분을 가지고, 알고, 다른 부분과 연결시키는 것을 훨씬 넘는 그 이상이다. 또한 내가 성령의 조명이라고 불러왔던 것도 있다. 은혜를 입은 자의 머리와 마음 가운데서 일어나는 신적 작용으로서, 은혜 입은 자에게 초자연적 진리나 인격의 실재를 확인시켜 준다. 베드로가 예수님이 그리스도라는 사실을 인정할 수 있게 한 것이기도 하다. "바요나 시몬아 네가 복이 있도다. 이를 네게 알게 한 이는 혈육이 아니요 하늘에 계신 내 아버지시니라"(마 16:17). 그것은 바울에게 복음의 진리와 실재를 보여 주기도 했다. "이는 내가 사람에게서 [복음을] 받은 것도 아니요 배운 것도 아니요 오직 예수 그리스도의 계시로 말미암은 것이라"(갈 1:12). 또 바울이 에베소 사람들이 받을 수 있기를 기도했던 것이기도 하다. "우리 주 예수 그리스도의 하나님 영광의 아버지께서 지혜와 계시의 영을 너희에게 주사 하나님을 알게 하시고 너희 마음의 눈을 밝히사 그의 부르심의 소망이 무엇이며 성도 안에서 그 기업의 영광의 풍성함이 무엇이며"(엡 1:17-18). 꽤 많은

---

31 성서학을 둘러싼 방법론적 문제들을 다룬 훌륭한 입문서는 N. T. Wright, *The New Testament and the People of God* (Minneapolis: Fortress, 1992)이다. 특히 1-5장을 보라.
32 Article 20, "The Thirty-Nine Articles", in *Documents of the English Reformation*, ed. Gerald Bray (Minneapolis: Fortress, 1994), p. 297.

사람이 복음을 이해할 수 없었던 것은 조명이 없었기 때문이다. "육에 속한 사람은 하나님의 성령의 일들을 받지 아니하나니 이는 그것들이 그에게는 어리석게 보임이요 또 그는 그것들을 알 수도 없나니 그러한 일은 영적으로 분별되기 때문이라…그중에 이 세상의 신이 믿지 아니하는 자들의 마음을 혼미하게 하여 그리스도의 영광의 복음의 광채가 비치지 못하게 함이니 그리스도는 하나님의 형상이니라"(고전 2:14; 고후 4:4). 그러나 성령의 조명을 받게 되면 사람들은 믿음을 갖고 신자가 된다. "어두운 데에 빛이 비치라 말씀하셨던 그 하나님께서 예수 그리스도의 얼굴에 있는 하나님의 영광을 아는 빛을 우리 마음에 비추셨느니라"(고후 4:6).

이것은 장 칼뱅이 "성령의 인치심"이라 했던 것으로서, 사람이 성경의 진리를 파악하는 데 필요하다.[33] 칼뱅과 조나단 에드워즈가 주장한 바에 따르면, 중생하지 않은 사람이 이성에서 비롯된 논거로 성경을 하나님의 말씀으로 받아들일 수 없다. 그들은 성경의 신적 기원을 지지하는 최선의 논거는 성경 자체이며, 오직 성령의 사역에 의해서만 성경의 '자증'(self-validation)의 힘을 인식할 수 있다는 점에 대해서 의견이 일치했다. 에드워즈는 다음과 같이 말한다.

자연적 인간은 개연성 있는 역사들에 대해서 일반적인 생각을 가지듯, 말씀 속에 있는 많은 것에 대해서도 실제로 그러할 것이다. 그러나 하나님 말씀이 참되다는 것을 믿는 경건한 사람들의 신앙은 그들이 그 안에서 보는

---

[33] Calvin, *Institutes*, 1.7.4-5.

신성의 본질적 특징들에서 비롯된다. 그들은 말씀 안에서 하나님의 탁월성과 형상을 보고 마음으로 동의하게 되고 그것을 참되고 신적인 것으로 받아들인다. 말씀 안에는 신적 장엄함의 표지들이 드러나 있다. 그리고 신적 지혜와 신적 거룩함의 표지들이 있으며, 신적 은혜의 분명한 흔적이 있다. 그것들은 하나님의 말씀이 신적 장엄함과 지혜, 거룩함과 은혜에서 나왔음을 분명하게 해 준다.[34]

성경이 하나님 말씀이라는 것을 보여 주기 위해 성령의 조명이 필요하다면, 성경을 적절히 해석하는 데도 성령의 조명이 필요하다. 해석의 가장 큰 부분은 신자의 눈을 열어서 성경 뒤에 있는, 성경이 가리키는 실재를 보게 하는 것이다. 따라서 사람이 성경은 신적 계시라는 것을 믿는다 할지라도, 성경에 쓰인 말들만 읽는 것으로는 충분하지 않다. 에드워즈는 성경에 쓰인 말들에는 신적 실재를 열어서 보여 줄 자연적 능력이 없다고 말했다. 성경에 쓰인 말들이 하나님 말씀의 주제가 되는 개념들을 마음에 전달할 수는 있지만, 오직 성령만이 에드워즈가 "마음의 감각"이라 칭한 것을 전달하여 신적 실재들을 조명할 수 있다.[35]

그리스도가 나타내신 구속의 진리들에 대해서는 지적 이해와 동의

---

34 Jonathan Edwards, "Profitable Hearers of the Word", in *Sermons and Discourses 1723-1729*, ed. Kenneth P. Minkema, vol. 14 of *The Works of Jonathan Edwards* (New Haven, Conn.: Yale University Press, 1997), pp. 251-252.

35 Jonathan Edwards, "A Divine and Supernatural Light", in *Selected Writings of Jonathan Edwards*, ed. Harold P. Simonson (Prospect Height, Ill.: Waveland, 1970), pp. 65-88.

도 불충분하다. 그리스도 안에 계신 하나님의 **아름다움**을 보아야 한다. 에드워즈에 따르면, 하나님이 아들의 성육신과 수난 가운데서 보여주신 사랑에 대한 개인적 지식과 이해까지 포함한다. 즉 "하나님은 하나님이시고 모든 다른 존재와 구별되시며 그것들 위에 높이 계시다는 것을—주로 모든 다른 아름다움과 비교하여 무한히 다양한 그분의 신적 아름다움에 의해—인식하는 것으로서, 오로지 성령의 조명에 의해 생긴다."[36]

신적 실재들을 참될 뿐만 아니라 진짜로 보이게 하는 것이 바로 신적 아름다움을 보는 이런 시각이다. 에드워즈에게는 다른 것에 대한 '익숙한' 지식과 '개인적' 지식 간의 차이를 의미했다. 윌리엄 제퍼슨 클린턴(William Jefferson Clinton)에 대한 많은 신문 및 잡지 기사를 읽고 텔레비전 뉴스 프로그램들을 시청한 덕분에 우리는 그를 잘 알 수 있다. 이런 정보에 근거하여 클린턴을 아주 잘 알며 그에 대해 말하는 특정한 것들이 참인 것을 믿는다고 말할 수도 있다. 그러나 그를 실제로 만나 몇 시간을 함께 보내고 나면, 에드워즈가 말한 의미로 우리가 참되다고 생각했던 것을 이제 진짜인 것으로 안다고 말할 수 있다. 즉 개인적 지식을 가진 것이다. 이것은 에드워즈가 어떤 신적 사물들이 참인 것을 믿는 것과 그것들의 실재에 대한 확신을 구별했던 것과 비슷하다. 에드워즈는 꿀이 달콤하다는 것을 아는 과정을 유비로 사용했다. 실제로 꿀을 맛보기 전까지는 꿀에 대해 들어 왔던 일반적 보고 때문에 꿀이 달콤하다는 것이 참인 것을 믿을 수 있다. 그러나 처음으

---

[36] Jonathan Edwards, *Religious Affections*, ed. John E. Smith, vol. 2 of *The Works of Jonathan Edwards* (New Haven, Conn.: Yale University Press, 1959), p. 298.

로 꿀을 직접 맛볼 때, 꿀이 달콤하다는 것은 참일 뿐만 아니라 **진짜**라는 것을 안다.

에드워즈는 이렇게 신적 아름다움을 볼 때, 그리고 이것은 성령의 조명에 의해서만 이루어지는데, 계시는 우리에게 진실로 계시된다고 주장했다. "이것을 보지 못하면, 아무것도 보지 못한다.…이것은 신의 아름다움이며, 신의 신성이다.…이것이 없었다면 하나님 그분은 무한한 악이 되셨을 것이다(그렇게 되는 것이 가능했다면). 이것이 없었다면 우리 자신은 있지 않는 편이 나았을 것이다. 또 이것이 없었다면 어떤 존재도 있지 않는 편이 나았을 것이다. 그러므로 그분은 사실상 이것을 알지 못하는 어떤 것과도 관련되어 있지 않으시다."[37]

에드워즈가 옳다면(나는 그가 옳다고 생각한다), 우리는 자연 계시의 충족성뿐만 아니라 기록된 계시의 충족성도 부인할 수밖에 없다. 즉 둘 다 삼위일체 하나님은 참되실 뿐만 아니라 진짜라는 지식에 필요한 계시의 완전성을 보여 주지 못하기에 그렇다. 성경에 기록된 계시는 합리적 지식을 위해 필요하지만, 그리스도 안에 계신 하나님의 아름다움에 대한 영적 계시는 합리적 지식에 완전한 의미를 부여하기 위해 필요하다. 이것이, 에드워즈가 언급한 대로, 악마가 그리스도에 대해 알면서도 계속해서 악마처럼 행동할 수 있는 이유다. 그래서 에드워즈는 사람이 하나님의 속성과 삼위일체와 그리스도에 의한 구원을 알면서도 그럼에도 그에게 구원의 은혜가 없을 수 있다고 결론을 내렸다. 성령의 조명이 없이는 계시를 통해 얻은 그리스도에 대한 지식은 구원을 보장

---

[37] 앞의 책, p. 274.

하지 못한다.[38]

이런 이유로 나는, 에드워즈가 바르트보다 계시에 있어서 주관적 극단과 객관적 극단을 균형 있게 잘 다루었다고 생각한다. 바르트가 여러 입장 가운데서도, 기독교 교리에 대한 정신적 동의로 충분하다고 가정하는 듯한 메마르고 척박한 정통에 반하여 주관적 극단을 강조한 것은 옳다. 이 스위스 신학자는 하나님의 영의 역동적 활동을 적절히 강조했다. 즉 그 영의 활동으로 인간 주체는 2천 년 전 끝맺은 영역과 책만 보는 것을 넘어, 반복되는 은혜의 행위를 따라서 보고 행동한다는 것이다. 그러나 바르트는 성경의 영감을 무시했으며 또 성경 정경의 저술과 선정을 감독하는 성령의 사역에 적절한 주의를 기울이지 못했다. 그에 반해, 에드워즈는 권위 있는 성경을 만들어 낸 성령의 사역을 강조하고, 교회 안에서 독자들과 청중들의 눈을 열어 성경이 가리키는 실재들을 보고 그 실재에 참여할 수 있게 하는 성령의 사역도 강조했다.

계시에는 양극이 있기 때문에, 해석은 왜곡될 여지가 있다. 특히 객관적 계시는 있지만 성령의 주관적 조명이 없는 자들의 경우 그렇다. 신학적으로는 하나님이 자유롭게 그분 자신을 감추기도 하시고 드러내기도 하신다는 명제로 표현된다. 계시의 행위에 있어서도 그렇다. 계시는 인간적 자유와 신적 자유를 둘 다 무시하지 않는다.

하나님이 계시에서조차 자유롭게 감추실 수 있다는 개념은 하나님이 다른 것들을 계시하시면서도 계시를 받은 자들에게조차 자신

---

[38] McDermott, *Jonathan Edwards Confronts the Gods*, 3장.

을 숨기시고 어떤 것은 비밀로 하신다는 성경적 암시에 근거를 둔다(사 45:15; 신 29:29). 예수님은 지상에 머무시는 동안 수많은 사람에게 그분의 인성과 신적 능력의 일부를 계시하셨지만, 대부분에게 그분의 참된 정체성은 감추셨다(마 11:25-27). 엠마오로 가는 길에 있던 제자들의 눈조차 "가리어져서 그인 줄 알아보지 못하였다"(눅 24:16). 이와 같은 신적 자유는 하나님의 주권, 곧 하나님이 그분의 자기 이해를 그분의 인간 피조물과 나누는 것을 비롯해 역사의 모든 것을 다스리시는 궁극적 주님이심을 의미하는 성경의 강조 다음에도 나온다(엡 1:11; 고후 6:18). 이것이 한 가지 함축하는 바는 계시가 한 종교 내에 부분적으로 또는 심지어 전적으로 감추어진 계시로 있을 수 있다는 것이다. 이에 대해서는 4장에서 더 논의할 것이다. 그리스도인들에게 계시는 종교 신자의 인식을 벗어날 만큼 종교를 변화시키지만 그럼에도 불구하고 그 계시의 저자인 하나님의 영의 의도에 충실하게 봐야 하는 것이다. 그 예로 초대교회가 토라에 있는 예언적 구절들을 예수 그리스도를 가리키는 것으로 해석한 것을 들 수 있다. 동일한 구절들을 읽는 대부분의 유대인 독자는 그 구절이 메시아적인 것이라고 생각될 경우(그들은 종종 그렇게 생각하지 않았지만) 그 예언들이 예수님 아닌 다른 누군가를 가리킨다고 믿거나, 전체 이스라엘 백성을 언급하는 것으로 이해했다.[39]

마지막으로, 계시를 해석하는 가장 중요한 기준은 기독론이다. 클라크 피녹이 지적한 것처럼, 성령이 말씀하시는 것은 우리가 받은 그리스

---

[39] Wright, *New Testament and the People of God*, pp. 307-320.

도에 대한 계시에 반할 수 없다. 성령의 역할은 그리스도와 그리스도가 하나님에 대해 보여 주신 것을 영화롭게 하는 것이기 때문이다(요 14:26; 16:13-14; 요일 4:2-3).[40]

드코스타는 내재적 삼위일체는 경세적 삼위일체이기 때문에, 경세적 삼위일체(우리가 아는 유일한 삼위일체)의 제2위와 관련이 없거나 모순되는 하나님 자체에 대한 새로운 어떤 것은 발견할 수 없다고 덧붙인다. 그러므로 하나님 안에서 제4위나 제5위는 발견될 수 없음을 알 수 있다. 예를 들어, 알라와 브라만은 삼위일체 하나님의 맥락에서 이해해야 한다. 그들은 우리가 전에는 보지 못했던 삼위일체 안에 감추어진 부에 대한 암시를 줄 수 있다. 하지만 그런 통찰은 하나님이 이스라엘과 예수님을 통해 그분 자신에 대해 드러내신 것 외부에서 오는 새로운 계시가 아니라, 우리가 가진 계시 안에 이미 있는 것을 밝히는 것이 될 것이다.[41] 즉 하나님은 예수님을 제외한 방식으로는 알 수 없다는 것이 아니라, 하나님에 대한 인간의 지식에 있어서 그리스도 안에 나타난 하나님의 계시가 최종적이라는 의미다.[42]

따라서 예수 그리스도는 하나님에 대한 우리의 모든 선험적 주장에 도전하는 "전복적 기억"이다.[43] 하나님은 그리스도 안에서 그분 자

---

40 Clark Pinnock, *Flame of Love: A Theology of the Holy Spirit* (Downers Gorve, Ill.: InterVarsity Press, 1996), p. 209.
41 Gavin D'Costa, "Revelation and Revelations: Discerning God in Other Religions: Beyond a Static Valuation", *Modern Theology* 10 (April 1994): 168-169.
42 Richard Bauckham, "Jesus the Revelation of God", in *Divine Revelation*, ed. Paul Avis (Grand Rapids, Mich.: Eerdmans, 1997), pp. 174-200를 보라.
43 Alister McGrath, *The Genesis of Doctrine: A Study in the Foundation of Doctrinal Criticism* (Oxford: Blackwell, 1990), p. 175.

신을 완전하게 계시하셨다. 그 계시에 대한 우리의 이해가 완전하지 못한 것이다. 실제로는 언젠가 이루어질 것보다 훨씬 더 부족하다. 왜냐하면 "아버지께 있는 것은 다" 예수님께 속하기 때문에(요 16:15), 그 계시를 조명하면서 행하시는 성령의 사역 범위는 우주만큼 넓다.[44] 다만 계시 자체는 하나님의 성품과 존재에 대한 확실한 입증이며, 그렇기에 하나님에 대한 모든 다른 개념은 그 위대한 기준에 준하여 평가받아야 한다.

---

[44] Newbigin, *Gospel in a Pluralist Society*, pp. 78-79.

3장
성경적 시사

계시를 말한다는 것이 무슨 의미인지 개략적으로 살펴보았으므로, 이 장에서는 특히 유대 기독교 전통 밖의 종교들 가운데 계시가 있음을 보여 주는 **성경적** 증거에 대해 살펴보도록 하겠다. 성경에는 하나님이 히브리 민족 및 기독교 전통 밖의 사람들과 전통들에 그분 자신에 대한 지식을 주셨다는 암시와 시사가 있음을 볼 것이다. 먼저 세 가지 사항을 말해야 한다. 첫째, 2장에서 논의한 대로 계시는 교리나 역사적 사건일 뿐 아니라 내적 경험이나 새로운 인식도 포함할 수 있다.[1] 둘째, 성경적 증거는 증명되는 것이 아니다. 교회 내에서 아직도 논의되는 다른 기독교 교리들—예정론, 여성의 역할, 교회정치, 성령의 은사—처럼 성경에는 확실한 교리들을 명시적으로보다는 암시적으로 가리키는 예들과 논의들이 있다. 이러한 이론의 여지가 있는 문제들 각각에 대해 기독교 사상가들은 두 가지 또는 여러 입장에 서 있다. 그리고 자

---

1 물론 내적 경험이나 새로운 인식은 성찰이 있은 후에는 우리가 교리라 부를 수 있는 것으로 보통 이어진다.

신들의 입장을 지지하기 위해 많은 적든 설득력 있는 성경 자료를 제안할 수도 있다. 이와 같은 경우, 나는 하나님이 그분의 인격과 도의 측면들에 대한 계시를 이스라엘과 교회 밖의 사람들에게 주셨다는 생각을 성경이 지지한다고 할 수 있을 만큼 성경에 충분한 암시와 시사가 있다고 생각한다. 그 증거는 압도적이거나 결정체처럼 분명한 것은 아니지만, 타종교들 가운데 계시가 있다는 주장이 성경적으로 **타당한 것 같다**고 할 수 있을 만큼은 충분하다.

셋째, 이방인들(우리의 목적상 구약 시대의 비유대인들뿐만 아니라 일반적인 비그리스도인들도 포함한다) 가운데 하나님에 대한 지식이 있다고 해서 그것이 **구원하는** 지식이라고 말하는 것은 아니다. 타종교들 가운데 구원이 있는가 하는 문제는 이 책의 범위를 벗어나는 것이다. 나는 단지 하나님이 그분의 인격과 사역의 일부 측면들에 관한 지식을 유대인이나 그리스도인이 아니었거나 아닌 사람들에게 주셨다는 성경적 증거가 있다고 말하는 것뿐이다. 이 지식은 구원으로 이끌 수도 있고 이끌지 못할 수도 있다. 일반 계시와 특별 계시를 나누는 전통적 구분은 많은 사람이 구원을 경험하지 않으면서도 하나님에 대한 지식을 가질 수 있다는 것을 보여 준다. 성경 속 하나님의 사람들이 하나님에 대한 것을 이방인들로부터 **배운** 일들도 있었다.

하나님은 이방인들이 그분을 알기 원하신다

구약에 반복해서 나타나는 주제는 여호와는 모든 세계가 그분이 주 하나님이라는 사실을 알기 원하신다는 것이다. 출애굽 이야기에서도 두드러지게 나타나는 주제다. 하나님은 그분의 백성을 구속하는 것뿐만 아니라 다른 모든 사람들에게, 특히 이집트 사람들에게 그분의 영광을 나타내는 것에 관심을 두신다. 다시 말해, 하나님은 유대인들뿐만 아니라 유대인을 포획하려는 이들에게도 그분의 구원을 보여 주는 것에 열중하신다. "내가 바로의 마음을 완악하게 한즉 바로가 그들[이스라엘]의 뒤를 따르리니 내가 그와 그의 온 군대로 말미암아 영광을 얻어 애굽 사람들이 나를 여호와인 줄 알게 하리라"(출 14:4; 참고. 18절). 이와 같이, 전(前) 기독교 시대에 일어났던 가장 위대한 구원 행위에서, 하나님은 유대인들을 구원할 뿐만 아니라 이방인들에게도 자신의 정체성을 계시하기 원하셨다.

이 주제는 선지서, 특히 이사야서와 에스겔서에서 다시 나타난다. 이사야 37장에서 히스기야왕은 여호와가 앗시리아 왕 산헤립의 점령에서 유다를 구원해 주시기를 기도한다. "우리 하나님 여호와여 이제 우리를 그의 손에서 구원하사 천하만국이 주만이 여호와이신 줄을 알게 하옵소서"(사 37:20). 히스기야는 세계 모든 나라가 하나님을 아는 것 혹은 적어도 그분의 주권을 인정하는 것이 하나님의 바람이며, 또 그의 기도에 대한 응답으로 그분의 바람이 성취될 것이라고 말한다. 이후, 이사야는 모든 사람이 함께 여호와의 영광을 보고, 고난당하는 종이 열방에 빛과 정의를 가져올 때를 예언한다(사 40:5; 42:1; 49:6). 시온의 억압자들에 대한 하나님의 심판은 "모든 육체"에게 야곱의 전능자가 시온의 구원자요 구속자이심을 보여 줄 것이다(사 49:26). 이사야와 예레미야는 열방이 예루살렘의 빛으로 오고 여호와의 보좌 앞에 모일 것이라고 선포한다(사 60:3; 66:18-19; 렘 1:5; 3:17).

에스겔은 이 주제와 관련해 열방을 더 특별하게 언급한다. 그가 선포하기를, 일반적으로, 하나님은 그분의 이름이 열방 가운데서 모욕당하지 않기를 원하신다. 하나님은 열방이 보는 앞에 그분의 거룩하심을 나타내기를 바라시며 또 모든 육체가 그분이 여호와라는 사실을 알기 원하신다(겔 20:9, 14, 22, 41; 21:5). 더 직접적으로, 하나님은 응징을 통해 암몬, 모압, 블레셋, 두로와 시돈, 이집트 사람들이 그분만 하나님이라는 사실을 발견할 것이라고 선언하신다(겔 25:5, 11, 17; 26:6; 28:23; 29:6, 8, 16; 30:19, 26; 32:15). 하나님은 마곡의 통치자이자 장군인 곡에게[2] 하나님이 그를 사용해 이스라엘을 침략하게 할 것이라고 말씀하신다. 그리고 "이는 내가 너로 말미암아 이방 사람의 눈 앞에서 내 거룩함을 나타내어 그들이 다 나를 알게 하려 함이라"(겔 38:16). 같은 장에서 하나님은 그분이 또한 곡을 파멸시킬 것이라고 덧붙이면서 다음과 같이 말씀하신다. "이같이 내가 여러 나라의 눈에 내 위대함과 내 거룩함을 나타내어 나를 알게 하리니 내가 여호와인 줄을 그들이 알리라"(겔 38:23).

이런 구절들을 통해, 이제 우리는 구약의 구속사는 하나님이 스스로를 위해 이스라엘이라는 한 백성을 일으키고 구출하는 이야기가 아님을 알게 된다. 물론 구약의 구속사는 그런 이야기이지만, 이스라엘 주변의 열방들을 전적으로 무시하는 가운데 이루어지지 않는다. 하나님은 또한 이스라엘 주변의 백성들에게 그분 자신을 알리는 일에 열중하셨다. 하나님이 그렇게 하신 이유를 밝히는 것—즉 이러한 계시가

---

[2] 곡과 마곡은 보편적으로 등장하는 것 같다. 하지만 곡이라는 이름은 리디아 통치자 Gyges라는 이름에서 유래한 것일 수 있다[David L. Petersen, 에스겔 20장에 대한 주, *HarperCollins Study Bible* (New York: HarperCollins, 1993)].

하나님이 이스라엘을 구원하시는 것과 어떤 관계가 있고, 그래서 이스라엘 주변의 백성들이 구원받을 수 있다는 의미인지 규명하는 것—은 이 책의 한계를 넘어선다. 하지만 하나님이 유대인으로 알려진 백성을 일으키고 구원하실 뿐만 아니라 고대 근동 전역에 있는 이방인들에게 자신의 이름과 영광을 알리려고 작정하셨다는 점은 분명하다. 이는 이스라엘 이외의 일부 이방인들은 하나님이 이스라엘 안에서와 이스라엘을 통해 하신 일로 참 하나님에 대한 무언가를 알게 되었음을 뜻한다.³

신약도 하나님이 기독교 계시의 영향권 밖에 있는 사람들에게 그분 자신을 계시하기 원하신다는 것을 시사한다. 2장에서 나는 로마서 1-2장 및 다른 성경 본문들이 자연과 양심 가운데 나타난 '일반' 계시를 가리킨다고 언급했다. 사도행전 14:17은 하나님이 자연과 음식의 축복을 통해 그분 자신에 대해 증거한다고 진술한다. "그러나 자기를 증언하지 아니하신 것이 아니니 곧 여러분에게 하늘로부터 비를 내리시며 결실기를 주시는 선한 일을 하사 음식과 기쁨으로 여러분의 마음에 만족하게 하셨느니라." 성경은 하나님이 이스라엘의 역사나 그리스

---

3 어떤 사람들은 암 9:7이 선택받은 이스라엘이 아닌 다른 백성들에 대해 말한다고 제안했다. "여호와의 말씀이니라 이스라엘 자손들아 너희는 내게 구스 족속 같지 아니하냐. 내가 이스라엘을 애굽 땅에서, 블레셋 사람을 갑돌에서, 아람 사람을 기르에서 올라오게 하지 아니하였느냐." 예를 들어, George A. Lindbeck, *The Nature of Doctrine: Religion and Theology in a Postliberal Age* (Philadelphia: Westminster Press, 1984), p. 54를 보라. 그러나 이 구절에는 선택에 대한 언급이 없다. Shalom M. Paul은 *Amos* (Minneapolis: Augsburg Fortress, 1991)에서 다음과 같이 주장한다. 의도하는 바는 이스라엘 사람들을 그들의 신적 선택에 근거한 거만한 자기 과신에서 깨어나게 하는 것이다. 아모스의 요점은 이스라엘이 선택받았다는 것은 출애굽과 별개라는 것이다. 다른 열방들도 하나님에 의해 구출을 받았으며, 멸망을 당했다. 출애굽이 심판으로부터 제외되는 것을 보장하지는 않는다. 또 James Luther Mays, *Amos: A Commentary* (Philadelphia: Westminster Press, 1969)를 보라.

도와 연결되지 않은 방식으로도 스스로를 계시하기 원하신다고 묘사한다. 이러한 계시의 방식들은 이스라엘과 그리스도 안에서 드러난 계시를 듣지 못한 사람들에게까지 하나님이 자신을 알리기 원하셨던 것에서 비롯되었을 것이다.

히브리 민족과 기독교 전통 밖, 하나님에 대한 지식

성경이 하나님은 모든 세계가 그분을 알기 **원하신다**고 말한다면, 유대 및 기독교 교회[4] 밖의 사람들도 하나님―또는 적어도 하나님의 인격과 성품의 일부 측면―을 **알았음**이 드러난다. 예를 들어, 성경의 초반부에는 가나안 제사장 왕인 멜기세덱에 대한 놀라운 이야기가 담겨 있다. 그는 아브라함에게 주어진 계시와 별개로 참 하나님을 알았다고 소개된다(창 14:17-24). 창세기 저자가 살렘 왕이라고 부르는 멜기세덱은 그돌라오멜 및 그의 동맹국들을 물리치고 승리한 후에 아브람에게 떡과 포도주를 가져왔다. 창세기 본문은 멜기세덱이 엘 엘리욘(El Elyon, 대략 번역하면 "지극히 높으신 하나님")의 제사장이었다고 말하는데, 엘 엘리욘은 가나안의 신으로 여기에서는 아브람의 하나님과 기묘하게 합쳐진다.

멜기세덱은 엘 엘리욘의 이름으로 아브람을 축복하면서 엘 엘리욘은 천지를 만드신 분이라고 했다(창 14:19). 그다음 멜기세덱은 엘 엘리욘을 찬양하고 엘 엘리욘이 아브람의 적들을 그의 손에 붙이셨다고 선

---

[4] 개혁주의 전통에 따라, 내가 말하는 하나님의 교회는 고대 이스라엘이다. 칼뱅과 그의 추종자들은 하나님이 그분의 백성과 한 언약(처음에는 이스라엘과 맺고 다음에는 기독교 시대에 계속된 언약)을 맺으셨다고 가르쳤다.

포했다(20절). 그러자 곧 아브람은 멜기세덱에게 십일조를 드렸다. 이 이야기에 나오는 또 다른 인물인 소돔 왕이 패배한 적들에게서 취한 전리품들을 아브람에게 줄 때, 아브람은 다음과 같은 흥미진진한 말로 거절했다. "천지의 주재시요 지극히 높으신 하나님[엘 엘리온] 여호와께 내가 손을 들어 맹세하노니 네 말이 내가 아브람으로 치부케 하였다 할까 하여 네게 속한 것은 실 한 오라기나 들메끈 한 가닥도 내가 가지지 아니하리라"(22-23절).

아브람이 이렇게 말하면서 행한 것을 주목해 보라. 아브람은 두 가지 방식으로 여호와를 엘 엘리온과 동일시했다. 두 이름이 동일한 하나님을 가리킨다는 것을 말하는 표시로 그것들을 결합시켰다. 그리고—마치 그것이 완전히 분명하지는 않다는 듯이—멜기세덱이 엘 엘리온을 묘사하는 "천지의 주재"라는 말을 여호와께 사용했다. 클라우스 베스터만(Claus Westermann)은 아브람이 멜기세덱의 축복을 받아들이고 가나안 제사장에게 십일조를 드린 것은 아브람이 멜기세덱의 제사장직과 성소의 적합성을 인정했다는 의미라고 주장한다.[5]

이와 같이 멜기세덱은 가나안 신의 이름으로 참 하나님을 예배하는 것으로 묘사된다. 다른 말로 표현하면, 멜기세덱은 히브리인들로부터 계시를 받지 **않았음**에도 참 하나님에 대한 지식을 갖고 있었다고 할 수 있다. 그렇다고 해서 하나님에 대한 멜기세덱의 믿음이 아브라함과 동일했다고 말하는 것은 아니다. 또한 분명 엘 엘리온에 대한 모든 가나안 사람들의 믿음이 정확했다는 뜻도 아니다. 그러나 이 본문은 멜

---

5 Claus Westermann, *Genesis: A Practical Commentary* (Grand Rapids, Mich.: Eerdmans, 1987), p. 115.

기세덱에게 이스라엘의 거룩하신 분으로 스스로를 나타내신 하나님에 대한 일종의 지식이 있었음을 **암시하는** 것으로 보인다. 즉 아브라함의 혈통을 통해 주어진 계시와는 별개로 하나님에 대한 참된 지식이 멜기세덱에게 있었음을 의미한다.

구약은 참된 하나님에 대해 무언가를 알았던 이방인들로 가득하다. 예를 들어, 티끌이 이로 변한 (세 번째) 재앙이 임한 후, 바로의 요술사들이 바로에게 "이는 하나님의 권능이니이다"(출 8:19)라고 말했다. 그들에게 구원하시는 하나님에 대한 지식이 있었다는 암시는 없지만, 본문은 어떤 다른 행위자가 아니라 하나님이 역사하고 계신다는 것을 그들이 인식했음을 진술한다. 신약에서는 발람의 잘못을 비난하지만(벧후 2:15; 유 11절), 구약의 역사가는 짐작건대 발람이 성령의 영감을 받아 이스라엘의 미래를 정확히 예언했다고 기록한다(민 24장). 가나안 매춘부 라합은 이스라엘 사람들의 하나님이 참 하나님이심을 인식했으며, 또 신약 시대 유대인 그리스도인들의 믿음의 본이 되었다(수 2:10-11; 히 11:31). 두로 왕 후람은 솔로몬에게 천지를 지으신 분이 이스라엘의 하나님이심을 알았다고 말했다(대하 2:11-12). 유대 전통 밖에 있으면서 참 하나님을 알고 때로 그분과 "동행한" 다른 사람들로는 아벨, 에녹, 노아, 욥, 아비멜렉, 이드로, 룻, 나아만, 스바 여왕이 있다.

구약에도 이스라엘 하나님의 주권을 인식하는 외국 관리들이 많이 나온다. 예를 들어, 바로는 여러 번 자신이 여호와께 죄를 지었음을 인정했다(출 9:27; 10:16). 병이 나은 후에 나아만은 "내가 이제 이스라엘 외에는 온 천하에 신이 없는 줄을 아나이다"라고 고백했다(왕하 5:15). 느부갓네살은 다니엘이 그의 꿈을 해석하자 비슷한 고백을 했고, 사드

락, 메삭, 아벳느고가 맹렬히 타는 풀무불에서 상처 하나 없이 살아 나오자 마찬가지 고백을 했다. 정신병에 걸렸다가 제정신으로 돌아왔을 때도 다시 이스라엘 하나님의 주권을 증언했다(단 2:46-47; 3:28; 4:34-37). 다니엘이 사자 굴에서 구출되자, 다리오는 "온 땅에 있는 모든 백성과 나라들"에게 다음과 같은 칙령을 내렸다. "내 나라 관할 아래에 있는 사람들은 다 다니엘의 하나님 앞에서 떨며 두려워할지니 그는 살아 계시는 하나님이시요 영원히 변하지 않으실 이시며 그의 나라는 멸망하지 아니할 것이요 그의 권세는 무궁할 것이며 그는 구원도 하시며 건져내기도 하시며 하늘에서든지 땅에서든지 이적과 기사를 행하시는 이로서 다니엘을 구원하여 사자의 입에서 벗어나게 하셨음이라"(단 6:25-27).

이방인들에게 있는 하나님에 대한 지식 가운데 일부는 이스라엘의 하나님 여호와와 만남으로써 생겼으므로, 유대 전통 밖에서 온 지식으로 간주되지 않는다. 그러나 일반 계시와 같이, 특별 계시의 영역 밖에 하나님에 대한 참된 지식이 있음을 보여 준다. 이들 가운데 많은 사람, 바로의 요술사들과 발람 같은 이들은 여호와의 구원하는 지식에는 분명 이르지 못했다. 그럼에도 불구하고 참된 하나님에 대한 무언가를 알았다. 그들이 알았던 것은 일반 계시의 일부는 아니었다. 모든 사람들에게 주어지지는 않았기 때문이다. 또한 특별 계시도 아니었다. 대개[6] 구원에 이르게 하지는 않았기 때문이다.

신약에 와서는 흥미진진한 전환이 더해진다. 요한은 이방인들과 비

---

[6] 하지만 라합 같은 일부 사람들에게는 구원을 주셨을 수도 있다.

그리스도인들에게 주어진 하나님에 대한 지식이 삼위일체의 제2위에 책임이 있음을 아리송하게 내비친다. "지은 것이 하나도 그가 없이는 된 것이 없느니라. 그 안에 생명이 있었으니 이 생명은 사람들의 빛이라"(요 1:3-4). 모든 인간이 그리스도에 의해 빛을 받았다면, 짐작건대 그들이 보유하는 하나님에 대한 지식은 그 빛 안에 포함될 것이다. 요한은 계속해서 모든 참된 계몽—"모든 사람"에게 온다고 말하기 때문에 이교도들의 계몽을 비롯한—은 그리스도에게서 온다고 주장한다. "참 빛 곧 세상에 와서 각 사람에게 비추는 빛이 있었나니"(요 1:9).

즉 아테네에서 바울이 동의하며 인용한 주전 6세기와 3세기 시인 에피메니데스(Epimenides)와 아라투스(Aratus)에게, 그리스도는 하나님에 관한 참된 지식을 주셨음을 의미한다. "우리가 그를 힘입어 살며 기동하며 존재하느니라 너희 시인 중 어떤 사람들의 말과 같이 우리가 그의 소생이라 하니"(행 17:28). 적어도 이 구절을 통해 누가와 바울은 그 세속 시인들이 종교적 진리를 지녔다고 생각했음을 알 수 있다. 그들은 참된 하나님에 대한 무언가를 알았다. 그리고 요한에 따르면, 이 지식은 그리스도가 에피메니데스와 아라투스에게 전달하신 것이다.

하나님의 백성이 유대 및 기독교 교회 밖에 있는 자들로부터 배우다

이제까지 우리는 하나님이 이방인들과 비그리스도인들이 그분을 알기 원하셨을 뿐만 아니라 일부는 실제로 그분의 인격과 성품의 특정 측면들을 알게 되었다는 것을 보았다. 어떤 사람들은 이스라엘 및 교회와 별개로 그 지식을 얻은 반면, 다른 사람들은 하나님이 이스라엘을 다루시는 것을 통해 하나님에 관한 것을 알게 되었다. 두 그리스 시인이 하나님에 대한 참된 무언가를 알았다고 하면서도, 그들에게 유대 전통에 대한 어떤 지식이 있었다는 암시는 없다. 이들 모두에게 하나님의 구원하는 지식은 없었을지 모르지만, 그들에게 있던 지식은 어느 정도 **참된** 것이었다. 그들은 여호와에 대해 참된 어떤 것을 알게 되었다. 나는 이번 장 마지막 부분에서 성경 속 하나님의 백성 중 일부는 유대 민족과 기독교 교회를 통해 주어진 하나님의 계시를 더 잘 이해하는 데 이교적인 것들의 도움을 얻었다는 사실을 보여 주고 싶다.

예를 들어, 고대 근동의 족장들은 동포들과 종교의 많은 부분을 공유했다. 실제로 "족장들 및 그들 가족들의 세계관은 당시 공통된 고대 근동 문화와 많이 다르지 않았다."[7] 그것이 족장들이 믿은 종교적 견해를 이교[8]를 믿는 이웃에서 빌려 왔다는 증거는 아니지만, 하나님이 그분의 백성에게 참된 종교를 가르치는 배경으로 이교를 사용하셨다는 증거가 있다.

한 예로, 고대 세계의 거대한 다신론 체계 안에서 위대한 우주의 신들은 국가와 왕실에서는 존경과 경배를 받는데 반해, "보통 사람들과는 개인적 접촉이 거의 없었다." 메소포타미아의 주전 2천 년 초반 사람들은 가족이나 개인에게 관심이 있는 '개인적 신들'로 여겨지던 작은 신들과 관계를 맺기 시작했다. 개인적 신들이 독점적으로 예배를 받았

---

7 John H. Walton and Victor H. Matthews, *The IVP Bible Background Commentary: Genesis-Deuteronomy* (Downers Grove, Ill.: InterVarsity Press, 1997), p. 15. 『IVP 성경배경주석』(IVP).
8 이 책에서 이교도(pagan 또는 heathen)는 유대인 또는 그리스도인이 아니었거나 아닌 사람을 언급하는 데 사용할 것이다. 이런 용어들을 사용하는 데 비하의 의미는 전혀 없다.

던 것은 아니지만, 대부분의 개인과 가정은 그 신에게 예배를 드렸다. 어떤 학자들은 여호와에 대한 아브라함의 초기 반응들이 이런 맥락에서 일어났을 것이라고 믿는다. "아브라함은 여호와를 기꺼이 자신의 '신적 후원자'가 되려고 하는 개인적 신으로 보았을 것이다."[9] 요점은 여호와가 이런 개인적 신들의 특징을 모두 지녔다는 것이 아니라, 아브라함이 그런 종교적 틀로 여호와를 이해했을 수도 있으며 또 역으로 여호와가 아브라함에게 그분 자신에 대한 진리를 가르치려고 그 틀을 사용하고 바꾸셨을 수도 있다는 것이다.

창세기 15장에 기록된 연기 나는 풀무와 타는 횃불과 할례 의식은 족장 시대에 더 많이 나타나는 예들이다. 메소포타미아의 종교 의식에서는 입회 및 정화 의례 시에 이미 성스러운 횃불과 향로를 사용했고, 횃불과 화로는 신을 상징했다. 고대 근동에서 할례는 사춘기, 풍요 또는 결혼 의식으로 널리 시행되었다. 다시 한 번, 요점은 하나님이 공통된 문화적 (그리고 종교적) 관례들을 사용하여 자기 백성에게 그분과 그분의 도에 대한 새로운 종교적 개념들을 가르치셨다는 것이다.[10] 옛 믿음과 관례들을 바꾸는 것이기는 하지만, 이러한 이교 관례들과 믿음에

---

9 이 단락에서 인용한 문장들은 Walton and Matthews, *IVP Bible Background Commentary*, pp. 36-37에서 아브라함의 종교에 대해 논의한 것에서 가져왔다. 고대 근동 문화가 구약에 끼친 영향에 대해 더 자세히 논의한 것으로 다음의 책들을 보라. W. Robertson Smith, *Lectures on the Religion of the Semites*, 2nd ed. (London, 1984); Meredith G. Kline, *Treaty of the Great King* (Grand Rapids. Mich.: Eerdmans, 1963); Jack Finnegan, *Myth and Mystery: An Introduction to the Pagan Religions of the Biblical World* (Grand Rapids. Mich.: Baker, 1989); James B. Pritchard, ed. *Ancient Near Eastern Texts Relating to the Old Testament*, 3rd ed. (Princeton, N. J.: Princeton University Press, 1969).

10 Walton and Matthews, *IVP Bible Background Commentary*, pp. 42, 44.

는 새로운 진리들을 가르치려고 하나님이 사용하신 상징들이 있었다. 하지만 하나님의 백성이 (그 당시) 참된 하나님에 대한 완전한 계시를 받지 않았던 자들에게서 참된 하나님에 대한 것들을 배운 것은 변함 없는 사실이다.

성경에 기록된 하나님의 이름도 참된 하나님에 대해 이교의 것들에서 배우는 현상을 보여 주는 무언의 증거다. 히브리인들은 하나님을 나타내는 셈족 이름 엘(*El*)을 가나안 사람들로부터 차용했을 것이다. 그러나 신약 저자들은 헬라 용어 테오스(*theos*)를 사용했다. 산추니아손(Sanchuniathon)이 쓴 주전 6세기 페니키아 역사에서 엘은 맹렬한 전사의 신이었다. 많은 부분에서 여호와와 달랐지만 전투의 신이라는 점에서 여호와와 비슷했다.[11] 헬라의 테오스는 종종 많은 이름과 신화 뒤의 단일 신 또는 존재하는 모든 것 뒤의 비인격적인 신으로 받아들여졌다.[12] 신약의 테오스는 헬라와 달리 인간성의 전형과 근원이다. 하지만 이름이 같은 헬라의 테오스처럼 존재하는 모든 것 뒤에 있는 기초이며 힘이기도 하다. 내 요점은 어떤 단어를 빌려 와 새로운 의미를 부여할 때도 그 단어에서 옛 의미나 맥락의 모든 것을 남김없이 다 떼어 버리기는 불가능해 보인다는 것이다. 다른 신들을 묘사하는 데 쓰이는 언어 및 이야기 사용을 비롯해 성경 저술의 전 과정을 하나님의 영이 감독하셨음을 믿는 그리스도인들에게 이것은 놀랄 일이 아니며 또 신학적으로도 문제가 되지 않는다. 그저 하나님이 그분의 존재와 사역의

---

11 Patrick D. Miller Jr., *The Divine Warrior in Early Israel* (Cambridge, Mass.: Harvard University Press, 1973).

12 "Theos", in *New International Dictionary of New Testament Theology*, ed. Colin Brown (Grand Rapids, Mich.: Zondervan, 1976), 2:66-67를 보라.

측면들을 계시하기 위해 성경 저자들의 영향력을 모두 사용하셨다는 의미다.

이제 성경 저자들이 자신들이 배움을 얻었던 이들의 종교적 또는 도덕적 특성에 항상 관심을 가졌던 것은 아님을 분명히 해야 한다. 발람은 탐욕과 우상숭배의 상징이 되었지만, 이스라엘의 미래에 대해서는 진실을 말했다. 이집트 왕 느고는 도덕적 또는 종교적 미덕이 탁월한 사람은 아니었다. 하지만 성경은 하나님이 느고를 통해 말씀하셨으며, 또 요시야가 이교 왕을 통해 전달된 하나님의 말씀을 듣지 않은 것에 대해 불쾌해하셨다고 말한다(대하 35:20-27).

분명한 증거물은 없지만, 시편 104편의 저자가 아멘호테프 4세(아케나텐, 주전 14세기 초)의 이집트 찬송가에서 배웠을 수도 있다는 증거가 존재한다. 이것은 태양의 환, 아텐(Aten)으로 나타나는 신에게 바치는 찬송가다. 일신론을 보여 주는 주목할 만한 예시로, 고대 이집트의 다신론이 흘러온 긴 역사에 비추어 볼 때 이것의 존재는 더욱 놀랍다. 아마 그런 이유로 창시자가 죽자마자 곧 사라졌을 것이다. 그러나 시편 104편과 놀랄 만큼 유사한 것들이 포함되어 있다. 두 찬송 모두 땅에 물을 주고 들짐승과 공중의 새들을 먹이기 위해 비를 내리시는 하나님, 해가 질 때 어두움으로 돌아가는 땅과 모습을 드러내는 사자들, 신의 뜻을 이루는 하나님의 다양한 사역들, 하나님 앞에서 바다 가운데서 즐겁게 노는 배들과 물고기, 하나님으로부터 음식을 얻는 인간, 신의 영에 의존하는 모든 피조물의 삶에 대해 말한다.[13]

---

13 Akhenaten의 찬송가에 대해서는 "The Hymn to the Aton", in *An Anthology of Texts and Pictures*, vol. 1 of *The Ancient Near East*, ed. James B. Pritchard (Princeton, N.

학자들은 아텐 찬송가와 시편 104편의 관련성에 대해 논의한다. 어떤 학자들은 유사점보다 차이점이 더 두드러진다고 주장한다. 예를 들어, 아텐 찬송가는 밤과 사자들을 거의 인간의 적으로 묘사하는 반면, 시편 기자는 그들을 "동료 수혜자"로 본다.[14] 유사한 요소들은 각각의 시에서 다른 순서로 배열되고, 가장 생생한 이미지들 가운데 일부(자궁의 태아와 달걀 안에 있는 병아리를 돌보는 아텐)는 히브리 시구에서는 빠져 있다. 또 다른 학자들은 다른 이집트 태양 찬송가들과 메소포타미아의 샤마쉬(Shamash) 찬송가와 전반적으로 비슷한 점들을 주목하면서, 두 시에 공통적 배경이 있다고 상정한다. 많은 사람들은 본문 간에 연대학적이고 문화적인 가교가 있었다고 믿는다. 즉 아텐 찬송가는 가나안, 특히 페니키아의 번역과 각색을 통해 이스라엘에 알려졌다는 것이다.[15]

두 가능성 중 하나는 그럴듯한데, 이런 개념들이 고대 근동에 흔했고 시편 기자가 여호와의 섭리를 묘사하기 위해 성령의 영감 아래 그 개념들을 활용했거나, 아니면 이집트 찬송가에서 차용했을 것이다. 어느 경우든, 히브리 저자가 하나님이 피조물들을 사랑으로 돌보시는 것

J.: Princeton University Press, 1958), pp. 226-230를 보라.
14 C. S. Lewis, *Reflections on the Psalms* (Glasgow: Fontana, 1958), p. 76. 『시편사색』(홍성사).
15 다음의 책들을 보라. A. Barucq, *L'expression de la louange divine et la prière dans la Bible et en Égypte*, Bibliotheque d'Étude 33 (Cairo: Institut Français d'Archeologie Orientale, 1962); K. H. Bernhardt, "Amenhophis IV and Psalm 104", *Mitteilungen des Instituts für Oreintforschung* 15 (1969): 193-206; P. C. Craigie, "The Comparison of Hebrew Poetry: Psalm 104 in the Light of Egyptian and Ugaritic Poetry", *Semitics* 4 (1974): 10-21; G. Nagel, "À propos des rapports du Psaume 104 avec les textes Égyptiens", in *Festschrift A. Bertholet* ed. W. Baumgartner et al. (Tübingen: Mohr, 1950); Leslie C. Allen, *Psalms 101-150*, Word Biblical Commentary 21 (Waco, Tex.: Word, 1983), pp. 28-31. 『시편 하 101-150편』(솔로몬).

을 생생하게 묘사하는 방식에는 비히브리 자료들의 영향을 받았다. 이는 계시 속에 드러나는 더 큰 패턴의 일부로서, 하나님은 그분 자신을 성경 저자들에게 알리기 위해 비히브리 비기독교 문화들을 사용하신다. C. S. 루이스가 표현한 대로, "모세가 양육받았던 이집트 '지혜'의 일부에 아케나텐 체제에서 유래한 생각들이 담겼을 가능성이 있다. 모든 진리가 모든 사람에게 오는 것처럼, 아케나텐의 신경에서 참된 것은 무엇이든 이런저런 방식으로 하나님으로부터 그에게로 왔다. 하나님이 모세에게 그분 자신을 알리는 데 사용하셨던 도구들 가운데 아케나텐에서 전해 오는 전통이 없을 이유는 없다."[16]

잠언 22:17-24:22은 많은 학자들이 비히브리 전통의 영향을 받았다고 생각하는 구약 본문의 또 다른 예다. 제임스 던(James D. G. Dunn)에 따르면, 이 본문은 '아메네모페의 가르침'(*Teaching of Amenemope*)으로 알려진 초기 이집트의 지혜 전통으로부터 "분명 가져온 것으로 잘 알려져 있다."[17] 구조와 주제 면에서 상당히 비슷한 점들이 있다. 둘 다 서른 개의 교훈 또는 권고로 이루어진다. 잠언 구절의 서문은 아메네모페의 결론에서 다른 형식으로 나타난다. 적지 않은 권고들이 동일한 이미지들을 사용한다. 예를 들어, 잠언 23:4-5("부자 되기에 애쓰지 말고…네가 어찌 허무한 것에 주목하겠느냐. 정녕히 재물은 스스로 날개를 내어 하늘을 나는 독수리처럼 날아가리라")은 아메네모페 7장의 부분과 일치한다("부를 추구하는데 마음을 쏟지 말라.…재물은 거위처럼 스스로 날개를 내어 하늘로 날아가

---

16 Lewis, *Reflections*, p. 74. Lewis는 모세가 "애굽 사람의 모든 지혜를 배웠다"(행 7:22)는 유대 (그리고 초대 기독교) 전통을 언급한다.
17 James D. G. Dunn, "Biblical Concepts of Revelation", in *Divine Revelation*, ed. Paul Avis (Grand Rapids, Mich.: Eerdmans, 1997), p. 7.

리라").¹⁸ R. B. Y. 스코트(Scott)는 잠언 본문이 (아마도) 초기 이집트 문헌에 직접적으로 문학적 의존을 하고 있음은 증명할 방법이 없지만, 당시 서기라는 직업은 국제적이었기에 서기들이 광범위한 지혜 저술에 관한 훈련을 받았을 것이라 생각한다. 히브리 서기관이 앞선 시대의 이집트 문헌을 갖고 있지 않았거나 기억에서 그것을 상기시키지 않았다면, 아마도 순전한 히브리 전통보다는 국제적 전통의 도움을 받았을 것이다.¹⁹

우리는 신약에서 유사한 패턴을 본다. 여러 경우 예수님은 이교도들의 믿음을 칭찬하시고 유대인들에게 그들의 예시로부터 배우라고 권고하셨다. 예수님은 나사렛을 방문하셔서 두 이교도를 칭찬하셨다. 당시 나사렛 사람들은 예수님이 이사야서 후반에 나오는 여호와의 종이라는 주장을 거부했다(눅 4:14-30; 참고. 사 58:6; 61:1-2). 그들은 회의적으로 "이 사람이 요셉의 아들이 아니냐?"라고 물었다(눅 4:22). 그러면서 예수님께 그분이 가버나움에서 행하셨던 기적들을 거기서도 행하라고 요구했다(눅 4:23). 그러자 예수님은 다음과 같이 대답하셨다. "내가 진실로 너희에게 이르노니 선지자가 고향에서는 환영을 받는 자가 없느니라. 내가 참으로 너희에게 이르노니 엘리야 시대에 하늘이 삼 년 육 개월간 닫히어 온 땅에 큰 흉년이 들었을 때에 이스라엘에 많은 과부가 있었으되 엘리야가 그중 한 사람에게도 보내심을 받지 않고 오직 시돈 땅에 있는 사렙다의 한 과부에게 뿐이었으며"(눅 4:24-26).

---

18 "The Instruction of Amen-em-opet", in *An Anthology of Texts and Pictures*, vol. 1 of *The Ancient Near East*, ed. James B. Pritchard (Princeton, N. J.: Princeton University Press, 1958), pp. 237-243.

19 R. B. Y. Scott, *The Anchor Bible: Proverbs and Ecclesiastes* (Garden City, N. Y.: Doubleday, 1965), pp. 20-21.

사렙다는 시돈의 페니키아 남부 해안에 있는 도시로 바알 숭배의 중심지였다(왕상 16:31). 그 여인은 한 줌의 곡물만 가지고 있었지만, 엘리야가 그것으로 빵을 만들라고 명령했을 때, 그녀는 하나님이 기적적으로 곡물을 증가시키실 것이라는 엘리야의 약속을 신뢰하고 빵을 굽기 시작했다(왕상 17:1-16). 물론 그녀는 절박했고 그녀와 아들은 한 줌의 빵을 먹든 먹지 못하든 곧 죽을 운명이었기 때문에 잃을 것이 없었다. 그럼에도 불구하고 예수님은 그녀가 엘리야의 말을 신뢰했기 때문에 그녀를 칭찬하셨다. 엘리야가 전한 말은 하나님이 하신 말씀이었다. 그녀는 나사렛 사람들이 갖고 있는 것보다 적은 믿음의 증거를 갖고 있었지만 하나님이 말씀하고 계시다는 것과 또 신뢰할 수 있는 분이라는 것을 믿었다.

그다음 예수님은 다른 이교도의 모범적인 믿음을 지적하셨다. 그는 시리아의 장군인 나아만으로, 요단강 물에 몸을 담그면 나병이 나을 것이라는 엘리사가 전한 하나님의 말씀을 신뢰했다(왕하 5:1-14). 예수님은 "또 선지자 엘리사 때에 이스라엘에 많은 나병환자가 있었으되 그중의 한 사람도 깨끗함을 얻지 못하고 오직 수리아 사람 나아만뿐이 었느니라"고 말씀하셨다(눅 4:27). 예수님은 이교도 나아만에게는 당시 유대인들보다 더 큰 믿음이 있었으며, 예수님이 어린 시절을 함께 보낸 유대인 이웃들이 이런 이교도로부터 배우는 것이 온당하다고 말씀하셨다. 또한 이 상황에서 예수님은 나아만이 처음에는 터무니없는 일이라고 생각했던 일을 함으로써 보여 준 겸손을 나사렛 사람들의 교만과 대조시키고 계신 것처럼 보인다. 예수님이 "눌린 자"와 "눈먼 자"를 언급하신 것(눅 4:18)은 말씀을 듣는 자들이 자신들의 죄와 도움이 필요하다는 사실을 인정해야 한다는 암시였다. 그러나 화가 난 그들은 겸손하기는커녕 예수님을 동네 밖으로 내쫓았다(눅 4:28-29).

또한 신약을 읽는 독자들 대부분은 종의 병을 고쳐 달라고 찾아온 백부장의 이야기를 안다(눅 7:1-10). 예수님이 가까이 오시자, 로마 군인은 친구들을 보내 예수님께 번거롭게 오실 필요 없다고 말해 달라고 부탁했다. 그는 예수님이 멀리 떨어져서 말씀만 하셔도 종의 병을 고치실 수 있다고 확신했기 때문이다. 예수님은 이 사람의 믿음을 보고 "놀랍게 여[기]"시면서, "내가 너희에게 이르노니 이스라엘 중에서도 이만한 믿음은 만나보지 못하였노라"고 말씀하셨다(눅 7:9).

이는 예수님이 이교도의 종교적 모범을 칭찬하시면서 유대인이 배울 수 있다고 말씀하신 모범의 세 번째 예다. 나는 한 걸음 더 나아가, 복음서 저자들은 우리 그리스도인들이 이러한 이교도들로부터 배울 수 있음을 암시한다고 말하고자 한다.

그런데 나는 백부장을 이교도라 부름으로써 그 사람의 믿음을 축소하고 있는가? 사실 그는 예수님에 대한 믿음을 갖고 있었는데 말이다. 백부장은 예수님의 권위를 인정했다. 그리고 사도행전에 나오는 고넬료처럼(행 10:2, 22) 하나님을 "경외하는" 유대인들의 친구였다. 하지만 로마 장교인 그는 회심자로서 할례를 받을 수 없었다. 예수님 스스로도 그를 유대인 공동체 밖에 속한 사람으로 여기셨다("이스라엘 중에서도 이만한 믿음은 만나보지 못하였노라"). 그리고 이 본문을 통해 우리가 아는 것은 백부장에게 예수님이 병을 고치실 수 있다는 믿음이 있었다는 것이 전부다. 우리는 백부장이 예수님을 기적을 행하시는 분으로만 알았을지 모른다고 할 수도 있다. 사람들은 다른 사람들이 세상의 이런 부분에서 기적을 일으킬 수 있다고 믿기도 한다.[20] 예수님이 그런 기적을 행하실 수 있는 분이었다는 것보다 더 많은 것을 백부장이 알았다는 증거는 없다. 따라서 백부장은 그의 다른 이교도 이웃들과 지인들이 예수님에 대해 알았던 것만큼만 알았을 가능성이 높다. 즉 예수님(그리고 누가)의 강조점은 유대인도 아니고 (아직) 그리스도인도 아닌 이 사람으로부터 배워야 한다는 데 있다.

예수님은 적어도 다른 세 경우에 대해 '이교도'의 모범을 칭찬하셨다. 예수님은 마태복음 15:21-28에서 가나안 여인의 믿음을 칭찬하시고, 선한 사마리아인의 윤리적 행위를 권장하시며(눅 10:25-37), 나병환자 열 명 중 한 "이방인"만 "하나님께 영광을 돌리러 돌아[왔다]"고 지적하셨다(눅 17:18). 세 경우 모두, 예수님은 아직 유대인 또는 그리스도인 신앙 집단 내에 속하지 않은 사람들이 행한 믿음의 행위를 칭찬하시고 듣는 이들이 그들의 모범으로부터 배우기를 권고하셨다.[21]

베드로도 아직 복음을 소개받지 못한 사람이 했던 종교적 경험에서 배웠던 것 같다. 즉 고넬료가 예수님에 대해 듣기 전에 그 안에서 그를 위해 역사하시는 하나님을 보면서 하나님에 대한 새롭고 심오한 것을 배운 것으로 보인다. 베드로는 고넬료가 천사에게서 베드로의 집으로 가라는 음성을 들었다는 것을 듣고, 갑자기 이방인들에게 역사하시는 하나님의 경륜을 깨달았다. "내가 참으로 하나님은 사람의 외모를 보지 아니하시고 각 나라 중 하나님을 경외하며 의를 행하는 사람

---
20 행 8:9-11을 보라.
21 백부장처럼, 가나안 여인은 예수님이 치유자였다는 사실을 제외하고는 그분에 대해 아무것도 알지 못했던 것 같다. 예수님은 그녀가 믿음 가운데 보였던 인내와 겸손을 칭찬하셨다.

은 다 받으시는 줄 깨달았도다"(행 10:34-35).

누가복음 7장의 로마 백부장과 같이 고넬료는 하나님을 경외하거나 경배하지만 유대교로 회심하지는 않은 구도자로서, 누가가 여러 번 언급한 이방인들 중 하나였다(행 13:16, 26; 16:14; 18:7). 어쨌든 고넬료가 천사를 만나는 경험을 했을 때는 예수님에 대한 이야기를 들은 적이 없었다. 베드로는 그 경험으로 인해 하나님의 구속 사역을 전혀 새로운 방식으로 이해하게 되었다. 훗날 고넬료가 복음을 듣고 성령이 그와 함께 "말씀 듣는 모든 사람에게 내려"왔을 때, 베드로는 이 구속 사역에 대해 훨씬 더 이해하게 되었다(행 10:44-48). 그러나 고넬료가 아직 그리스도인이 되지 않았을 때, 즉 엄밀히 말해 고넬료가 이교도이거나 기껏해야 유대교로 개종한 사람이었을 때 첫 계시가 임했다. 그리스도인(베드로)이 아직 복음을 받지 않은 누군가로부터 종교적 진리를 배웠던 것이다. 그리고 이 경우, 예수님이 칭찬하셨던 모범을 통해, 하나님의 사람들은 전통 밖에 있는 자들로부터 자신들의 계시를 더 잘 이해할 수 있게 하는 것들을 배웠다. 예수님은 이교도들을 사용하셔서 그분의 제자가 될 사람들에게 믿음에 대해 가르치셨으며, 또 베드로는 한 이방인으로부터 그리스도의 선교가 이방인들에게 확장되었다는 것을 배웠다.

바울 서신에는 이런 패턴에 대한 증거가 별로 없다. 테렌스 페이지(Terence Paige)가 관찰한 것처럼, 바울은 그 시대의 철학적 흐름 가운데서 교육을 받았지만 필로(Philo) 같은 다른 사상가들만큼 자신의 메시지를 당시 철학과 조화시키는 데 관심을 갖지 않았다. 그는 복음이 신적 지혜에 이르는 유일한 수단이라고 선포했다(고전 1:21; 2:6-16; 엡 1:15-18). 그의 글에는 스토아학파와 견유학파의 특정 주제들이 가득하지만,

하나님의 본질과 인간 자아에 대해서는 엄청난 차이가 있다. 예를 들어, 스토아학파에게 자족(autarkēs)은 의지의 결단으로부터 생기는 반면에, 바울에게 자족은 하나님의 호의와 임재에 대한 확신에서 생긴다. 견유학파의 담대함은 자신과 자립에 근거했지만, 바울의 담대함은 하나님의 소명 의식에 근거했다.[22]

반면 하나님에 대한 바울의 사고 형성에 문화적 환경의 영향이 조금도 없었다고 하는 것 혹은 더 신학적으로 표현하여 바울의 탁월한 통찰이 형성되는 데 하나님이 그의 문화적 배경과 지적 훈련을 사용하지 않으셨다고 결론짓는 것은 가현설적 실수다. 중요한 연구서 『바울과 대중 철학자들』(Paul and the Popular Philosophers)에서, 아브라함 말허브(Abraham J. Malherbe)는 바울과 견유학파가 둘 다 (스토아학파의) 수사학과 추론의 공통 전통에 의존했기 때문에 여러 점에서 매우 비슷해 보인다고 주장한다. 실제로 바울은 그 당시 활동하는 철학자들의 문체와 상투어들을 차용했다. 예를 들어, 그는 고린도에서 자신을 반대하는 적들과의 싸움을 묘사하기 위해 스토아학파와 견유학파의 전통들을 사용했다.[23] 하나님과 자아 또는 세상에 대해 이야기하는 데 사용하는 특정 전통의 상징과 추론이 그것들을 보는 방식을 구성하는 것은 이제 흔한 일이 되었다. 그렇다면 하나님의 자기 계시를 드러내는 바울의 방식을 구성하려고 하나님이 그의 문화를 사용하셨다는 것은 의심

---

22 Terence P. Paige, "Philosophy", in *Dictionary of Paul and His Letters*, ed. Gerald F. Hawthorne and Ralph P. Martin (Downers Grove, Ill.: InterVarsity Press, 1993), pp. 713-718.

23 Abraham J. Malherbe, *Paul and the Popular Philosophers* (Minneapolis: Fortress, 1989), 특히 2-3장.

할 여지가 없다. 따라서 바울은 그리스도인(*Paulus christianus*)이라는 특수성이 있지만 헬라인(*Paulus bellenisticus*)이기도 했다. 말허브가 우리에게 상기시키듯, "결국 테니슨의 율리시스처럼, 절충학파 플루타르코스나 무소니우스처럼, 우리는 우리가 이제까지 만난 모든 것의 일부다. 바울도 마찬가지였다."[24]

이제 독자들은 내가 이 장 초반부에서 분명한 증거물은 아니지만 증거를 포함하고 있다고 한 이유를 더 분명히 알 것이다. 내가 인용한 신약의 예들 대부분은 예수님과 만난 사건들이나 예수님에 대한 설교에서 가져온 것이다. 유대인이나 그리스도인 공동체에서 완전히 동떨어진 근원으로부터 얻어 낸 하나님에 대한 지식의 예시들이 아니다. 하지만 예수님과 바울은 그리스도인들이 그리스도에 대해 거의 또는 전혀 알지 못하는 개인들로부터 하나님에 대해 배울 수 있다고 믿었음을 그 예시들을 통해 볼 수 있다.

그러므로 이런 성경 구절들은 하나님의 백성이 자신들의 전통 밖에 있는 자들로부터 (자신들의 계시를 더 잘 이해할 수 있도록 도움을 얻는다는 의미로) 하나님에 대해 배운다는 개념이 성경에 위배되는 현상이 아님을 시사한다. 나는 다음 장에서 하나님과 구속에 대한 더 온전한 이해 가운데 이 개념을 어떻게 조화시킬 것인지 더 체계적이고 신학적으로 살펴볼 것이다.

---

[24] 앞의 책, p. 9.

4장
신학적 고찰

비기독교 종교들 가운데 하나님으로부터 받은 계시가 있는가? 이 질문에 대한 간단한 답은 없다. 먼저, 그 종교들과 그리스도의 직접적 연속성은 없다는 것을 말해야 한다. 그 종교들은 그리스도에서 완성되는 시작이거나 그리스도를 상부 구조로 둔 토대가 아니다. 종교적 진보를 이루는 방법이 인간의 노력인 비기독교 종교와 인간의 열심으로 구원이 얻어진다고 하는 기독교 안의 특정 요소가 어느 정도 연속성이 있을 수는 있다. 하지만 이는 그리스도가 부인하셨던 형태의 기독교다. 레슬리 뉴비긴이 말한 것처럼, 비기독교 종교들은 기독교와 직접적 연속성이 있다고 하기에는 그리스도와 너무도 맞지 않는 목표와 방법을 제시한다. 다른 방향을 향하고, 다른 질문들을 하며, 다른 종류의 종교적 성취를 기대한다. 루돌프 오토의 말을 빌리면, 그들은 각각 다른 축을 중심에 두고 있다. 그렇기 때문에 종교적인 사람이 반드시 비종교적인 사람보다 하나님께 더 가까이 있다고 할 수는 없다. 복음은 그 종교들의 끝이나 절정이 아니다. 사람이 그 종교들 중 하나로부터 그리스도와 그분의 교회로 (종교적 의미에서) 반드시 나아갈 수 있는 것이 아닌 것처럼 말이다.[1] 그 종교들과 그리스도 간에는 근본적인 불연속성이 있다. 그리스도는 그분 앞에서는 다른 모든 존재와 하나님의 현현이 무한한 질적 차이로 분리되는 그런 존재다. 타종교들에도 하나님으로부터 나오는 계시들이 존재할 수는 있다. 하지만 그리스도의 종교 안에만 나사렛 예수 안에서 성육신하신 하나님의 계시가 있다.[2]

마찬가지로, 뉴비긴의 주장에 따르면, 객관적으로 관찰해 보면 기독교 밖에도 하나님에 대한 진정한 체험이 있다는 것을 인정해야 한다. 바울이 그리스도인이 되기 전의 과거를 돌아보면, 그는 회심 전에 하나님이 자신의 삶 가운데 역사하셨음을 보았다. 타종교들을 믿다가 새로 회심한 그리스도인들은 그리스도인이 되기 전 영적 문제를 가지고 씨름하던 시절에도 동일한 하나님이 그들에게 역사하고 계셨음을 깨닫는다. 그들은 실제적이고 철저한 회개를 통해 그리스도께로 회심하긴 했지만, 회심(그리스도인이 되기 전의 모든 과거로부터의 회심)이 과거에 하신 하나님의 활동을 부인하지는 않는다.[3] 그리스도인이 되기 전에 그들이 겪은 모든 종교적 경험은 이제 그리스도를 통해 볼 때 다르게 보인다. 그 경험 중 일부는 하나님과의 진정한 만남이었다. 사람들이 예수 그리스도 안에 계시된 하나님을 알지 못할 때도 하나님은 증거 활동을

---

1 Leslie Newbigin, *The Finality of Christ* (London: SCM Press, 1969), p. 44. 『종결자 그리스도』(도서출판100).
2 이것은 Alister McGrath, *A Passion for Truth: The Intellectual Coherence of Evangelicalism* (Downers Grove, Ill.: InterVarsity Press, 1996), p. 36에 나온 구분을 약간 변형시킨 것이다. 이 장 뒷부분에서 나는 몇몇 종교에는 '계시된 모형들'이 있다고 제안할 것이다. 하지만 온전히 명백한 특별 계시는 기독교 신앙 안에만 있다.
3 Newbigin, *Finality of Christ*, pp. 59-60.

하셨다.

또한 그리스도인들이 말하는 은혜와 비슷한 방식으로 하나님께 나아가는 법을 가르치는 몇몇 종교도 있다. 힌두교의 박티(bhakti) 운동과 대승불교에서, 신자들은 자신이 신의 선물에 의해 신성에 이른다고 믿는다. (크리슈나는 은혜로 구원하는 가장 대중적인 힌두교의 신이며, 아미타불은 가장 잘 알려진 불교의 신이다.) 신의 선물에 의한 구원이라는 개념은 기독교의 은혜 개념과 대단히 비슷하다. 하지만 몇 가지 중대한 차이점이 있다. 이 두 전통에는 기독교 전통에서와 같이 명확하게 묘사된 신의 절대적 거룩이 없다. 그리고 힌두교의 신들과 불교의 신들이 주는 구원이라는 선물은 어느 정도 치르는 대가가 없이 주어지지만, 예수님의 하나님이 주시는 구원의 선물은 그분 자신이 무한한 값을 치르고 나서 주어지는 것이다.

그러므로 신자들이 그리스도인이 되기 전에 겪은 경험과 그리스도인으로서 겪은 경험의 관계는 이중적(말하자면, 변증법적)이다. 불연속성과 연속성이 둘 다 있다. 다른 식으로 말하면, 근본적이긴 하나 전적이지는 않은 불연속성이 있다고 표현할 수 있다. 아마 이 복잡한 관계를 망고의 맛을 상상하는 것과 경험하는 것에 비교할 수 있을 것이다. 텍사스 주 리오그란데 계곡의 멕시코 국경에서 1년을 보내기 전, 사람들은 나에게 망고 과육이 미끈미끈하고 매우 달아서 잘 익은 복숭아와 아주 잘 익은 서양 자두를 섞어 놓은 것 같다고 했다. 그런 말을 들으면서, 나는 망고 맛이 어떠할 것인지 나름대로 생각했다. 하지만 실제로 망고를 한입 베어 물었을 때, 나는 그 맛이 뭐라 형언할 수 없다는 것을 깨달았다. 내가 이전에 맛본 적 있는 어떤 것과도 (절대적 의미에서)

다른 독특한 것이었기 때문이다. 하지만 상대적 의미에서 내가 상상했던 것과 **어느 정도** 같기도 했다. 적어도 대단히 달콤하고 미끈미끈하다는 점에서는 말이다. 따라서 그것은 내가 상상했던 것과 **같기도** 하고 매우 **다르기도** 했다. 근본적이긴 하지만 전적이지는 않은 불연속성이었다.

또는 다른 식으로(사람들을 포함하기 때문에 아마 더 나은 식으로) 생각해 보면, 누군가를 어린아이일 때 경험하는 것과 어른이 되었을 때 경험하는 것은 차이가 있다. 우리는 어떤 아이를 안다고 할 때, (이를테면) 그 아이 배후에 있는 사람을 (어느 정도) 안다. 어떤 이유로 그 아이를 떠났다가 삼십 년 후에 돌아와서 어른이 된 그를 만나 보면, 그 어른이 삼십 년 전 우리가 알았던 아이와는 완전히 다른 사람인 것을 발견한다. 모든 면에서 다르지만 그럼에도 (거의 설명할 수 없는 일이지만) 같은 사람이다. 즉 근본적이기는 하지만 전적이지는 않은 불연속성이다.

이 예는 둘 다 썩 만족스럽지 못한 유비이긴 하다. 하지만 하나님과의 만남은 인간의 경험상 유례가 없는 것이기에, 그에 적절한 유비는 발견하기가 어렵고 사실상 불가능할 것이다. 여러 다른 종교들에는 하나님을 경험하는 것과 관련된 현상과 정확히 같은 것이 없다. 그래서 하나님에 대한 모든 이야기가 그렇듯, 그분에 대한 명료한 지식이 없기는 하지만, 그렇다고 우리에게 모호한 언어만 남아 있는 것은 아니다. 유비에 의한 지식이 있다. 우리의 모든 유비는 불완전하지만 말이다.[4]

성령에 대한 기독교의 신학은 그러한 불완전한 지식을 이해하는 데

---

4 Thomas Aquinas *Summa Theologiae* Ia.13.5; 또 Brian Davies, *The Thought of Thomas Aquinas* (Oxford: Clarendon, 1992), pp. 70-75를 보라.

도움이 될 수 있다. 묘하게도, 종교들에 있는 진리의 문제를 조명하는 것은 오랫동안 전문 신학자들만 비밀스럽게 논의해 왔던 신학의 한 측면으로서 바로 '필리오케 논쟁'이다. 이 논쟁은 서방 교회가 (589년 그리고 그다음 1017년에 다시) 니케아 신경에 '필리오케'(*filioque*, 성자로부터)라는 말을 덧붙이고, 성령이 성부로부터만 나오는 것이 아니라 성자로부터도 나온다고 주장하면서 시작되었다. 동방 교회는 이것이 (서방 교회가 동방 교회의 항변을 무시하고 일방적으로 행동했기 때문에) 정치적으로 제국주의적 행동일 뿐만 아니라, 성령의 자유를 제한하고 삼위일체의 조화를 손상시키는 방식으로 성령을 성자에게 종속시킨다고 항변했다.

'필리오케'에 대한 몇 가지 성경적 근거가 있다. 교회에 성령을 부어 주신 분은 그리스도시며(행 2:33), 그리스도는 실제로 요한복음 15:26에서 자신이 성령을 보내 주시겠다고 말씀하셨다. 하지만 이 구절은 예수님이 성부로부터 성령을 보내실(*pempsō*) 것이기도 하지만, 진리의 성령은 성부로부터 나올(*ekporeuetai*) 것이라고 말한다. 그렇기 때문에 동방 교회와 서방 교회 둘 다 성경 본문에 호소할 수 있는 것이다. 하지만 클라크 피녹이 지적한 것처럼, '필리오케'라는 말의 사용은 종교들과 관련한 오해로도 이어질 수 있다. 예배자에게 "성령은 창조 세계에 보편적으로 주어진 하나님의 선물이 아니라, 성자의 영역 심지어 교회의 영역에 국한된 선물"이라는 암시를 줄 수 있다. 또한 "성령이 온 세상에 임재하는 것이 아니라 기독교의 영역에만 국한해 있다는 인상을 줄 수 있다."[5] 그러나 사실상 성령은 태초에 창조 사역을 전개하셨고(창

---

5 Clark Pinnock, *Flame of Love: A Theology of the Holy Spirit* (Downers Grove, Ill.: InterVarsity Press, 1996), p. 196.

1:2), 모든 피조물들에게 생명을 주시며(요 6:63; 시 104:30; 행 17:25), 세상에 사랑을 불어넣고 생명의 기운으로 운행하시며(욥 12:10; 33:4), 우주 어디든 계신다(시 139:7). 니케아 신경에 의하면, 그분은 "주님이시며 생명을 주시는 분"이다. 곧 성령이 역사 전체에 걸쳐 온 세상에서 활동하신다는 것을 제대로 제시한다.

가빈 드코스타는 성령의 교리가 그리스도의 특수성을 인류의 전체 역사와 연결 짓게 한다고 강조한다. 즉 하나님에 대한 우리의 지식을 예수님의 이야기와 분리시킬 수 없지만, 우리가 그 이야기를 읽는 방식은 성령이 세계 종교들 가운데서 행하시는 것을 보면서 변혁되고 도전받는다. 예수님은 *totus Deus*이지만 *totum Dei*는 아니다. 즉 예수님은 전적으로 하나님이시지만 하나님의 전부는 아니라는 말이다. 그래서 예수님은 우리가 하나님에 대해 갖는 지식의 규범이 되시지만(우리가 하나님에 대해 배운다고 여기는 모든 것은 그리스도에 대한 계시와 연결되어 있어야 한다), 그분만 배타적으로 또는 절대적으로 하나님을 계시하는 것은 아니다. 그리스도는 우리가 하나님을 이해할 때 따르는 규범이지만, 그분은 정적인 규범이 아니다. 그 규범(그리스도에 대한 우리의 이해)은 성령의 인도와 선포와 심판하시는 작용으로 인해 변혁되고 풍성해진다.[6]

다시 말해, 그리스도는 하나님의 유일무이한 계시다. 하지만 예수님 이전의 이스라엘 역사에서 성령이 활동하셨듯이, 메시아를 보내실 하나님에 대한 이해를 돕고, 그다음 메시아 자체에 대한 이해를 돕는 일

---

6 Gavin D'Costa, "Christ, the Trinity, and Religious Plurality", in *Christian Uniqueness Reconsidered: The Myth of a Pluralistic Theology of Religions*, ed. Gavin D'Costa (Maryknoll, N. Y.: Oris, 1992), pp. 18-19, 23.

을 끊임없이 하신다. 성령은 메시아의 의미에 대한 통찰을 교회에 계속해서 주신다. 그리고 그 통찰의 일부는 이스라엘과 기독교 교회 밖에 있는 사람들 안에서, 그들과 함께 성령이 행하시는 일을 성찰할 때 얻을 수 있다.

초기 교회의 저명한 신학자들도 비슷한 결론에 이르렀다. 유스티누스는 모든 인간에게 심어진 말씀의 씨(*semina Verbi*)가 고대 이교도 저자들로 하여금 영적 실재들을 '희미하게'나마 볼 수 있게 했다고 썼다. 그 결과 그리스도는 어느 정도 알려졌다. 소크라테스에게도 말이다.[7] 알렉산드리아의 클레멘스는 고대 철학자들이 성령의 영향을 받았으며, 그래서 최고의 그리스인들이 그들 자신의 철학적 복음의 준비(*preparatio euangelii*)를 통해 간접적으로 하나님을 알았다고 가르쳤다. 유대인들에게는 율법이 스승과 같았던 것처럼, 그리스인들에게는 철학이 그러했다.[8] 아우구스티누스는 이교도들을 하나님 나라로부터 배제하는 경향이 있었지만, 그럼에도 불구하고 진리를 발견할 때마다 그곳에서 하나님이 역사하시는 것을 보았다. 그 진리가 이교도들의 말이나 글에서 나온 것이라 해도 말이다.[9]

---

7   Justin *First Apology* 46; *Second Apology* 8, 10.
8   Clement of Alexandria *Exhortation to the Heathen*, in Ante-Nicene Fathers, 6-7장; *Stromata* 1.5, 17-20; 6:6-7, 17.
9   Augustine *Confessions* 5.24; *On Nature and Grace*, in *Basic Writings*, 2장. Augustine은 이교도들을 교회로부터 배제시키는 **경향이 있었다**. 하지만 그는 요소요소에 문을 열어 두었다. 예를 들어, *The City of God*에서 비유대인 욥의 이야기가 우리에게 "그것이 하나님에 의해 제공되었다는 것, 이 한 사례로부터 우리는 다른 나라들에도 하나님을 따라 살고 하나님을 기쁘시게 한 영적 예루살렘에 속한 사람들이 있을 수 있음을 알 수 있다는 것"을 가르쳐 준다고 썼다[*The City of God*, trans. Marcus Dods (New York: Modern Library, 1950), 18.47 (p. 658)].

나는 18세기 미국의 위대한 신학자 조나단 에드워즈의 연구가 이 문제를 고찰하는 데 시사하는 바가 가장 많다고 생각한다. 에드워즈가 상세히 연구한 두 개념, 즉 언약과 모형론(typology)은 종교들 안에 있는 진리를 이해하는 데 중요하다. 먼저, 에드워즈가 이해한 성경의 두 언약 간의 관계를 설명하고, 그다음 이 관계가 종교들에 대해 갖는 함의를 도출해 보려고 한다. 그러고 나서 모형론에 대한 그의 생각을 알아보겠다.

언약들과 종교들

루터가 율법과 복음을 양극화하여 분리시킨 것(이 때문에 대중은 때로 유대교의 구약을 기독교의 신약과 분리시켰다)과 달리, 장 칼뱅과 계승자들은 두 언약(즉 유대교와 기독교)이 단지 "동일한" 언약의 다른 두 "제도의 양식"이었을 뿐이라고 주장했다.[10] 에드워즈의 개념이 선배들인 청교도들 및 개혁주의자들과 엄청나게 다른 것은 아니었지만, 그는 더 섬세한 설명을 해 놓았다.

에드워즈는 칼뱅과 계승자들의 뒤를 이어, 두 언약(유대교의 '행위 언약'과 기독교의 '은혜 언약')[11]을 하나의 구속 계획의 서로 다르지만 필연적

---

10 Calvin *Institutes* 2.10.2.
11 Edwards가 말하는 행위 언약은 일반적으로 그가 웨스트민스터 신앙고백과 그 해석자들에게서 배운 것을 의미한다. 그 해석자들은 "완벽한 순종을 조건으로 아담 및 그의 후손들과 맺은 행위 언약과 [그리스도]에 대한 믿음을 조건으로 구원의 선물을 제공하면서, 그리스도 안에서 신자들과 맺은 은혜 언약"을 구분했다(William Klempa, "The Concept of the Covenant in Sixteenth and Seventeenth-Century Continental and British Reformed Theology", in *Major Themes in the Reformed Tradition*, ed.

으로 연결된 두 양식으로 묘사했다. 그는 두 언약의 관계를 나타내기 위해 해부학적 이미지를 사용했다. 어떤 기관의 '피질'(외피 또는 겉껍질)과 '수질'(중심부 또는 핵) 간의 구분에 따라, 외적인 것과 내적인 것, 문자적인 것과 영적인 것을 대조시켰다. 행위의 언약은 피질 또는 외피이고, 은혜의 '복음' 또는 언약이라는 수질을 '싸고 있는' 것이다. 전자는 언약의 참 의미가 모호하고 간접적으로 전달되는 율법의 문자에 비유할 수 있다면, 후자는 더 단순하고 직접적으로 전달되는 율법의 정신에 비유할 수 있다.[12]

행위 언약이 은혜라는 내적 핵심을 가진 외피였다면, 성경 시대에는 은혜라는 목적을 견고히 하려고 하나님이 사용하신 수단이기도 했다. 에드워즈는 자신의 시대에도 같은 패턴이 작동하는 것을 보았다. 행위

Donald K. McKim [Grand Rapids, Mich.: Eerdmans, 1992], p. 95). 또 Calvin *Institutes* 2.11.1-8; 2.10.1-6; Heinrich Heppe, *Reformed Dogmatics Set Out and Illustrated from the Sources* (Grand Rapids, Mich.: Baker, 1978), 13-16장을 보라. 『개혁파 정통 교의학』(CH북스). Misc. 1353에서 Edwards는 행위 언약이 광야에서 이스라엘에게 "제안되었다"고 썼다. 하지만 단지 이스라엘을 자극해서 유일하게 '확립된' 은혜 언약으로 인도하기 위해 그렇게 한 것이었다. 은혜는 행위라는 '외피' 속에 담겨 있는 '알맹이'였다.

[12] 피질은 실제로는 두 개의 언약으로 구성되어 있다. 행위 언약(하나님이 아담 및 그의 후손들과 맺으신)과 국가 언약(하나님이 "외적인 이스라엘 또는 아브라함의 씨와 맺으신")이다. 국가 언약은 행위 언약의 '부속물'로 은혜 언약을 예표 또는 예시하는 것이며, 따라서 은혜 언약에 '부차적'이고 '종속된' 것이다. 그것의 모든 제정은 외적이었으며 은혜 언약의 내적 정신을 가리킨다. 따라서 그것은 "외적인 세속적 사회…외적인 세속적 나라…외적인 육체적 제사장직…세속적 성소…육체적 제사; 외적인 단; 외적인 지성소, 그리고 외적인 속죄소…하나님의 율법에 대한 외적인 순응; 도덕적 율법에 대한 외적인 순응, 외적이고 육체적인 율법에 대한 순응" 등으로 이루어져 있었다. 심지어 용서와 성화도 외적이었다. "죄책이 외적 특권들을 배제시키므로 그 죄책으로부터의 자유, 그리고 육신을 정결하게 하고, 육체적 오염에서 구해 주고, 육체적 특권들을 위한 자격을 갖추는 것으로 이루어져 있는 성화"(Misc. 1353). 국가 언약에 대한 Edwards의 이해의 의미 및 역학에 대한 상세한 설명으로 McDermott, *One Holy and Happy Society* (University Park, Penn.: Penn State Press, 1992), pp. 11-36를 보라.

언약이 광야에서 이스라엘에게 '주어진' 것처럼, "오늘날에는 동일한 것이 이제 한 죄인이 죄를 자각하는 과정에서 주어진다." 죄인들은 먼저 행위 언약에서 하나님의 요구에 직면하며, 그 요구들을 충족시키려고 노력할 때 비로소 자신들이 무능하다는 것과 은혜가 필요하다는 것을 발견한다.[13] 따라서 구속을 행하면서 주어진 언약들의 역사가 믿음을 향해 나아오는 사람의 종교적 심리에서 재현된다.

에드워즈는 이 패턴이 자동적인 것이 아니라 계획적인 것이라고 믿었다. 복음의 내적 진주가 불량한 돼지에게 짓밟히지 않도록 보호하기 위해 덮개를 사용하신 하나님의 방법이다. 행위 언약이라는 피질은 선택받은 자들을 단번에 핵으로 이끄는 수단이면서 **또한** 내적 신비를 볼 자격이 없는 부주의한 세속적 사람들에게는 그 신비를 숨기는 하나님의 방식이다. 하나님은 교만한 자들의 마음을 어둡게 하시고 그들의 자기 의에 대한 근거로 삼으시려고 피질을 사용하신다.[14]

이것은 복음이 구약에서는 불완전하고 드물게 계시되지만 신약에서는 충분하고 직접적으로 나타나는 이유를 설명할 수 있는 한 가지 방법이다. 옛 제도에 있던 하나님의 백성은 은혜 언약의 분명한 계시를 "감당할 수 없었다." 그들은 스스로 의를 확립할 능력이 없음을 납득하지 못했기 때문이다. 에드워즈 시대에 죄인들이 자기 죄를 알지 못해서 은혜 언약의 진가를 인정하지 못했던 것도 마찬가지다.

따라서 십계명은 이스라엘 사람들에게 그들이 행위 언약을 지킬 수 없다는 것을 가르치기 위해 그런 외형을 지니고 있었다. 하지만 그 계

---

13 Edwards, Misc. 1353.
14 앞의 책.

명들은, 비록 간접적이긴 하지만, 은혜 언약도 계시했다. 그 계명들의 참된 의도는 은혜 언약을 맺는 것이었기 때문이다. 에드워즈에 따르면, 내부적 단서들에서 분명히 알 수 있다. 첫째, 그것들은 '언약의 돌판'이라 불린다. 하나님께 주도권이 있고 이스라엘을 선택하셨음을 시사했다. 사실 하나님은 이스라엘과 '결혼'하기로 결정하셨으며, 그 같은 관계가 되게 하는 언약을 일방적으로 세우셨다. 게다가, 에드워즈의 글에 따르면, 서문에는 그들이 순종할지 말지를 보여 주기 전에 하나님이 그들의 하나님과 구속자가 되셨음이 드러나 있다. 그래서 그 계명들은 결혼 생활이 시작되기 전에 성취해야 할 조건이 아니라, 하늘의 배우자를 굳게 붙잡고 신뢰하는 법을 가르쳐 주는 교훈들이었다. 에드워즈는 고대 세계에서 신은 경외와 의식 준수의 대상일 뿐만 아니라, (그래서 '특별히') 신뢰의 대상이자 보호와 구원의 원천이었다고 주장했다.

게다가, 에드워즈가 지적한 바에 따르면, 하나님은 십계명(두 번째 계명)에서 수많은 사람에게 자비를 보여 주신다고 선포하셨으며, 또 광야의 성막에서 십계명을 속죄소로 덮으라고 명령하셨다. 마지막으로, "이 십계명은…[그리스도]의 피를 상징하는 제물의 피로 인침을 받았다." 제물에 대한 언급은 하나님과 그분 백성의 관계가 인간의 순종이 아니라 신적 자비에 기초하고 있음을 나타냈다.

하나님이 인간과 맺은 관계의 참된 기초는 드러났지만, 그럼에도 불구하고 이스라엘의 영적 미성숙 때문에 "[이스라엘]에게 암시되고 은밀하게 제의되었다." 에드워즈는 인간 발달의 비유를 사용하여, 구약 시기를 인류의 아동기라고 했다. 첫 번째 언약하에 있던 하나님의 백성("교회")은 여전히 "무지하고 유치한 상태"에 있었다.[15] 따라서 하나님이 사람들에게 그들의 죄를 위해 제사를 드리라고 가르치신 것은 교육의 목적이었다. 에드워즈는 이러한 초기 개념은 하나님의 율법과 권위에 대한 존중을 가르치기 위해 사용된 것이라고 설명했다. 간단히 회개를 표하고 "하나님의 자비를 향해 재빨리 가는 것"이 허용되었다면, 그들은 하나님의 거룩한 장엄하심을 멸시하고 당연시했을 것이다. 하지만 죄에 대한 제사를 드리라고 요구함으로써, 속죄 없이 죄 사함은 없으며 죄는 반드시 처벌을 받아야 하고 하나님은 죄를 미워하시며 그분의 권위가 침해되는 것을 싫어하신다는 것을 그들에게 보여 주었다. 또한 하나님의 자비에 대한 적절한 신뢰, 그분의 장엄하심과 질투에 대한 정확한 견해를 가르쳐 주었다. "이는 곧 십자가에서 처형당하신 그리스도를 실제로 믿을 때와 동일한 마음의 성향이 발휘되는 것이며, 동일한 종류의 행동이다."[16] 따라서 에드워즈에 따르면, 첫 번째 언약은 두 번째 언약으로 생겨난 것과 동일한 구원의 성향이 생겨나게 할 수 있다.

은혜가 더 직접적으로 계시되지 않은 또 다른 이유는 그리스도와 그분의 나라가 아직 온전히 계시되지 않았기 때문이었다. 하나님이 죄를 싫어하신다는 사실이 메시아의 고난과 악한 자는 영벌을 받을 것이라는 그분의 약속 안에서 분명히 설명되지 않았다. 이러한 것들이 명백히 드러나지 않아서, "하나님의 위대하심과 장엄함 그리고 흠 없는 거룩하심에 대한 경외"를 유지하려면 이스라엘에게는 가시적이고 심한 벌이 필요했다. 하나님이 구약에서는 그분의 백성과 거리를 두시고 생생하고 잔인한 벌을 사용하셨으나, 신약의 성도들에게는 "대단히

---

15 Edwards, Misc. 439; 참고. 또한 Misc. 1354, 250, 994.
16 Edwards, Misc. 326.

자유롭고 친밀하게"[17] 그분과 대화를 나누도록 허용하신 이유는 그 때문이다.

이러한 차이점들 때문에, 두 언약하의 기대치가 서로 달랐다. 우리는 새로운 제도 안에 있기 때문에, 더 큰 의무를 지니고 있다. 우리의 계시들은 훨씬 더 분명하기 때문에, 우리는 옛 세대의 성도들에게는 있지 않았던 의무들에 매여 있다.[18] 사실상 우리는 하나님을 "엄청나게 더 많이" 그리고 "말할 수 없이 높은 수준으로" 사랑해야 한다. 하나님이 그분 자신에 대해 새롭게 보여 주신 것들 때문이다. 하지만 우리는 또한 아담과 하와가 누렸던 것보다 "더 높은 수준의 하나님에 대한 사랑"과 "더 높은 정도의 영적 기쁨"의 수혜자다.[19] 그러므로 구약 성도들은 그만큼의 책임이 없었다. 아담 시대였다면 아무 문제가 되지 않았을 것들이 우리에게는 대단히 큰 죄가 되기도 한다. 아담은 "[에드워즈의 시대라면] 그리스도인들에게 부패하고 가증스러웠을 것이라는 의미로 세속적 기질"[20]을 가지고 있었을지도 모른다.

하지만 이러한 차이점에도 불구하고, 두 언약은 사실 한 언약의 다른 단계이거나 수행 방식이다. 에드워즈가 사역 초기에 말한 것처럼, "복음은 베일에 가려져 유대인들에게 전파되었다."[21] 구약에서 유대인들이 회심하는 과정은 신약에서 그리스도인들이 회심하는 과정과 같

---

17 Edwards, Misc. 440.
18 Edwards, Misc. 439.
19 Edwards, Misc. 894.
20 앞의 책.
21 Jonathan Edwards, "Profitable Hearers of the Word", in *Sermons and Discourses 1723-1729*, ed. Kenneth. P. Minkema, vol. 14 of *The Works of Jonathan Edwards* (New Haven, Conn.: Yale University Press, 1997), p. 247.

았다. 그들은 "스스로의 악함을 매우 잘 알았기 때문에 오직 하나님의 순전한 자비에 의지했다." 노아 홍수 이전의 사람들도 마찬가지였고, "세상이 시작되었을 때"부터 살았던 모든 사람들도 사실 마찬가지였다. 회심하는 비율조차 같았다. 그때에도 악한 사람들과 경건한 사람들이 있었다. 그리고 그때에도 회심은 에드워즈 시대와 마찬가지로 빈번하게 일어났다.[22] 그리스도는 신약 성도들을 구원하신 것과 마찬가지로 구약 성도들을 구원하셨다. 그리고 그들도 그리스도를 믿었다. 다만 "여호와의 천사" 또는 "언약의 사자"라는 이름으로 믿었을 뿐이다.[23] 실제로 그리스도는 구약 유대인들에게 나타나셨다. 모세는 시내산에서 그분의 등 부분을 보았다. 또 그분은 여호수아, 기드온, 마노아에게뿐만 아니라 또한 칠십 장로들에게(출 24:9-11) 인간의 형태로 나타나셨다. 실제로 하나님이 음성으로 또는 다른 어떤 가시적 형태로 인간에게 그분 자신을 나타내셨다고 할 때마다, 언제나 삼위일체의 두 번째 위격을 통해 이루어졌다.[24]

두 언약에는 연합된 두 머리인 아담과 그리스도가 있었고 전자는 '죽은' 방식이고 후자는 '살아 있는' 방식이었지만, '엄밀히 말해서' 그들은 둘이 아니라 하나였다. 동일한 중보자, 동일한 구원(동일한 부르심, 칭의, 양자 됨, 성화, 영광을 의미하는), 동일한 구원의 수단(그리스도의 성육신, 고난, 의, 중보)을 공유하고 있었기 때문이다. 성령은 그리스도의 구속을

---

22 Edwards, Misc. 39.
23 Edwards, Misc. 1283; "Controversies Notebook", Edwards Papers, Beinecke Rare Book and Manuscript Library, Yale University, p. 213.
24 Jonathan Edwards, *A History of the Work of Redemption*, ed. John F. Wilson (New Haven, Conn.: Yale University Press, 1989), pp. 197, 131. 『구속사』(부흥과개혁사).

두 체제에 다 적용시키는 동일한 위격이었으며, 구원을 얻는 방법도 동일하게 믿음과 회개였다. 외적 수단(하나님의 말씀을 비롯해 기도, 찬양, 안식일, 성례 같은 의식들)도 다르지 않았다. 유익—하나님의 순전한 자비와 신적 인격(여호와의 사자 또는 중보자)에 의한 하나님의 성령—과 미래의 축복도 다르지 않았다. 두 언약 모두가 내세우는 조건은 중보자인 하나님의 아들을 믿는 믿음이었다. 그리고 회개와 겸손이라는 동일한 정신으로 표현된다. 이러한 이유로 구약의 모든 부분이 앞으로 그리스도가 오실 것을 가리킨다. 요컨대, 이스라엘 교회의 종교는 "본질적으로 기독교 교회의 종교와 동일하다."[25]

우리는 유대교 및 기독교 궤도 밖에 있는 종교들에 대해 같은 이야기를 할 수 없다. 하나님, 인간의 자아, 구원에 대한 그 종교들의 개념은 '본질적으로 동일하기는'커녕, 기독교의 계시 안에 나타난 개념들과 자주 근본적으로 충돌한다. 그럼에도 종교들 안에 있는 진리에 대해 고찰할 때 언약에 대한 에드워즈의 성찰에서 도움을 얻는다. 첫째, 그 종교들은 하나님의 진리를 때로 모호하고 부분적이며 간접적으로 계시하는 것이 하나님의 섭리적 계획 안에 있다고 시사한다. 언약에 대한 성경의 이야기는 모든 사람이 같은 영적 발전 단계에 있지는 않다고 제안한다. 하나님은 제자들이 지닌 영적 수용력과 성숙도에 따라 여러 다른 수준에서 다른 정도로 그분의 진리들을 드러내시는 위대한 교사다. 예수님이 어떤 사람들의 눈은 감게 하고 어떤 사람들의 눈은 뜨게 하기 위해 비유를 사용하셨던 것처럼, 하나님은 그분의 진주

---

[25] Edwards, Misc. 35, 875, 1353; Edwards, *History of the Work of Redemption*, pp. 283, 443.

가 돼지에게 밟히지 않도록 보호하기 위해 가림막을 사용하신다. 때로 인간의 무력함을 가르치기 위해 어떤 본문에서는 표면적으로 볼 때 행위에 의한 구원을 제시할 수 있다. 그러나 더 심층적으로 그 본문을 살펴보면 인간의 무력함이 암시되어 있을 수 있다. 또는 하나님의 장엄하심을 지키기 위해 그리스도 안에 계시된 하나님의 거룩하심을 알지 못하는 종교들에게 하나님의 권능과 강력하심을 생생하게 나타내 보여야 할 수도 있다. 이슬람교에 대해 생각해 보자. 하나님의 정의와 초월성을 강조하고, 예수님이 본을 보이신 하나님과의 친밀한 관계에 대해서는 거의 이해가 없다. 사람들이 그리스도의 계시에 준비되기 위해 구약의 제사가 필요했던 것처럼, 일부 종교에는 구약 시기의 몇몇 과정에서 드러났던 하나님의 인격 및 성품의 측면과 비슷한 것을 보여 주는 계시가 있을 수 있다. 그리고 세월이 지나야 드러나겠지만, 일부 종교는 미래의 사람들이 그리스도 안에 나타난 하나님의 온전한 계시를 받아들이도록 준비시키는 섭리일 수 있다. 이것이 종교들에 그리스도와 직접적 연속성이 있다는 뜻은 아니다. 하지만 하나님은 그 종교 신자들이 그리스도를 이해하고 받아들일 준비가 되도록 그 종교를 사용하실 수도 있다는 의미다. 여호와가 제정하신 (그리고 그 이후로 거의 모든 세계 종교가 모방해 온) 짐승 제사 의식으로 인해, 유대인들이 그리스도를 자신들의 죄를 제거하시는 하나님의 어린양으로 이해하고 받아들일 수 있도록 준비되었던 것과 마찬가지다.

또한 그리스도의 이름이 알려지지 않았을 때조차 성령이 역사하셔서 하나님에 대해 계시한다는 것을 성경의 언약들로부터 배운다. 메시아에 대한 소망은 구약의 일부 성도들에게 희미하게만 알려졌으며, 아마 다른 사람들은 전혀 몰랐을 것이다. 하지만 그들은 분명 살아 계신 하나님에 대해 어느 정도 알고 있었다. 또 대승불교와 힌두교의 박티를 생각해 볼 수 있다. 두 종교 모두 인간의 공로로는 하나님께 이르기에 충분하지 않다고 가르친다. 둘 다 기독교 계시에서 가르치는 철저한 은혜 개념을 가르치지는 않는다. 하지만 복음서의 예수님을 거의 알지 못하는 이런 타종교들에서도 하나님이 지니신 은혜로운 성품의 **어떤 것**이 밝혀지기도 한다.

마지막으로, 계시의 정도가 다르고 다른 제도 아래 살았던 구약의 성도들에게 요구되는 기대치가 다르다면, 단지 타종교들이 신자들에게 다른 요구를 한다는 이유로 계시가 전혀 없다고 일축해서는 안 된다. 사실 우리는 계시의 정도가 더 적은 곳에는 다른 요구들이 있을 것이라고 **기대할** 수 있다.

모형론

우리의 논의에 중대한 영향을 줄 에드워즈의 두 번째 신학적 개념은 모형론이다. 그의 모형론은 표현 체계를 의미하며, 하나님은 그것으로 인간에게 영적 실재들을 알려 주신다. 오랜 세월 그리스도인들은 신약의 '원형'(antitype)들을 가리키는 구약의 '모형'(type)들을 보았다. 예를 들어, 출애굽은 그리스도께서 죄인들을 해방시키는 것에 대한 모형이었으며, 시편에 나오는 다윗의 고난들은 그리스도가 십자가에서 처형당하시면서 겪은 고난의 모형들이었다. 에드워즈는 이런 전통적 해석에 찬성했다. 하지만 그는 전통의 한계를 넘어 하나님의 모형론이 자연과 역사에도 확장된다고 주장했다. 거기에 나는 종교들의 역사도 아우른다고 덧붙이고자 한다.

에드워즈는 성경에 근거해서 이렇게 확장된 해석을 정당화했다. 구약의 성경 저자들은 하나님이 모형들로 세상을 가득 채워 놓으셨음을 믿은 증거가 많다고 주장했다. 요셉의 꿈에서 형들의 곡식 단이 요셉의 곡식단에 절하는 것은 실제로 형들이 요셉에게 절하는 일의 징후였다. 살찐 소와 여윈 소에 대한 바로의 꿈은 풍년과 흉년에 대한 정확한 예언이었다. 다니엘의 네 짐승은 네 개의 이교 제국들이 일어나는 예측이었다. 히브리 선지자들의 예언은 모두 성취되었다.

바울은 더 명시적으로 표현했다. 갈라디아서 4:21-31에서 아브라함의 두 아들 이야기는 두 언약을 나타내는 풍유라고 명확히 밝혔다. 또한 고린도전서에서 소에게 재갈을 물리지 말라는 구약의 권고는 "오로지 우리를 위하여"(고전 9:9-10) 말씀하신 것이며, 광야에서 이스라엘 사람들이 우상숭배를 한 이야기는 "본보기"(*tupoi*, 고전 10:6) 역할을 한다고 썼다. 에드워즈는 이러한 구절들을 근거로 구약의 모든 역사는 영적인 것들의 모형으로 의도된 것이었음을 확증했다.

에드워즈는 또한 성경이 자연에 있는 모형 체제를 지지한다고 믿었다. 예수님이 스스로를 가리켜 참 빛과 참 떡과 참 포도나무라고 선포했을 때, 그분은 모든 빛과 떡과 포도나무가 예수님 안에 있는 원형을 가리키거나 원형에 대한 모형이 된다는 것을 암시했다. 바울이 고린도전서 15장에서 씨와 봄에 하는 씨 뿌리기를 활용해 몸의 부활을 주장한 것도 마찬가지다. 하나님이 씨와 씨 뿌리기를 영적 실재들을 나타내는 모형이 되게 의도하지 않으셨다면, 바울의 주장은 이치에 맞지 않앉을 것이다. "씨 뿌리기와 봄이 부활을 받아들이게 하기 위해 계획적으로 정해진 것이 아니라면, 부활 자체나 부활의 방식을 주장하기 위해서든 부활의 확실성이나 개연성이나 가능성을 주장하기 위해서든, 바울 사도가 단언하는 것에 어떤 종류의 논거도 있을 수 없다."[26]

성경은 또한 인간의 제도들이 영적 세계에 있는 것들의 모형이 될 수 있음을 시사한다. 에베소서 5장에서 바울은 결혼이 그리스도와 교회의 관계를 보여 주기 위해 하나님이 제정하신 것이라고 말한다. 바울의 요점은 그리스도와 교회의 관계가 결혼에 대해 말해 줄 수 있다거나 단지 결혼이 그리스도와 교회에 대한 것들을 말해 줄 수 있다는 것이 아니라, 하나님이 영적 세계에서 맺는 관계를 나타내시려는 분명한 목적으로 결혼이라는 인간의 제도를 제정하셨다는 데 있다.

C. S. 루이스는 역사와 종교에 대한 모형론적 시각에 대해 에드워즈의 견해와 다르지 않게 설명했다. 루이스는 더 높은 존재가 더 낮거나 못한 존재를 포괄하기 위해 내려오는 원리의 견지에서 말했다.

그렇기에 고형 물체들은 평면 기하학의 많은 진리를 예증해 주지만, 평면 도형들이 입체 기하학의 진리들을 예증하지는 못한다. 마찬가지로, 무기체에 해당하는 명제들은 많은 경우 유기체에도 적용되나, 유기체에 해당하는 명제들이 무기체에는 적용되지 못한다. 몽테뉴는 새끼 고양이와 같이 있을 때 자신이 새끼 고양이처럼 되어 놀았다고 한다. 하지만 고양이가 몽테뉴에

---

[26] Jonathan Edwards, *Images of Divine Things*, in *Typological Writings*, ed. Wallace E. Anderson and Mason I. Lowance Jr., vol. 22 in *The Works of Jonathan Edwards* (New Haven, Conn.: Yale University Press, 1993), no. 7.

게 철학에 대해 말하지는 못한다. 어떤 경우에나 큰 것이 작은 것 속으로 들어간다. 그렇게 할 수 있는 힘이 있느냐가 대부분의 경우 그것이 정말 큰 것인지 증명해 주는 시금석이라 할 수 있다.[27]

핵심에 좀더 가까운 한 예는 우리 인간을 구성하는 요소일 것이다. 정신은 인간 육체라는 물질 안에서 작용하고, 그것을 지배한다. 지성이라는 고차원적 원리는 어떻게든 (신비스럽게) 원자와 분자의 활동을 동시에 확산시키고 지시하는데, 분자들로부터 분리될 수 없다. 루이스는 이것이 성육신에 버금가는 기적이라고 말한다. 두 경우 모두 영(또는 정신)과 물질의 불가해한 융합이다. 우리가 전자를 신비로 받아들일 수 있다면, 후자 역시 신비로 받아들이지 못할 이유가 없다. 하지만 우리의 논의에서 가장 적절한 요점은 루이스가 "대리"(vicariousness)라 부르는 것으로, 그에 따르면 "[하나님이] 창조하신 실재를 나타내는 표현법"이다. 고차원적 실재는 더 낮은 수준의 존재 안에 더 희미하고 덜 실질적으로 존재한다. 자연 속에서 우리는 신적인 것의 표지들(에드워즈는 그것을 "모형"이라고 말할 것이다)을 발견한다. 고등한 것이 하등한 것 안에 있다. 루이스는 "우리는 과학 안에서 시를 접하며 주해만 읽어 왔다. 하지만 기독교에서 우리는 시 자체를 발견한다"[28]고 쓴다. 에드워즈와 루이스 모두 종교들 속에서 기독교라는 시에 대한 주해를 찾아볼 수 있다고 덧붙일 것이다.

---

[27] C. S. Lewis, "Miracles", in *The Best of C. S. Lewis* (Grand Rapids, Mich.: Baker, 1969), p. 309.
[28] 앞의 책.

에드워즈는 하나님이 최종적으로 그릇되었던 종교적 제도 안에도 참된 종교의 모형을 심어 놓으셨다고 믿었다. 하나님이 참된 것을 가르치기 위해 악마같이 기만적인 종교를 사용하심으로써 악마의 허를 찌르셨다고 말했다. 예를 들어, 인간을 제물로 바치는 관행은 하나님이 인간의 타락 후 제정하신 짐승 제사를 악마가 모방한 결과였다.

제사는 우리가 자연적으로 배운 것이 아니라, 하나님이 창세기 3:15 ("내가 너로 여자와 원수가 되게 하고 네 후손도 여자의 후손과 원수가 되게 하리니 여자의 후손은 네 머리를 상하게 할 것이요 너는 그의 발꿈치를 상하게 할 것이니라")에서 은혜 언약을 계시하신 후 곧바로 분명한 계명을 주시며 가르치신 것이었다. 창세기 3:21에서 하나님이 최초의 부부에게 입히신 가죽옷은 하나님이 제물로 삼은 동물들에게서 취한 것이었다. 하나님은 이로써 그리스도의 희생으로 얻은 그분의 의만이 그들의 죄를 가릴 수 있음을 가르쳐 주셨다.[29]

에드워즈는 짐승 제사가 구약에서 보이는 그리스도의 주된 모형이지만, 모든 이방인에게 계시된 것으로서 죄를 속죄하기 위해 화목 제물이 필요하다는 가르침을 주었다고 주장했다. 이러한 악마는 신적 모형을 모방해서 이방인들에게 사람, 심지어 자신들의 아들을 제물로 바치게 했다. 사탄은 자신이 하나님보다 한 수 위에서 "자기 이익을 증진시켰다"고 믿었다. 하지만 하나님은 악마의 허를 찌르셨다. 그분이 이러한 악마적 기만을 허용하신 것은 그것을 통해 "악마는 이방인 세계로 하여금…인간 제물인 예수 그리스도를 받아들이도록 준비하게 했기"

---

29 Edwards, *History of the Work of Redemption*, pp. 134-136.

때문이다. 마찬가지로 악마는 인간들이 우상을 숭배하고 이방의 신들이 그들의 형상과 연합되어 있다고 생각하도록 유도했다. 하지만 하나님은 이러한 속임수 역시 그분 자신의 목적을 위해 사용하셨다. 그리스도 안에서 완벽하게 실현된 성육신이라는 개념을 받아들이도록 이방인들의 마음을 준비시키신 것이다. "그래서 실제로 신들의 존재에 대한 이교의 교리들은 형상과 결합되어 있고, 영웅이 신들에게서 태어났다는 이교의 전설들은 이교도들이 성육신 교리와 신성이 인간의 [몸]에 거한다는 것과 하나님의 아들이 [하나님의] 영의 권능으로 동정녀의 자궁에 잉태된다는 것을 받아들이도록 준비시키셨다."[30]

따라서 하나님은 종교들의 역사에서 두 번, 참된 것을 가르치기 위해 그릇된 종교를 사용하셨다. 각각의 경우 악마의 음모는 역설적이게도 신적 지혜에 의해 전복되었다. 모든 유대인과 그리스도인들이 가증한 것으로 여겼던 관행인 인간 제물과 우상숭배는 하나님의 전략에 의해 이방인 세계가 참된 종교를 받아들이도록 준비시키는 교육 장치로 바뀌었다. 두 경우 모두 하나님은 비기독교 종교들을 모형론적으로 사용하셔서 기독교 진리들을 나타내게 하셨다.

이렇게 실재를 모형론적으로 보는 관점에 담긴 함축은 꽤나 분명하다. 거짓이 포함된 종교들 가운데도 참된 종교의 모형이 있다면, 그리고 그것이 하나님이 심어 놓으신 것이라면, 심지어 종교적 오류 속에서도 하나님으로부터 나온 계시가 있다. 그것이 분명하기보다는 희미하고 완전하기보다는 불완전할지 모르지만, 그럼에도 불구하고 신적 계시가

---

[30] Edwards, Misc. 307.

될 수 있다. 나는 이 책에서 이러한 모형들 또는 그림자들이 구원으로 이끌 수 있는지 없는지, 혹은 이방인들이 이러한 모형들을 이해할 수 있는지 없는지는 다루지 않는다. 오히려 앞으로의 논의에서 나는 이방인들이 종교들 가운데 있는 이러한 모형들의 온전한 (기독교적) 의미를 이해하지 **못하는** 것이 신학적으로 이치에 맞다고 주장할 것이다. 하지만 여기서 내가 주장하고자 하는 바는 에드워즈가 전개한 모형론이 유대-기독교 전통 밖의 종교들 가운데 하나님으로부터 나온 계시가 있을 가능성을 신학적으로 단언할 만한 길을 보여 준다는 것이다. 우리는 그 이유를 완전히 이해하지 못하지만, 하나님은 때로 종교들 가운데 그분의 더 온전한 기독교적 실재들의 모형을 심어 놓으신다.

하나님 나라에 대한 바르트의 비유들

조나단 에드워즈는 유대-기독교 전통 밖에 있는 종교들을 묵상하고 그것에 담긴 함축적 의미를 더 발전시키지는 않았다. 그는 종교들 가운데 계시가 있다고 믿었는데, 유대인들로부터 차용한 것들 및 아담, 노아, 자손들을 통해 열방의 조상들에게 전해 내려온 전통들 때문이었다. 이러한 계시들은 하나님이 이방인들을 신적 존재 및 본질에 대해 무지한 채로 내버려 두지 않으셨음을 보여 준다. 하지만 에드워즈는 이교도들의 구원에 많은 소망을 두지 않았고, 그리스도인들이 이방인들로부터 배울 수 있다고 직접적으로 제안하지도 않았다.[31]

---

31 Edwards 및 종교들에 대해 더 알려면 Gerald McDermott, *Jonathan Edwards Confronts the Gods: Christian Theology, Enlightenment Religion, and Non-Christian*

그런데 현대 개혁주의 사상가 중 하나님이 예수 그리스도의 교회 밖에 그분 자신을 계시하셨다고 믿은 사람이 에드워즈뿐이었던 것은 아니다. 기독교 이외 참된 종교의 존재를 부인하는 것으로 잘 알려진 칼 바르트조차도 교회 담 밖에(*extra muros ecclesiae*) 계시가 "상당히 실재한다"고 믿었다. 『교회 교의학』에서 바르트는 다음과 같이 썼다. "우리는 예수 그리스도가 하나님이 하신 한 가지 말씀이라는 사실이 성경과 교회와 세상에 상당히 주목할 만한 다른 말들이 없다는 뜻은 아님을 인식한다. 꽤나 분명한 다른 빛들과 실재하는 **다른 계시들**이 존재한다"(저자 강조). 또한 바르트는 온 세상이 자신이 원하시는 대로 자신을 증언하시는 분이신 하나님의 주권하에 있다고 단언한다면 계시가 있을 가능성은 신학적으로 이치에 맞는다고 하면서, 다음과 같이 되묻는다. "왜 세상에 갖가지 다양한 선지자들과 사도들이 있을 수 없단 말인가?"[32]

바르트는 이러한 작은 빛들 또는 "깜빡거림들"을 하나의 참된 빛으로 오해하지 말아야 하며, 그리스도의 최종적 빛으로 평가해야 한다고 말했다. 하지만 이 진리들은 "나름대로 가치를 지녔으며", 우리는 "그것들을 알아보아야" 한다. 그것들은 구원사(*Heilsgeschichte*) 밖의 역사에 있는 하나님 나라에 대한 비유로서, 세 가지 방식으로 검증할 수 있다. 첫째, 메시지는 성경의 전체 맥락과 조화를 이루어야 한다. 둘째, 교회의 교의 및 신앙고백들과 일치해야 한다. 셋째, 그 진리들을 품은 자들

Faiths (New York: Oxford University Press, 2000)를 보라.

[32] Karl Barth, *Church Dogmatics*, IV/3, trans. G. W. Bromiley (Edinburgh: T & T Clark, 1961), p. 97.

에게 믿음과 회개를 불러일으키면서 열매를 맺어야 한다.[33]

가장 권위 있는 바르트 해석자는 최근 바르트가 교회 밖에서 오는 '진리들'의 가치를 인정했을 뿐만 아니라, 자신에게 유리하게 사용하기도 했다고 설명했다. 하지만 바르트는 이런 개념들을 사용하기 위해, 그것들을 "산산조각내고" "재구성해야" 했다. 예를 들어, 바르트는 헬라인들에게 생명 없고 자력으로 움직일 수 없는 실체를 의미했던 '존재'(being)라는 개념을 취하여 언제나 살아 계시고 움직이시는 하나님, 즉 '행동하는 주체'라는 견지로 재구성했다. 또한 '무'(nothingness)라는 현대 실존주의적 개념을 취하여 혼돈이라는 성경적 개념의 견지에서 다시 만들었다. 이로써 '무'를 최종적 실재로 인정하지 않고, 선한 창조 세계를 혼란시키고 위협하는 것으로서 그것의 악한 특성을 강화시켰다. 바르트는 "우리가 이러한 개념들로부터 배울 수 있기는 하지만, 적절히 묘사된 실재가 있는 것으로 생각할 수는 없다"고 분명히 느꼈다. 바르트는 유대인 신학자 마르틴 부버의 '나와 너' 개념까지 재작업하기도 했다. 성경의 계시 밖에서 나오는 모든 교리는 비판적으로 재구성해야 했다.[34]

다시 한 번: 종교들 가운데 있는 계시

종교들 가운데 계시가 있는가? 나는 지금껏 이것이 간단한 문제는 아

---

33 앞의 책, pp. 155, 126-128.
34 George Hunsinger, *How to Read Karl Barth: The Shape of His Theology* (New York: Oxford University Press, 1991), pp. 61-62.

니지만, 이러한 개념은 유력한 정통 기독교 신학자들이 암시하거나 명백히 주장해 왔다고 논증했다. 이제 나도 공적으로 표명하고 동일한 주장을 할 시점이 되었다. 적어도 일부 종교들 가운데는 하나님으로부터 오는—일종의—계시가 있다. '일종의'라는 말의 의미를 설명하기에 앞서, 먼저 성경에는 하나님이 이스라엘 및 교회 밖의 사람들에게 자신을 계시하셨다는 증거(그중 몇 가지는 3장에 설명해 놓았다)가 있다고 말하고자 한다. 이 계시 중 많은 것은 신학자들이 '일반 계시'라 부르는 것이다. 일반 계시란 "모든 시간과 장소의 모든 사람에게 제공되는 신적 드러내심으로, 그것에 의해 사람들은 하나님이 계시다는 것과 그분이 어떤 분이신지 알게 된다."[35] 예를 들어, 시편 기자는 "하늘이 하나님의 영광을 선포"한다고 주장한다(시 19:1). 이사야는 하나님이 유다로 돌아오실 때 온 세상이 하나님의 영광을 볼 것이라고 예언한다(사. 40:5). 바울은 모든 인간이 진리를 억누를 때조차도 하나님을 알았다고 증언한다. 하나님의 영원한 능력과 신성이 하나님이 만드신 것들을 통해 이해되고 알려졌기 때문이다(롬 1:20). 바울은 또한 하나님이 모든 인간의 양심에 그분의 율법을 심어 놓았다고 설명한다(롬 2:14-15). 그리고 바울은 특별히 "율법 없는" 자를 언급한다. 우리가 이스라엘 및 교회 밖에 있다고 말하는 사람들이다. 누가는 비와 음식과 단순한 인간적 기쁨을 통해 하나님의 어떤 것이 인간에게 보인다고 말한다(행 14:17).

그러므로 몇몇 사람들이 일반 계시의 목적에 대해 논쟁을 벌이긴 하지만(2장에 나오는 바르트의 논의를 생각해 보라), 대부분의 신학자들은

---

[35] Bruce Demarest, "General Revelation", in *Evangelical Dictionary of Theology*, ed. Walter A. Elwell (Grand Rapids, Mich.: Baker, 1984), p. 944.

이스라엘 및 교회 밖의 사람들에게 주어지는 하나님의 계시가 있음에 동의를 해 왔다. 성경의 증거들은 상당히 분명하다. 더 논란이 되고 논쟁이 벌어지는 문제는 이러한 계시의 일부가 비기독교적 혹은 비유대교적 **신앙 공동체들**(종교들)을 통해서 왔는가 하는 점이다. 나는 이 점에 대해서도 성경의 증거가 있다고 생각한다. 멜기세덱은 가나안 종교의 제사장이었으며, 참된 하나님을 예배하면서 가나안 신의 이름을 사용했다. 그가 하나님을 만날 때 적어도 일부는 가나안 종교 영향을 받지 않았다고 하기 어려울 것이다. 멜기세덱은 아브람의 하나님을 엘 엘리욘("지극히 높으신 하나님"이라고 번역되는 가나안 신)이라 말하면서 하나님의 초월성에 대한 자신의 이해에 가나안의 종교적 전통이 전해졌거나 적어도 일부 형성되어 있었음을 시사한다.

 욥이 하나님과 만나고 그분을 이해하는 데도 이스라엘 밖의 종교적 전통들이 전해지고 또 형성되어 있었다. 발람이 하나님과 만날 때와 하나님에 대해 가진 이해도 마찬가지였다. 그는 신약 저자들에게 비난을 받은 거짓 선지자였지만, 그럼에도 불구하고 성령은 이스라엘에 대한 참된 예언들―계시의 한 형태다!―을 전하도록 그를 사용하셨다. 우리는 바울이 아테네에서 청중에게 참된 하나님에 대한 어떤 것을 가르치면서 인용한 두 헬라 시인 에피메니데스와 아라투스(행 17:28)가 '종교적' 공동체의 일원이었는지 알지 못한다. 하지만 그들은 궁극적 실재에 대한 종교적 이해를 교류했던 헬라의 문학과 철학 전통을 대표한다. 다시 한 번 말하지만, 다른 전통들이 종교적 진리를 전달하는 것은 가능한 일이다.

 그런데 언제 종교적 진리는 계시가 되는가? 다시 말해, 인간의 통찰과 하나님으로부터 오는 계시의 차이는 무엇인가? 특히 그 통찰이 주위 문화에서 통용되는 것과 대단히 다르고 성경에서 발견되는 진리들과 명백히 비슷하다면? 성경은 하나님이 주시는 더 높은 지혜에 대해 이야기한다(욥 28장; 마 11:25; 고전 2:13). 하지만 제임스 던이 쓴 것처럼, 구약이나 예수님은 인간의 지혜와 신적으로 주어지는 지혜를 명확히 구분하지 않는다. 특히 그 둘이 일치하는 것처럼 보일 때는 더욱 그렇다.[36] 하지만 이스라엘 및 교회 밖에 있는 사람들이 기독교 신앙과 일치하는 하나님에 대한 지식을 나타내 보일 때, 신학자들은 보통 그런 지식이 일반 **계시**에 의해 생겼다고 말한다. 여기에는 도덕의식, 자연의 풍성한 공급에 대한 감사, 역사 가운데 활동하시는 하나님에 대한 인식, 올바른 삶에 대한 통찰력 있는 교훈들, 영감된 말로 쓰인 예언, 꿈과 환상 등 갖가지 현상들이 포함된다.[37] 이 모든 것이 계시일 수 있다면, 기독교 신앙과는 일치하고 일반 문화적 견해들과는 현저하게 다른 종교적 진리가 어떻게 인간적 통찰에 불과하다고 할 수 있는지 이해하기 어렵다.

이 진리를 한낱 인간적 통찰에 불과한 것으로 일축해 버리기는 특

---

[36] James D. G. Dunn, "Biblical Concepts of Revelation", in *Divine Revelation*, ed. Paul Avis (Grand Rapids, Mich.: Eerdmans, 1997), p. 8.

[37] 예를 들어, Dunn, "Biblical Concepts of Revelation"과, *New Dictionary of Theology*, ed. Sinclair Ferguson, David Wright and J. I. Packer (Leicester: Inter-Varsity Press, 1988), *Evangelical Dictionary of Theology*, ed. Walter A. Elwell (Grand Rapids, Mich.: Baker, 1984), *The Westminster Dictionary of Theology*, ed. Alan Richardson and John Bowden (Philadelphia: Westminster Press, 1983) 등에 나오는 "Revelation"과 "General Revelation" 항목들을 보라. 또 Bruce Demarest, *General Revelation: Historical Views and Contemporary Issues* (Grand Rapids, Mich.: Zondervan, 1982), pp. 227-247를 보라.

히 어려운데, 인간적 통찰과 신적으로 주어진 진리의 구분이 인식론적인 '틈새의 신'을 추정하는 것처럼 보이기 때문이다. 하나님은 기이한 상황들에서만 그분에 관한 지식에 연루되는 것처럼 보인다. 이러한 구분을 따르면, 일상적 삶 가운데서 하나님을 인식하는 것은 은혜와 완전히 동떨어진 자율적 활동처럼 보일 것이다.

따라서 이런 구분은 하나님의 주권에 대해 제한된 견해를 상정한 듯 보인다. 인간적 통찰만으로 얻을 수 있는 하나님에 관한 지식이 있다면, 하나님은 연루되지 않은 것처럼 보일 것이다. 이렇게 상정함으로써 인간의 지식에는 그들이 혼자 힘으로 신적인 것에 대해 (정확히) 추측할 수 있는 영역이 있어, 하나님과 별개로 참된 하나님을 알게 되는 길이 있다고 제안하는 것이다. 다음으로, 하나님이 개입해서서 그분의 인격과 본질에 대한 인식을 전달해 주는 드물고 기이한 특별한 영역이 있다. 하나님은 분명 모든 존재와 지식의 근원이 아니며 이를 지탱하는 존재도 아닌 것이다. 모든 역사의 주권적 주님이 아니라, 인간사에 이따금 개입하는 이신론적 신이다. 하나님은 모든 존재와 아름다움의 토대와 원천이고 "우리가 그를 힘입어 살고 기동하며 존재하는" 영광스러운 분이 아니라, 우리 자신의 자율적 영역들의 외부에서 우리에게 작용하는 동인(動因)인 것이다.

하나님에 대한 참된 인식의 일부가 순전히 인간적 통찰로부터 온다고 하는 이런 개념은 성경이 묘사하는 주권적 하나님과 일치하지 않는 것 같다. 참된 하나님의 정체성에 대한 모든 인식은 오직 하나님으로부터 온다. 하나님 그분의 자기 인식에 참여하는 것이다. 그러나 내가 앞에서 제기한 질문으로 돌아가서, 어떤 종교가 참된 하나님의 정체성 중 한 측면을 나타낸다고 할 때 그것은 어떤 종류의 계시인가? 예를 들어, 대승불교 신자들과 힌두교 박티 신자들은 은혜라는 주제의 여러 변형을 가르친다. 인간이 인간의 노력보다 신적 사랑에 기초해서 신적 존재에게 받아들여진다는 개념이다.[38] 앞의 장에서 나는 이것이 '특별 계시'가 아니라는 것을 말한 바 있다. 예수 그리스도를 통한 구원을 계시하는 수준까지는 나아가지 않기 때문이다. 또한 '일반 계시'도 아니다. 모든 인간이 일상적으로 접할 수 있는 개념이 아니기 때문이다. 그렇다면 그것은 어떤 종류의 계시인가?

나는 이것들이 조나단 에드워즈가 많은 세계 종교 가운데서 발견한 모형과 유사한 '계시된 모형'(revealed types)이며, C. S. 루이스가 세계의 신화들 도처에 흩어져 있다고 보았던 '좋은 꿈'과 '위대한 이야기'라고 말하고 싶다.[39] 에드워즈는 거의 모든 세계 종교에서 발견되는 짐승 제사가 차후 모든 제사에 대한 필요를 없앨 예수님의 위대하고 최종적인 제사의 '그림자' 또는 '이미지'라고 주장했다. 심지어 우상숭배와 인간 제물조차도 성육신 및 성부가 성자를 희생시키는 것에 대한 암시를 주기도 했다. 이러한 이교 관행 각각은 왜곡된 (그리고 때로 끔찍한) 형태로 신적 실재들을 묘사하긴 했지만, 그럼에도 불구하고 하나님의 삼위적 정체성의 측면들을 참으로 보여 줄 수 있을 만큼 충분

---

38 앞에서 분명히 말한 것처럼, 이러한 공동체들이 가르친 은혜는 예수 그리스도의 하나님이 보여 주신 은혜와 같지 않다. 인간들은 때때로 이 은혜를 받을 만한 무언가를 해야 한다. 그리고 힌두교와 불교의 신들은 이스라엘의 하나님과 같은 거룩함을 분명히 나타내지 않는다. 따라서 은혜는 기독교의 삼위일체처럼 값비싼 대가를 치르고 제공되지 않는다. 그럼에도 불구하고 신적 사랑이 율법적 요구를 지배한다는 기본 개념은 존재한다.

39 C. S. Lewis, *Mere Christianity* (New York: Macmillan, 1967), bk. 2-3장; *Miracles*, 14장; *The Problem of Pain* (New York: Macmillan, 1962, 『고통의 문제』, 홍성사), 6장을 보라.

한 진리를 포함했다. 게다가 그것들은 단순히 인간적인 통찰들이 아니라, 하나님 스스로가 주신 원래의 인식들이 발전된 것(비록 왜곡되고 망가지기는 했지만)이었다.

모형이라는 말은 유대 언약에 보이는 그리스도의 모형들을 생각나게 하려고 의도적으로 사용된다. 구약 모형들은 그리스도의 이름이 알려지지 않은 때와 장소에서 그리스도를 모호하고 부분적이며 간접적으로—하지만 그럼에도 불구하고 참되게—계시한다. 거기에는 여호수아가 무고한 여자들과 어린아이들 같은 이들을 전멸시킨 것처럼 때로 당혹스럽게 하고 소름 끼치게 하는 신적 명령들을 발전시키고 적용한 것까지 포함된다. 따라서 종교에 있는 모형들이 신적 실재들에 대해 망가지고 부분적으로 왜곡된 길을 제시한다 해도, 그것들은 진리를 보여 주지만 때로 어렴풋이 보여 주는 구약 모형들과 비슷하다.

그렇다고 해서 모형들이 있는 기독교 성경과 모형들이 있을지 모르는 다른 경전들을 동일시하는 것은 아니다. 성경은 종교들의 범주와는 다른 계시의 범주에 속해 있다. 성경만이 나사렛 예수 안에 성육신하신 삼위 하나님의 실재를 전하기 때문이다. 하지만 성경이 제안하는 바는 세상의 빛이 더 분명하게 실재들을 드러내 보이지만 종교들 가운데는 그것들을 비추어 주는 '작은 빛들'이 있다는 것이다. 실제로 에드워즈가 주장한 것처럼, 성경은 온 세상이 삼위 하나님을 가리키는 모형들로 가득 차 있음을 시사한다. 전통적 신학에서 온 세상이 일반 계시로 가득 차 있다고 주장했듯이 말이다. 내가 주장하는 바는, 그리스도 안에 나타난 하나님의 약속들은 종교들 가운데 흩어져 있으며 삼위 하나님이 종교들에 심어 놓은 계시된 모형들이라는 것이다.[40]

하나님은 왜 그런 모형들을 제공하셨는가?

하나님이 기독교 및 유대교 신앙계 밖에 있는 사람들에게 그분의 본질과 방식의 일부를 계시하신 것이 신학적으로 이치에 맞는다면, 그다음 질문은 목적에 관한 것이다. 하나님은 왜 그런 일을 하셨는가? 가장 흔히 논의되는 목적은 구원이다. 아마도 하나님은 예수님에 대해 제대로 들어 본 적이 없는 사람들을 구원하려고 이 계시를 사용하실 것이다. 아무리 불완전하다 해도 말이다. 내가 이 책 앞부분에서 설명한 것처럼, 많은 훌륭한 신학자들이 이런 가능성을 논의해 왔다. 18세기 조나단 에드워즈조차 하나님이 '영감'—그는 그렇게 부른다—을 사용하실 것이라고 결론 내렸다. 유대인들에게 계시하신 것에 사람들이 더 관심을 갖게 하고, 복음이 (나중에) 전파될 때 받아들일 준비가 더 되게 하시려고 말이다. 또한 이 영감은 그 계시를 받아들이는 사람들의 영혼에 '큰 유익'을 주는 데 사용될 수 있다고도 덧붙였다.[41]

또 한편에서는 인간이 이 땅에 살아가는 동안, 어떤 종교적 선택을 하든지 간에, 그들을 축복하시려고 다른 계시들을 주신 하나님의 친절한 목적의 일부라고 주장했다. 조셉 디노이아는 종교는 그것이 지지하는 사회 분위기를 조성한다고 썼지만, 클라크 피녹은 종교는 그것이 인간의 삶을 보다 품위 있게 만드는 데 도움이 되고 하나님이 주신 일반

---

40 세상이 모형들로 가득 차 있다는 점을 상세히 설명한 것으로 McDermott, *Jonathan Edwards Confronts the Gods*, 6장을 보라.
41 Edwards, Misc. 1162. Edwards가 열거한 네 번째 이유는 그리스도인들에게 "기독교의 위대한 진리들"을 확증하는 것이었다.

은총의 선물로 볼 수 있다고 말한다.[42] 하나님은 모든 사람에게 비와 해와 음식을 제공해 주실 뿐만 아니라, 위로와 신적 임재 의식의 방향도 제공해 주신다. 이는 종교들 가운데 악마적이고 파괴적인 요소들이 없다는 뜻을 보이려는 것이 아니라, 다만 오류 가운데에도 빛을 비추고 도움을 주는 진리가 있다고 말하려는 것이다.

하지만 아마 더 흥미로운 질문이면서 이 논의에 더 적절한 질문은 이 모형들이 그리스도인들에게는 어떤 도움이 될 수 있는가 하는 것이다. 프란시스 클루니(Francis Clooney)는 다른 사람들(그의 경우, 특정 힌두교인들)의 신앙을 탐구하고 그 신앙들 가운데서 참된 것이 무엇일지 깊이 생각해 보면 자신의 기독교 신앙을 더 효과적으로 재진술하는 데 도움이 된다고 증언한다.[43] 독립적 실체는 없다고 하는 에드워즈의 결론을 선호하는 신학자는 같은 결론에 이른 불교 사상가 나가르주나(Nagarjuna, 용수)를 읽고 나면 그 신학적 입장을 훨씬 더 분명히 표현할 수 있을 것이다.

또한 다른 이들은 타종교들 가운데서 진리를 보는 것이 그리스도인들에게 그들이 믿는 것 중 최상의 것을 상기시켜 주고 또 그 진리들에 대한 사고를 선명하게 하는 데 도움을 줄 수 있다고 주장했다.[44] 예를

---

[42] Joseph DiNoia, "The Universality of Salvation and the Diversity of Religious Aims", *World Mission* (Winter 1981-1982); 12; Clark Pinnock, *A Wideness in God's Mercy: The Finality of Jesus Christ in a World of Religions* (Grand Rapids, Mich.: Zondervan, 1992), p. 121.

[43] Francis X. Clooney, *Theology After Vedanta: An Experiment in Comparative Theology* (Albany, N. Y.: SUNY Press, 1993), pp. 8-9.

[44] Keith Ward, *Religion and Revelation: A Theology of Revelation in the World's Religions* (Oxford: Clarendon, 1994), p. 335.

들어, 소승불교의 부정의 방법(긍정적 주장보다 부정을 통해 신에 대한 지식을 얻는 법—역주)은 우리 그리스도인들에게 우리 자신이 하나님을 인간처럼 생각하는 경향이 있음을 알려 줄 수 있다. 즉 불교 신자들은 인간의 마음이 궁극적 실재들을 있는 그대로 파악하는 데 부적절하다는 것을 인정한다. 그것은 훌륭한 기독교 신학자들도 인정하는 바다. 때로 그들도 이를 상기할 필요가 있지만 말이다.

또 우리는 다른 종교를 가진 어떤 사람 안에서 어떤 기독교 원리가 예증되는 것을 볼 수 있다. 예를 들어, 마틴 루터 킹(Martin Luther King Jr.)은 간디의 방법들을 연구함으로써 비폭력 저항 철학을 만들어 냈다. 또 간디의 방법들은 산상수훈의 영향을 받았다. 킹은 처음에 그 개념을 간디로부터 배우지 않았을 수도 있지만, 간디는 킹이 사회 변화를 위한 운동에서 그런 원리를 어떻게 실천할 수 있는지 이해하도록 도와주었다. 간디와 킹에게 비폭력은 단순히 바라던 목표를 성취하기 위한 전략이 아니라 종교적 원리들의 구현이었다.

최근에 나온 중요한 책에서, 조지 린드벡은 한 걸음 더 나아가 그리스도인들이 다른 종교들로부터 이전에는 알지 못했던 새로운 진리들을 배울 수 있다고 말했다. 그의 주장에 따르면, 부분적으로 잘못된 종교가 포함할지 모르는 중요하긴 하지만 부차적 성질의 진리들이 최상위 종교(그에게는 기독교다)에는 애초에 존재하지 않으므로 그 종교를 풍성하게 할 수 있다. 그러므로 타종교에는 지금까지 기독교가 전혀 모르던 것을 통해 매우 풍성해질 수 있는 실재와 진리가 있을 수 있다. 타종교는 그리스도인들을 가르칠 수 있다. 지동설주의자들은 천동설주의자들이 전반적으로 자료를 잘못 해석했음을 알았지만, 특정한 무언가

에 대한 가르침을 얻었던 것과 마찬가지다.[45]

나는 객관적 계시(성경 정경이 종결되면서 마무리된)라는 기독교 교리는 이것이 해석되는 방법에 제한을 둔다고 덧붙이고자 한다. 정통 기독교에서 언제나 하나님의 최종적이고 완전한 계시는 구약과 신약에서 표현한 대로 그리스도 안에서 이루어졌다고 믿었다. 따라서 '새로운 진리들'은 그 계시에 이미 포함되거나 암시된 것을 넘어서는 사상이기보다는 그 계시에 대한 새로운 이해로 받아들여야 한다. 그 결과, 종교들 가운데 있는 계시는 그리스도인들에게 기독교 계시를 더 잘 이해할 방법에 대한 새로운 개념들을 줄 수 있다. 이러한 개념들은 이전의 교회사에서 그리스도인들 또는 적어도 글로 표현된 유고를 남긴 사람들이 한 번도 생각해 보지 못한 것일 수도 있다. 이것이 무한한 하나님이 주신 계시라 해도, 하나님의 계시에 대한 우리의 이해는 여전히 이해 가능한 것의 일부일 뿐이다. 따라서 우리는 교회가 그 계시를 이해하는 것에 있어서 계속 성장하기를 기대해야 한다. 그리고 그 과정에서 하나님이 교회 밖에서 주신 계시들의 도움을 받아야 할 것이다. 하지만 그리스도 안에서 주신 이 계시가 하나님의 백성을 "철저히 구비되게"(딤후 3:17, 저자 사역) 하려는 하나님의 준비이자 "이 모든 날 마지막에"(히 1:2) 하시는 하나님의 최종적 말씀이라면, 거기에 포함되지 않는 새로운 진리는 있을 수 없다. (하지만 지금까지 감춰진 것이 있을 수는 있다.) 그러므로 종교들에 우리가 기독교 계시를 좀더 잘 이해할 수 있도록 돕는

---

[45] George A. Lindbeck, *The Nature of Doctrine: Religion and Theology in a Postliberal Age* (Philadelphia: Westminster Press, 1984), pp. 49, 54, 67. 천동설과 지동설은 각각 지구와 태양이 우주의 중심이라는 믿음이다.

모형들이 있을 수는 있지만, 그 모형들이 우리에게 하나님이 그리스도 안에서 계시하신 것을 뒤집어엎는 새로운 진리들을 말하지는 않을 것이다.

그리스도인들이 종교들로부터 배우는 진리들이 그 종교를 믿는 사람들에게 늘 분명히 보이는 것은 아니다. 유대교에서도 바리새인들보다 그리스도인들이 더 많은 것을 보았던 것처럼, 그리스도인들이 타종교들에서 그 종교 신자들은 놓쳤던 것들을 볼 수도 있다. 드코스타는 이것이 인간적 자유와 신적 자유의 결과라고 말한다. 하나님은 그분의 계시 안에서조차 감추어진 채 계신다. 하나님이 엠마오로 가는 제자들에게 처음에는 드러내지 않으셨던 것과 마찬가지다(눅 24:13-16). 그러므로 계시는 한 종교 안에서 부분적으로 또는 심지어 전적으로 감추어진 계시로 있을 수 있다. 따라서 그 종교의 내부자들 또는 심지어 외부자들에게도 성령의 역사가 없이는 분명하게 보이지 않을 수 있다.[46]

이것은 기독교 신앙에도 적용된다. 기독교 신학은 성령이 오랜 세월에 걸쳐 교회의 이해를 늘리면서, 계속해서 발전하고 있다. 성령은 지난 두 세기 동안 노예제와 여성과 관련해 복음이 지닌 함축들을 교회에 계시해 오셨다. 교회사의 초기부터 18세기까지 교회 내 대부분의

---

[46] Gavin D'Costa, "Revelation and Revelations: Discerning God in Other Religions: Beyond a Static Valuation", *Modern Theology* 10 (April 1994): 171-172. 또한 Pinnock, *Widerness in God's Mercy*, p. 183; S. Mark Heim, *Salvations: Truth and Difference in Religion* (Maryknoll, N. Y.: Orbis, 1995), p. 48를 보라. 심지어 성령을 제쳐 놓더라도, 문화 연구자들은 어떤 문화들은, 보기에 따라서는, 그들 자신보다 다른 사람들이 더 잘 이해할 수도 있다는 점을 잘 알고 있다. Alisdair MacIntyre, "Rationality and the Explanation of Action", in *Against the Self-Images of the Age* (London: Duckworth, 1971), pp. 244-259.

사람들이 보지 못한 것이었다. 우리는 이제 복음에 암시되어 있지만 수 세기 동안 숨겨져 있던 것에 대해 성령이 교회를 이끌어 이해하게 하신다고 믿는다. 성령의 조명을 받고 타종교들의 통찰로부터도 도움을 받아야 할, 그리스도와 성경 계시에 대한 더 많은 진리와 이해가 더 이상 없다고 여길 이유가 없다.

마지막으로, 성령은 회개와 하나님의 심판에 대한 의식을 불러일으키는 데 종교를 사용하실 수 있다. 드코스타와 선교 분야에서 일하는 다른 사람들은 타종교 신자들이 그리스도인들에게—그들의 마음이 열려 있다면—자신의 헌신이 부족함을 보여 줄 수 있다고 경고한다. 그리스도인들은 그 만남에서 하나님을 보거나 들을 수도 있다. 드코스타에 따르면, 그리스도인들이 선교 사역을 하다가 복음을 모르던 사람이 이미 암시적으로나 명시적으로 하나님을 알고 있음을 깨닫고 그 사람으로부터 하나님의 말씀을 배우고 들을 수 있다는 것을 체험하는 순간이 언제나 있다. 베드로가 고넬료로부터 배우고 그를 통해 하나님의 말씀을 들은 것과 마찬가지다.[47]

그리스도인들이 타종교들로부터 배울 수 있다는 관점을 뒷받침하는 성경적 증거와 그 관점에 담긴 신학적 의미를 탐구했으므로, 이제 다음 장에서는 기독교 사상의 역사에서 주요 기독교 사상가들이 비기독교 사상의 영향을 받아 기독교 계시를 더 잘 이해할 수 있었던 핵심적 순간들을 간략하게 살펴보겠다. 다시 말해, 이 책이 제시하는 바는 새로운 어떤 것이 아니라 처음부터 계속되어 온 패턴이다.

---

[47] D'Costa, "Revelation and Revelations", p. 173.

5장
오래된 패턴: 이집트인들을 강탈한 기독교 신학자들

약 1,600년 전, 그리스도를 믿지만 성욕으로 인해 그리스도께 헌신할 수 없었던 32세의 어느 수사학 교사가 밀라노의 한 정원에 앉아 있었다. 그는 노래(*Tolle lege*, "집어 들어 읽으라")를 부르는 작은 아이의 목소리에 이끌려 바울 서신 중 하나를 집어 들었고 되는 대로 책을 펴서 제일 먼저 우연히 눈길이 간 문단을 읽었다. 그때 그 수사학 교사, 즉 아우구스티누스의 성적 중독이 깨어졌다. 그가 읽은 바울의 말은 "낮에와 같이 단정히 행하고 방탕하거나 술 취하지 말며 음란하거나 호색하지 말며 다투거나 시기하지 말고 오직 주 예수 그리스도로 옷 입고 정욕을 위하여 육신의 일을 도모하지 말라"(롬 13:13-14)는 것이었다. 교회 역사에서 기독교 사상에 가장 큰 영향력을 행사할 신학적 지성이 태어나는 순간이었다.

성 아우구스티누스

우리 대부분은 이 이야기를 알지만, 얼마나 많은 사람이 그리스도에 대한 아우구스티누스의 통찰들이 부분적으로는 이교도 플로티노스(Plotinus)의 도움을 받았다는 사실을 아는가? 나는 앞의 장들에서 시편 기자와 칼 바르트 같은 다양한 사상가들이 어떻게 유대 기독교 사상 밖에 있는 전통들을 사용해 성경적 진리를 더 정제하고 분명히 표현했는지 살펴보았다. 이 장에서도 비슷한 일을 행한 교회의 가장 위대한 신학자들 몇몇에 대해 숙고할 것이다.[1] 예를 들어, "아우구스티누스 안에 [그가] 이교도로 살았던 과거의 일부는 여전히 생생해서, 최고의 사고를 하도록 자극하고, 그가 죽을 때까지 지속될 끊임없는 내적 대화에 도전하게 했다."[2] 아우구스티누스(354-430)에게, 기독교 진리에 가장 가까이 접근한 이방인은 플라톤이었으며, 또 그의 해석자인 플로티노스(약 205-270)도 크게 뒤떨어져 있지 않았다.[3] 그들은 5세기 교수

---

[1] 출 12:36, "여호와께서 애굽 사람들에게 이스라엘 백성에게 은혜를 입히게 하사 그들이 구하는 대로 주게 하시므로 그들이 애굽 사람의 물품을 취하였더라."

[2] Peter Brown, *Augustine of Hippo: A Biography* (Berkeley: University of California Press, 1967), p. 307. 『아우구스티누스』(새물결). 이는 Augustine이 그리스도인이었을 때만 신플라톤주의 사상의 영향을 받은 것은 아니라는 말이다. 또 그 점에 있어서, Augustine이 그런 영향을 받았던 최초의 기독교 사상가인 것도 아니다. 적어도 Justin Martyr까지 거슬러 올라가 그 이래로 신플라톤주의는 기독교 신학을 예리하게 하는 데 도움을 주었다. A. H. Armstrong, *Christian Faith and Greek Philosophy* (London: Darton, Longman & Todd, 1960)를 보라.

[3] Plato가 현자를 이러한 하나님을 모방하고 알고 사랑하는 자 그리고 그분의 축복 가운데 그분과 함께 교제하면서 축복을 누리는 자로 규정했다면, 왜 다른 철학자들과 의논하는가? 분명 플라톤주의자들보다 우리에게 더 가까운 자들은 아무도 없다"(Augustine *City of God* 8.5).

에게 모든 것을 눈에 보이지 않는 실재의 어렴풋한 형상으로, 모든 세상을 영원한 원리들에 존재를 의존하고 있는 것으로 보도록 가르쳤다. 아우구스티누스는 플로티노스의 말을 마음에 품은 채 죽었으며, 기독교를 비판한 플라톤주의자인 포르피리오스(Porphyry, 약 232-303)에게도 "영웅적 위상"을 부여했다.[4]

아우구스티누스는 "신플라톤주의 신학 가운데 상당한 부분"을 받아들였지만,[5] 그중 일부는 성경적 사고로 인식되어 온 것과 일치하지 않았다. 예를 들어, 독자들은 『고백록』을 통해 아우구스티누스가 몸을 인간 자아의 더 낮은 부분으로, 물질을 인간 영혼에 부정적 영향을 끼치는 것으로, 변화가 없는 사물과 존재를 변화하는 것보다 더 좋은 것으로, 그리스도를 시간의 제약을 받지 않고 고통을 느끼지 않는 분으로 여겼음을 알 수 있다.[6] 그러나 아우구스티누스는 단순히 신플라톤주의와 기독교를 동일시한 것이 아니었다. 야로슬라브 펠리칸(Jaroslav Pelikan)에 따르면, 히포의 주교는 또한 신앙의 수수께끼를 풀 수 있는 도움을 얻으려고 신플라톤주의를 고려했다.[7] 예를 들어, 아우구스티누스는 신플라톤주의를 통해 악을 선의 궁핍, 실체가 없는 것으로 이해하는 데 도움을 받았다.[8] 그는 이를 통해 타락을 통일성에서 다양성으

---

4 Brown, *Augustine of Hippo*, pp. 426, 307.
5 Henry Chadwick, "Introduction" to Augustine's *Confessions* (Oxford: Oxford University Press, 1991), p. xxiii.
6 Augustine *Confessions* 7.16.22-23; 7.1.1; 7.9.14; Javoslav Pelikan, *The Emergence of the Catholic Tradition: 100-600* (Chicago: University of Chicago Press, 1971), p. 296. 『고대교회 교리사』(CH북스).
7 Pelikan, *Emergence of the Catholic Tradition*, pp. 296-297.
8 Augustine *Confessions* 3.7.12; 7.12.18.

로 전환하는 것, 즉 사물들 뒤에 한 원리에 헌신하는 것에서 사물들 자체에 흡수되는 것으로 생각할 수 있었다.[9]

그러나 신플라톤주의는 또한 아우구스티누스에게 성경 정경보다 성경 외적 전통들에서 유래된 하나님에 대한 잘못된 이해를 바로잡는 강력한 수단을 제공했다. 마니교도로 있으면서 아우구스티누스는 개인이 전적으로 선한 하나님의 본질에 통합된다고 믿었지만, 신플라톤주의는 그에게 어떤 개인도 하나님과 동일시될 수 없으며 하나님은 완전히 초월적인 분이시라고 가르쳤다.[10] 이런 인식을 통해 아우구스티누스는 하나님의 주권과 거룩하심에 대해 성경이 강조한다는 것을 볼 수 있었다.

또한 그는 도나투스파 논쟁에 대한 입장을 표명하는 데 신플라톤주의의 도움을 받았다. 그의 입장은 그 후 계속해서 기독교의 교회 신학을 형성하는 데 기여했다. 4세기 초 도나투스파에 대한 박해가 이어지자, 도나투스파는 참된 교회는 순수한 교회라고 설교했다. 그리고 **배교자들**—성경을 당국에 내주어 불사르게 한 자들—이 임명한 것으로 보이는 사람을 감독으로 받아들이길 거절했다. 또한 **배교자들**과 관련이 있는 사람들이 집전하는 성례는 무효라고 가르치기도 했다. 치명적인 죄를 저지른 적 없는 사제와 주교만 신실하게 성례를 집전할 수 있었다. 거룩함과 순결은 참된 교회의 필수적인 표지다.

그렇지만 신플라톤주의 사상에 천착한 아우구스티누스에게, 세계는 이루어지고 있으며 불완전하게 구현된 형상들로 된 체계로, 그것들

---

9 Augustine *Confessions* 2.1.1; 10.29.40. 상응하는 개념들을 Plotinus *Enneads* 4.3.32.20; 1.2.5.6; 6.6.1.5에서 찾아볼 수 있다.
10 Brown, *Augustine of Hippo*, pp. 99-100.

의 질은 이상적 형상들로 된 이해할 수 있는 세계에 참여하는 것에 달려 있다. 그러므로 우주는 물질의 불완전한 형상들이 이성으로만 파악되는 변치 않고 이상적인 구조를 실현하고자 노력하면서 끊임없는 역동적 긴장 상태에 있다. 따라서 단 하나의 순수는 그림자와 불완전성에 만족해야 하는 가시적 세계가 아니라 변치 않는 형상들로 이루어진 비가시적 세계 안에 있다. 아우구스티누스는 신플라톤주의 비전을 보면서, 성경의 저자들이 원죄가 늘 우리와 함께 있는 타락한 세계라고 말한 것을 이교도가 언뜻 경험한 것이라고 인식했다(롬 3:9-18, 23; 7:14-24; 빌 3:12; 고전 13:9-12).[11]

그러므로 교회의 의식들이 거룩하다고 한다면(그리고 아우구스티누스에 따르면 그것들은 거룩하다), 이는 그리스도의 객관적 거룩하심에 참여할 때에만 그러하다. 교회는 주관적으로 거룩하지 않으며, 또 그 자체로도 거룩하지 않다. 교회는 그리스도와의 연합을 실현하려고 불완전하게 분투하는 일그러진 그림자이기 때문이다. 그러나 그럼에도 그리스도가 세운 죄 많은 목사는 성례를 통해 믿는 이들을 그리스도께로 연결할 수 있다. 이를테면, 성례의 참된 목사는 인간 목사 뒤에 있는 영원한 형상(Form)이신 그리스도이시기 때문이다. 이러한 이유로 교회는 완전해진 자들의 무리가 아니라 부활의 날 오직 하나님의 완전한 도성 안에서 끝나는 날까지 장기 요양을 하는 병든 죄인들의 공동체라 할 수 있다. 이러한 결론들이 성경적이며(나는 그렇다고 생각한다) 그리스도인들이 유토피아적 엄숙주의와 도덕률 폐지론의 방종 사이에서

---

11 앞의 책, pp. 221-222.

길을 찾도록 도와주었고 또 앞으로도 그럴 것이라면, 우리는 아우구스티누스가 성경적 비전이 지닌 함축을 볼 수 있도록 도운 플로티노스에게 빚을 진 것일 수 있다.

토마스 아퀴나스

가장 위대한 기독교 신학자가 이교 사상에서 도움을 받은 것처럼, 가장 위대한 중세의 신학자도 그랬다. 토마스 아퀴나스가 아리스토텔레스와 성경을 종합했다는 것은 잘 알려진 이야기이며, 많은 학자들은 아리스토텔레스가 아퀴나스의 신학의 많은 부분에 어떻게 의제를 설정하고 어휘를 제공했는지 검토했다. 대부분은 아퀴나스가 대체로 아리스토텔레스를 기독교화했다고 결론짓지만, 아퀴나스가 그리스도를 바라볼 때 사용한 렌즈에 아리스토텔레스의 색을 덧입히지 않았다고 주장할 사람들은 많지 않다. 그러므로 내가 이제 몇 단락에 걸쳐 제시하는 것은 아퀴나스 전문가들에게는 새롭지 않겠지만, 또 하나의 위대한 기독교 지성이 기독교 진리를 더 분명히 보는 데 이교 사상가에게 어떻게 도움을 받았는지 보여 줄 것이다.

    내가 앞서 주목한 대로, 플라톤주의는 보이는 실재와 보이지 않는 실재를 구분함으로써 아우구스티누스를 도왔다. 하지만 자연과 이를 뒷받침하는 초자연을 그렇게 구분할 때 결과적으로 물질과 육체의 폄하로 이어진다. 육체는 영혼의 감옥이라는 플라톤의 가르침이 부분적으로 그렇게 몰아간다. 이는 분명 기독교 신학에 유해하다. 기독교 신학의 중심에는 그리스도의 육체적 부활에 대한 믿음이 있기 때문이다.

그러나 아리스토텔레스의 도움 덕분에 토마스 아퀴나스는 창조된 육체의 선함에 대한 기독교적 믿음을 소생시키는 데 중대한 역할을 할 수 있었다. 아리스토텔레스가 행한 거대한 철학 프로젝트의 주요 특색은 현대인들이 자연이라 부른 것에 대한 분석적 이해다. 아퀴나스의 업적은 기독교의 창조 교리와 아리스토텔레스의 자연 세계 개념을 조화시킨 것이다. 그 과정에서 아리스토텔레스는 아퀴나스에게 영혼은 (플라톤에게 이것은 인간을 규정하는 것이다) 인간의 한 부분일 뿐이며 또 몸 안에 선천적으로 존재한다는 점을 보여 주었다. 그러므로 아리스토텔레스는 아퀴나스에게 몸의 부활이라는 성경적 교리를 지지하는 철학을 제공해 주었다고 할 수 있다. 그리고 몸을 비하하던 시대에 그가 몸에 대한 건강한 견해를 가르치는 데 필요했던 확신도 제공해 주었을 것이다.[12]

하지만 아퀴나스는 자연과 은총의 관계를 분명히 설명한 것으로 훨씬 더 알려져 있다. 여기에도 아리스토텔레스의 가르침이 일조했다. 이 그리스 철학자는 이 기독교 신학자에게 흔히 해석되는 대로 "은총이 자연을 완전하게 한다"는 것뿐만 아니라, 도구로 사용한다는 것을 보여 주었다. 아퀴나스 학자 티모시 맥더모트(Timothy McDermott, 나와는 아무 관계 없는 사람이다)가 최근에 쓴 것처럼, "자연은 은총의 도구로서 그것이 가진 능력을 넘어서는 무언가를 하는 데 사용된다. 이는 오직 그것이 기여할 수 있는 그 자체의 능력을 갖고 있기 때문이다." 자연 세계는 계시된 세계 안에서 여전히 작동한다. "세상 속에서 이루어지

---

[12] Timothy McDermott, *Thomas Aquinas: Selected Philosophical Writings* (New York: Oxford University Press, 1993), p. xxii.

는 모든 자연의 행위와 모든 우연의 행위와 인간의 모든 자유로운 행위는 하나님의 행위에 사용되는 도구다."[13]

이를 통해 우리는 기독교의 실재들을, 단순한 인간적 현상으로 보는 자연적 관점에서와 역사하시는 하나님의 예들로 보는 계시적 관점에서 어떻게 해석할 수 있는지 이해할 수 있다. 맥더모트는 두 가지, 즉 성례와 언어를 예로 든다. 기독교의 성례는 하나님의 뜻에 의해 단순하게 작용하는 신비스러운 '약'이 아니라(다른 중세 신학자들은 기독교의 성례를 신비스러운 약으로 보았다), "의식(儀式)적인 종교 행위로서 이제는 하나님의 도구들이 된 자연적 종교 행위와 유사한 것"이다. 다시 말해, 기독교적 성례는 타종교들의 의식과 정말로 비슷하며, 종교학자들이 그 정도의 관점에서 살펴보는 것은 합당하다 할 수 있다. 하지만 이렇게 분석한다고 해서 기독교의 성례가 지닌 또 다른 의미—하나님의 임재와 은혜를 그분의 백성에게 중재하기 위해 세상 속에서 이루어진 하나님의 행위—가 폄하되는 것은 아니다.[14]

성경의 언어에서도 동일한 원리가 보인다. 이스라엘의 종교적 언어는 "사람들이 자신의 신들에게 말을 하고 표현하는 데 사용하는 언어의 예이기도 하지만, 하나님이 그분 자신에 대해 말씀하기 위해 그 예를 이용하신 것이기도 하다."[15] 비성경적 문화에 어원을 둔 단어들은 거기서 가져와 구속적 맥락에 새롭게 다시 심을 때 새로워지고 더욱 풍부한 꽃을 피운다. 각 단어는 새로운 맥락에서 사용될 때, 말하자면 거

---

13 앞의 책, pp. xxviii, xxx.
14 앞의 책, p. xx.
15 앞의 책, p. xxvii.

듭난다. 성례와 언어는 자연적이고 계시적인 면이 둘 다 있다는 점에서 동일한 현상이다. 자연은 실재이고 하나님에 의해 창조된 것이다. 자연은 실재일 뿐만 아니라 선하며 그것 너머에 무언가가 있음을 보여 주려고 하나님이 사용하시는 도구이기도 하다. 자연에 대한 아리스토텔레스의 깊이 있는 관심으로 인해 아퀴나스는 이를 볼 수 있었다.

아퀴나스는 유비 교리로도 잘 알려져 있는데, 아리스토텔레스는 이를 형성하는 데도 영향을 끼쳤다. 그의 영향만 받은 것은 아니었지만, 그럼에도 불구하고 진정 영향을 받았다고 할 수 있다. 아퀴나스가 배운 언어와 유비에 대한 중세 논의 중 많은 것은 아리스토텔레스의 의제로 틀이 잡혔고 그가 세운 정의에 의해 알려졌다.[16] 브라이언 데이비스(Brian Davies)에 따르면, "용어들이 하나님과 피조물들에 유비적으로 적용될 수 있다는 생각은 13세기 다수의 저자들에게서 찾아볼 수 있는데, 이 점에 있어서 아리스토텔레스에게 빚진 것이다."[17]

아리스토텔레스를 활용하여 아퀴나스가 성찰한 결과, 우리가 성경에서 얻는 지식을 이해하는 유익한 방법을 얻었다. 아퀴나스는 성경에서 얻는 하나님에 대한 지식은 단순 명료한 것이 아니라고 가르쳤다.

---

16 Aquinas와 유비에 대해서는 다음의 책들을 보라. Ralph M. McInerny, *The Logic of Analogy: An Interpretation of St. Thomas* (The Hague: Martinus Nijhoff, 1971); George P. Klubertanz, *St. Thomas Aquinas on Analogy: A Textual Analysis and Systematic Synthesis* (Chicago: Loyola University Press, 1960); William C. Placher, *Domestication of Transcendence: How Modern Thinking About God Went Wrong* (Louisville: Westminster Press, 1996), pp. 27-31; David Burrell, *Aquinas: God and Action* (Notre Dame, Ind.: University of Notre Dame Press, 1979); *Knowing the Unknowable God* (Notre Dame, Ind.: University of Notre Dame Press, 1986).

17 Brian Davies, *The Thought of Thomas Aquinas* (Oxford: Clarendon, 1992), p. 70 n. 38.

즉 우리가 세상 속에서 일어나는 일들에 대해 아는 지식과 완전히 같지는 않다는 것이다. 하나님은 공간과 시간 안에 있는 존재 또는 대상이 아니시기 때문이다. 또 하나님은 순전하시지만(부분들이 모여서 이루는 존재가 아니다) 피조물들은 혼합물이기 때문이다. 하나님은 세상 속에 내재하시기도 하지만, 또한 창조 세계를 초월하신다.

하나님에 대한 우리의 지식이 단순 명료하지 않은 또 다른 이유는 하나님에 대한 지식을 비롯한 우리의 모든 지식은 우리가 세상 속에서 사물들을 경험하면서 영향을 받는다는 데 있다. 세상 속 사물들에는 원인이 있지만, 하나님께는 원인이 없다. 창조 세계의 모든 것은 뜻밖의 일이지만, 하나님은 홀로 필연적인 존재다. 아리스토텔레스를 통해, 아퀴나스는 우리가 세상 속 사물들을 경험함으로써 안다는 것을 볼 수 있었다. 그러나 아리스토텔레스는 세상이 언제나 존재해 왔다고 가정했지만, 아퀴나스는 이성과 계시에는 우주의 근거, 즉 창조자에 대한 믿음이 필요하다고 주장했다. 하나님은 그분의 존재를 위해 다른 어떤 것에 의존하지 않고 존재 자체이시기 때문에, 그분의 존재는 그분께 의존하는 다른 모든 것의 존재와 근본적으로 다르다. 그러므로 우리가 우리의 일상적 실재를 묘사하기 위해 사용하는 단어들이 하나님께 단순 명료하게 적용될 수 없다.

다른 한편으로, 우리가 성경에서 얻는 하나님에 대한 지식은 애매모호하지 않기도 하다. 하나님이 우리가 아는 다른 어떤 것과 전적으로 다른 분인 것은 아니다. 성경 저자들이 하나님은 선하시다고 말할 수 있고, 또 그것이 하나님께 의미하는 바를 우리가 어느 정도 이해할 수 있다고 추정하는 이유다. 여기서 다시 아리스토텔레스가 도움을 주었다. 이 그리스 철학자에 따르면, 원인은 실재에 어떤 결과를 가져온다. 아퀴나스는 창조자 하나님이 선(과 다른 모든 것)의 근원 또는 원인이시기 때문에, 하나님의 선은 인간의 선과 전적으로 다를 수 없다고 추론했다. 따라서 우리가 인간의 제한적인 선에 대해 경험할 때, 비록 우리는 우리의 부분적이고 분열된 관점에서 하나님의 순전한 완전성을 다 파악할 수는 없을지라도, 하나님의 선이 무엇인지 암시를 얻는다.

아퀴나스는 하나님을 (그의 유비 교리가 때로 해석되는 것처럼) 인간의 긍정적 특성들이 무한히 확대된 존재라는 뜻으로 말하지 않았다. 오히려 그는 성경에서 발견되는 하나님이 용어들의 의미를 규정한다고 했다. 의미의 움직임은 창조 세계로부터 하나님께로 올라가기보다, 하나님으로부터 시작해서 피조물들에게로 내려간다. 아퀴나스의 말을 빌리면, 용어들은 주로 하나님께 적용되고 피조물들에게는 부차적으로나 파생적으로만 적용된다.[18] 그러므로 하나님을 '선하시다'고 묘사할 때, 선에 대한 이해를 피조물 안에서 우리가 보는 것으로부터 끌어내지만, 사실상 주로 하나님을 참조하는 것이다. 모든 피조물의 선은 하나님에게서 비롯되기 때문이다. 그들의 선은 하나님 안에 있는 원형적 선을 깨어지고 희미한 모습으로 모방한 것에 지나지 않는다.

그렇지만 유사점이 있는 반면, 차이점도 있다. 인간의 선은 다른 것들에 의존하지만, 하나님의 선은 의존하지 않는다. 그리고 하나님의 선은 언제나 순수하지만, 인간의 선은 언제나 불순하다. 또 다른 예를 사용해서 말하면, 하나님이 우리를 돌보시기 때문에 우리의 아버지가 되

---

[18] Thomas Aquinas *Summa Theologiae* 1.13.7.

신다 해도, 그분은 성적인 생식으로 세상에 아이들을 낳는 시공간 안에 존재하는 인간은 아닌 것이다.

그러니까 성경적 언어는 비유적이고 유비적이다. 다른 것이 될 수 없다. 하나님은 세상을 창조하시고 그 안에 계시지만, 또한 그 위에 계시기 때문이다. 따라서 하나님에 대한 언어는 전적으로 그분과 비슷하지도 않고 전적으로 그분과 다르지도 않다. 하지만 진정한 유사점들이 있다. 티모시 맥더모트가 표현한 대로, "하나님은 모든 완전함의 행위자이시며, 모든 형식이 발생한 근원이시다. 따라서 그런 형식이 피조물에 적용되는 방식으로 하나님께도 적용될 수는 없지만, 그럼에도 불구하고 지혜를 행하시는 그분은 어떤 의미에서 반드시 지혜로우셔야 하고, 선을 행하시는 그분은 어떤 의미에서 반드시 선하셔야 하며, 존재하시는 그분은 어떤 의미에서 반드시 존재하셔야 한다. 동일한 의미가 아니라 어느 정도 유비적인 의미에서 말이다."[19]

아리스토텔레스 덕분에, 아퀴나스는 여러 세대의 그리스도인들이 깨어지고 유한한 언어를 사용하여 무한한 하나님에 대해 어떻게 말할 수 있을지 이해하도록 도움을 주었다. 다시 말해, 아퀴나스로 인해 교회는 성경이 삼위일체 하나님에 대해 말하는 바를 생각할 때 어떤 방식이 성령이 원하시는 것인지 이해할 수 있었다.

---

[19] Timothy McDermott, *Summa Theologiae: A Concise Translation* (Westminster, MD.: Christian Classics, 1989), p. xlvi.

장 칼뱅

장 칼뱅의 지적 맥락에 대한 최근 연구에서 그가 르네상스 인문주의에 상당한 빚을 졌다는 사실이 밝혀졌다. 윌리엄 부스마(William J. Bouwsma)는 칼뱅의 형성과 문화는 르네상스 인문주의자의 특성을 띤다는 "인식이 늘고 있다"고 언급한다. "적어도 1527년과 1534년 사이에 그리고 더 일반적 의미에서는 평생 동안, 칼뱅은 에라스무스의 사상 세계에서 살았으며 그 세계의 영적 공기를 마셨다. 그는 주요 방면에서 늘 후기 르네상스 인문주의자였다."[20] 라틴 웅변술, 특히 키케로(Cicero)와 퀸틸리아누스(Quintilian)의 웅변술은 이 젊은 프랑스 신학자에게 깊은 인상을 주었다. 위대한 인문주의 학자인 에라스무스의 저작도 그러했다. 『기독교 강요』의 마지막 프랑스어판에서, 칼뱅은 복음과 특히 에라스무스를 관련지어 "기독교 철학"을 서술했다.[21] 제네바에 있는 칼뱅의 아카데미에서는 전형적인 에라스무스식 3개 언어 교육을 실시했다. 라틴 문법과 수사학(베르길리우스와 키케로), 헬라 변증법과 물리학(아리스토텔레스), 역사학과 히브리어를 가르쳤다. 예비 목사들을 위해 칼뱅이 제시하는 모범은 "모든 곳에 있는 인문주의 교육자들의 이상, 곧 퀸틸리아누스식의 일반적인 교육을 받은 웅변가였다."[22] 칼뱅이 그의 위대한 신학 논문 제목에 '강요'(Institutio, 가르침, 설명서, 요약)라는 단어를 사용한 것은 락탄티우스(Lactantius)의 *De institutione christiana*와 퀸틸

---

20 William J. Bouwsma, *John Calvin: A Sixteenth-Century Portrait* (New York: Oxford University Press, 1988), pp. 3, 13. 『칼빈』(나단).
21 앞의 책, p. 14.
22 앞의 책.

리아누스의 *Institutio oratoria*를 연상시키는 것이었다. 그 단어는 특히 그 시대의 인문주의자를 생각나게 했다.[23]

르네상스 인문주의가 엄격히 이교적인 것은 아니었고, 어쨌거나 에라스무스는 기독교 수도사였다. 그러나 칼뱅은 르네상스 인문주의가 (고전적인) 이교 사상과 혼합된 점으로 인해 이제는 하위 기독교로 인식되고 있는 그러한 입장들을 취했다. 즉 인간 자아를 위계적 조직으로 묘사하고(성경에서 자아를 통일된 전체로 보는 견해와는 대조적이다), 영혼을 마음과 동일시하며(우리는 여기에서 플라톤의 사상이 르네상스 인문주의자들을 통해 나오는 것을 볼 수 있다), 기독교를 다소 지성적인 것으로 묘사하는 경향(신약에서 묘사되는 것보다 더 지적인 것으로 보인다)이 있다.[24]

이와 동시에, 유명론 철학 덕분에 칼뱅은 이성으로는 복음을 분명히 이해할 수 없고 참된 하나님으로 인도하는 자연 신학은 사실상 불가능하다는 것을 볼 수 있었다. 내가 2장에서 주목한 대로, 칼뱅은 자연의 연구 결과들은 매우 혼란스럽게 하여 "알지 못하는 신"을 예배하도록 인도할 뿐이라고 결론을 내렸다.[25] 인문주의가 수사학을 강조한 것 역시 그가 설교의 중요성을 볼 수 있게 도왔다. 그는 생애 내내 로마는 입으로 하는 말의 가치를 과소평가했으며 복음의 진보는 근본적으로 말에 의존하고 있다고 했다. "활기찬 목소리는 말로 된 설명을 듣지 않고 단순히 사물을 보는 것보다 우리의 관심을 불러일으키는 데 훨씬 더 효과적이며, 적어도 더 확실히 그리고 훨씬 더 유익하게 가르

---

23 앞의 책, p. 17.
24 앞의 책, pp. 88, 89.
25 Calvin, *Institutes* 3.10.1, 3.

처 준다."²⁶ 또 인간의 노력으로 자기 개혁을 할 수 있다고 하는 인문주의의 확신은 칼뱅을 자극하여 우리가 성화로 알게 된 것에 주목하게 했다. (물론 칼뱅은 성령의 사역 없이 인간의 노력은 헛되다는 것을 강조함으로써 이러한 인문주의적 요소를 기독교화했다.)²⁷

르네상스 사상가들이 칼뱅에게 끼친 가장 중요한 영향 중 하나는 그들이 웅변술을 청중의 귀에 의도적으로 맞추는 것으로 이해한 것이었다. 인문주의자들은 한 인간과 다른 인간 간의 거리는 본질적인 인문주의 덕목, 즉 예의에 의해서만 연결될 수 있다고 인식했다. 이는 설득을 위해 청중에게 조심스럽게 적응하는 것을 포함한다. 우리는 훌륭한 가르침을 위한 칼뱅의 처방에서 이런 관심을 볼 수 있다. "현명한 교사는 가르침을 받는 자들이 이해하는 정도에 자신을 맞춘다. 약하고 무지한 자를 가르칠 때는 첫 번째 원리들로 시작하며 그들이 따라올 수 있는 것보다 더 높이 올라가지 않아야 한다. 요컨대, 넘쳐흐르지 않도록 자신의 가르침을 한 방울씩 떨어뜨려야 한다."²⁸ 설교와 가르침이 거의 다를 바 없다고 본 칼뱅은 교사들이 시대의 필요와 사람들에게 적절한 것이 무엇인지 고려해야 한다고 믿었다.

칼뱅은 하나님이 어떻게 성경을 통해 가르치시는지 설명하는 데 이와 같은 인문주의 훈련을 연결 지었다. 훌륭한 인간 교사가 청중의 필요에 자신의 가르침을 맞추는 것처럼, 하나님도 그분 자신을 인간의 능력에 맞추신다고 말했다. 성령은 언제나 "우리의 약함, 심지어 몹시 다

---

26 시 19:1에 대한 주해. Bouwsma, *John Calvin*, p. 158에서 인용.
27 Bouwsma, *John Calvin*, pp. 88-95.
28 고전 3:2에 대한 주해. Bouwsma, *John Calvin*, p. 116에서 인용.

들어지지 않은 보통 사람들의 약함에까지 적응하신다."[29] 하나님은 "어른에게 말하는 것과 똑같은 방식으로 어린아이에게 말하지 않으면서도 그 아이의 능력을 염두에 두는 보모같이" 이야기하시면서, 성경 안에서 더듬더듬 말씀하신다. 이것이 성경이 때로 거칠고 세련되지 않은 것처럼 보이는 이유다. "하나님이 우리에게로 내려오셔야만 우리는 그분께 올라갈 수 있다."[30] 우리가 성경에서 읽는 것은 원시적인 사고방식을 나타내는 것일 수 있다. 예를 들어, 창세기에서는 해와 달을 하늘에 있는 두 개의 커다란 빛이라고 말한다. 물론 별들은 실제로 달보다 더 크긴 하지만 말이다. 칼뱅에게 적응의 원리는 그 문제를 해결해 준다. "하나님은 우리에게 이러한 것들에 대해 말씀하실 때, 그것들이 존재하는 방식이 아니라 우리가 인지하는 방식에 따라서 하신다." 성경에서 하나님이 "후회하신다"고 말할 때, 그것은 "비유적으로" 말하는 것이다. "선지자들이 비유 없이 말을 하고 그들이 다루는 일들을 그저 이야기했다면, 그들의 말은 냉랭하고 비효율적이며 사람들의 마음에 침투해 들어가지 못했을 것이다." 선지자들은 자신들이 말하는 것을 그 말을 듣는 사람들의 필요와 능력에 맞추어서, 수사학적으로 말했다.[31] 칼뱅의 적응 교리를 통해 수많은 그리스도인들은 소통하시려는 하나님의 관심을 성경에 이따금 나오는 거북스러운 것, 명백한 불일치, 윤

---

29 Calvin, *Institutes* 4.7.5; 요 1:1-5에 대한 설교; 욥기에 대한 설교 no. 4, Bouwsma, *John Calvin*, p. 124에서 인용.
30 신명기에 대한 설교 no. 42; 사무엘하에 대한 설교 no. 16, Bouwsma, *John Calvin*, p. 125에서 인용.
31 욥기에 대한 설교 no. 34, col. 423; *Institutes* 1.17.12; 렘 49:3에 대한 주해, Placher, *Domestication of Transcendence*, p. 57에서 인용.

리적으로 이해하기 힘든 것과 어떻게 조화시킬지 이해할 수 있었다.

칼뱅은 기독교 계시의 본질 또는 의미를 더 잘 이해할 수 있도록 이교 사상가의 도움을 받은 또 하나의 중요한 기독교 신학자였다. 그러므로 하나님의 말씀을 분명히 이해하기 위해 이교도들로부터 배우는 것은 새로운 것이 아니다. 이와 같이 우리가 플로티노스, 아리스토텔레스, 키케로로부터 배울 수 있다면—그리고 우리가 인지하든 아니든, 복음주의자들이 이 이교 사상가들에게로 거슬러 올라가는 방식을 통해 교회와 유비와 적응에 대해 이야기한 이후로 이미 무언가를 그들에게 **배워 왔다면**—붓다로부터는 배우지 못할 이유가 어디 있겠는가?

6장
불교의 무아와 무념

대부분의 종교에 붙은 이름처럼, 불교는 수수께끼 같다. 엄청나게 모순되는 집단들을 설명해 놓은 것처럼 보인다. 예를 들어, 대승불교 신자들은 많은 신들을 경배하지만, 소승불교 신자들은 온갖 실제적 목적들로 인해 무신론자들이다. 소승불교 신자들과 선을 수행하는 사람들은 영적 목표들에 도달하는 것이 자기 노력에 달려 있다고 말하는 반면, 티베트 불교와 대승불교 신자들은 붓다나 보살에게 은혜를 요청할 수 있다고 믿는다. 소승불교와 선불교 신자들은 우리의 최종 목적지는 생각이나 존재나 의식이 없는 열반에 드는 것이라고 말한다. 그러나 수많은 대승불교 종파의 신자들은 자신의 신들과 인격적 교감을 즐기게 될 극락세계와 낙원을 고대한다. 이러한―그리고 다른―차이점들 때문에, **불교**라는 단어를 사용하면서 한 가지를 말하는 듯 하는 것은 오해의 소지가 있는 것 같다. 따라서 나는 불교 전통들에 대해 이야기하는 편이 훨씬 낫다고 본다.

다른 비전들

일부 불교 전통들이 기독교 계시를 더 깊이 이해하는 데 기여할 수 있음을 논의하기 전에, 나는 그 전통들이 만들어 내는 실재에 대한 비전은 기독교와 아주 다르다는 것을 강조하고자 한다. 붓다와 예수님이 동일한 목표들을 갖고 있다거나, 하나님과 자아와 세상에 대해 비슷한 개념들을 지니고 있다고 하는 것은 최악의 얕은 지식이라 할 수 있다. 기독교 신앙에 참신한 관점들을 열어 보일 불교의 통찰들에 대해 말하기 전에, 나는 이 신앙들이 얼마나 다른지 아주 분명히 해 놓고자 한다.

예를 들어, 가장 중요한 것은 붓다가 삼위일체 하나님을 알지 못했다는 점이다! 이후 대승불교 전통에서는 붓다와 보살로 알려진 신들을 믿게 되었지만, 싯다르타 고타마 붓다(약 주전 448-386)[1]는 자신이 사람에 지나지 않으며 우리가 영적 목표들을 달성하도록 도와줄 수 있는 창조자나 신적 존재는 없다고 말했다. 따라서 많은 불교 신자에게 최초의 붓다로 알려진 석가모니[2]는 우리가 스스로에게 등불이 되어야 한다고 했다. 하지만 예수님은 자신이 세상의 빛이라고 말씀하셨다. 우리는 붓다가 말한 것처럼 홀로 존재하는 이가 아니며, 우리가 할 수 없는 것을 우리를 위해 해 주시는 예수님의 은혜를 요청할 수 있다. 예수님은 기본적인 인간 문제의 핵심으로 도덕적 부패를 강조하셨지만(막 7:20-23), 붓다의 사성제 중 첫 번째는 (사람의 감각과 자아의 만족을 위한)

---

[1] 다른 연대표들에서는 Buddha의 생애가 다음과 같다고 제시된다. 주전 560-480년, 주전 566-486년, 또는 약 주전 448-368년; *The Oxford Dictionary of World Religions*, ed. John Bowker (New York: Oxford University Press, 1997), p. 169의 "Buddha"를 보라.
[2] '석가모니'는 석가족의 지혜로운 사람, 또는 현자를 뜻한다.

욕망이 모든 고통의 근원이라고 가르쳤다. 사람은 사랑으로 보살이 될 수 있지만, 부처가 되는 것은 오직 지식으로만 가능하다. 그 결과, 영적 이상에 대한 불교 신자와 그리스도인의 묘사는 몹시 다르다. 불교 신자들은 연꽃 위에 앉아 미소를 머금은 붓다를 바라보는 반면, 그리스도인들은 십자가에 못 박힌 고통당하는 예수님을 경배한다. 붓다는 그의 추종자들에게 고통을 피하도록 가르치지만, 예수님은 고통을 겪었음으로써 고통을 정복하는 길을 보여 주셨다.

불교와 기독교의 윤리는 중요한 원리들에 있어서 의견이 일치하지만(도둑질, 거짓말, 무고한 생명을 죽이는 것, 성적 비행은 나쁜 것이며 동정과 연민은 필수적인 것이다), 윤리와 궁극적 실재의 관계에 있어서는 의견이 다르다. 고타마 붓다와 대승불교 신자들에게 윤리적 삶은 열반의 건너편 연안으로 태워 가는 임시 뗏목으로 거기 도착한 다음에는 내버릴 수 있는 그런 것이다. 왜냐하면 거기에는 선과 악의 차이가 더 이상 존재하지 않기 때문이다. 그리스도인들에게 옳고 그름의 구별은 실재를 구성하는 일부이며 영원까지 지속될 것이다. 윤리적 차이는 성별 간의 관계로 확대된다. 특히 초기 불교를 보면 남자의 형태로 환생할 때만 붓다가 될 수 있다는 관점을 접한다. 한참 후까지도 대승불교 신자들은 여성 보살을 받아들이지 않았다. 오늘날 불교 수도원(승원)들에서는 소승불교의 삶이 두드러지게 나타나는데, 여승들을 위한 대부분의 수도회는 수 세기 전에 사라졌다. 기독교 역사에도 많은 성차별적 사례가 있었지만, 예수님 자신은 결코 여성이나 성생활을 악마화하지 않으셨다.[3]

---

3 하지만 붓다는 여성도 승려가 되도록 허락했으며, 몇몇 전설에 따르면 그의 아내인 야쇼다라도 승려가 되도록 허락했다는 것 역시 말해야 한다.

소승불교의 핵심인 불교 수도원 생활의 엄격한 구조와 비교할 때, 예수님의 제자 집단은 "무질서하고 가볍고 자발적이며 자유로워" 보인다.[4]

불교 신자들과 그리스도인들은 역사를 근본적으로 다른 방식으로 평가하기 때문에 윤리를 매우 다르게 바라본다. 불교 신자들은 『법구경』(Dhammapada)에서 "육체적 존재보다 더한 괴로움은 없다"는 구절을 읽는다.[5] 사람이 삶, 죽음, 환생의 끝없는 순환—사마라(samara)로 알려진 순환—에 남아 있는 한, 우주 안에 있는 삶이 불러일으키는 욕망으로 인해 고통이 불가피하기 때문에 세속적 존재는 필연적으로 눈물의 계곡에 있다. 이 고달픈 환생의 순환을 벗어나야만 고통에서 벗어날 수 있다. 그러므로 이 세상과 그 안의 일상적인 일들—특히 가정생활과 성생활—의 결속을 깨뜨려야 한다. 하지만 예수님은 결코 성교에 대해 가혹한 말씀을 하지 않으셨다. 예수님은 세상에서의 삶을 포기함으로써가 아니라 세속적 삶의 매일의 일상 속에서 사랑으로 헌신하는 가운데 삶으로 구현되는 신뢰에 의해 오는 구원을 선언하셨다. 예수님에 따르면, 결혼은 영성을 방해하는 걸림돌이 아니라 구원이 삶으로 구현되는 일상적 영역이다. 가족과 성생활을 자제하는 것은 선택사항이지, 영적 엘리트가 걷는 더 차원 높은 길이 아닌 것이다.

그와 동시에 나는 이 대조를 너무 첨예하게 이끌어 가면 안 된다고 말하고자 한다. 불교의 수도원 생활이 세상을 부정해 온 만큼 기독교의 수도원 생활도 이따금 세상을 부정했다. 사도 바울을 시작으로(고전

---

4 Hans Küng and Heinz Bechert, *Christianity and the World Religions: Paths to Dialogue* (Maryknoll, N. Y.: Orbis, 1993), p. 344.
5 Thomas Cleary, ed. *Dhammapada: Sayings of the Buddha* (New York: Bantam, 1995), §15.6.

7장), 가족과 성생활을 떠나서 하나님을 가장 잘 발견할 수 있다고 결론을 내린 그리스도인들이 많았다. 또 수도원 제도는 기독교보다 소승불교에서 더 필수적인 요소이긴 하지만, 예수님 자신은 결혼하지 않기로 선택하셨으며 가족을 영적 생활의 중심으로 여기지도 않으셨다(마 10:37; 12:49-50). 그런가 하면, 대다수의 불교 신자들이 결혼 생활을 충분히 즐기며 세속 세계에도 열심히 참여한다.

생각과 언어 너머에 계시는 하나님

불교 전통들이 목표와 수단에 있어서 기독교와 다르다는 것을 인정한다면, 우리는 그럼에도 불구하고 그것들이 그리스도 안에 나타난 하나님의 실재를 더 분명히 이해하도록 도와줄 수 있음을 볼 준비가 된 것이다. 특히 일상적 인식과 실재 간의 차이에 대한 불교 전통들의 경험을 통해, 하나님에 대해 이야기할 때 자연스레 하게 되는 추측들을 점검해 볼 수 있다.

고타마 붓다와 후계자들은 초월적 진리가 감각에 의한 인식과 지적 개념 너머에 있다고 항상 강조했다. 우리가 하는 보통의 경험과 사고의 견지에서, 최종적 진리는 그들이 '공'(空)이라 칭한 것이다. 그리고 그것은 우리가 가진 개념들 너머에 있기 때문에 우리의 어떤 개념으로도(적어도 정확성에 있어서) 충족될 수 없다. 마찬가지로, 그들의 주장에 따르면 궁극적 진리의 기준과 대비되는 모든 사건과 물질도 '공'이다. 최종적 진리는 시공간을 초월하지만 사건과 물질은 시공간의 제한을 받기 때문이라는 것이다. 따라서 완전한 지혜는 궁극적 실재가 영[靈, 순야(Sunya)]이라는 사실을 아는 것을 뜻한다. 즉 실재하지 않는다는 의미가 아니라 모든 차이의 힘을 넘어선다는 의미다. 붓다는 우리가 최종적 실재라고 부르는 것의 엄존을 부인하지 않았다. 다만 그것을 부르는 이름의 존재를 부인했다.[6] 그에게 실재를 단어나 개념과 동일시하려는 시도는 불손한 짓이었다. 신인동형설과 유사하게 말이다. 그는 의지를 발휘하거나 지적 공식으로는 궁극적 실재(그리스도인들이 하나님이라고 부르는 것)를 간파할 수 없다고 주장했다. 또한 생각과 존재의 일대일 일치를 부인했다.[7]

토마스 아퀴나스는 하나님과 우리가 생각하는 하나님 사이에 유사한 괴리가 있음을 보았다. "하나님의 본질은 이성으로 이 세상에서 이해할 수 있는 모든 것을 넘어선다는 것을 인식할 때 비로소 하나님에

---

[6] 하지만 일부 불교 철학자들은 생각과 언어의 한계에 대해서뿐만 아니라 세상에 있는 것(또는 있지 않는 것)에 대한 주장을 입증하기 위해 '공'의 변증법을 사용했다. 적어도 인도에서는 대부분이 전지전능한 창조자 하나님의 존재를 부인했다.

[7] 이 교리를 분명히 보여 주는 몇몇 대표적인 1차 서적들로는 다음을 보라. "Essence of the Wisdom Sutra", in *Buddhism: A Religion of Infinite Compassion: Selections from Buddhist Literature*, ed. Clarence H. Hamilton (Indianapolis: Bobbs-Merrill, 1952), pp. 113-115; Paul Reps, ed., *Zen Flesh, Zen Bones: A Collection of Zen and Pre-Zen Writings* (New York: Anchor Books/Doubleday, n.d.), esp. nos. 21, 36 and 42 in "101 Zen Stories" and nos. 1, 5 and 23 in "The Gateless Gate"; *The Platform Sutra of the Sixth Patriarch: The Text of the Tun-Huang Manuscript*, trans. Philip B. Yampolsky (New York: Columbia University Press, 1967). 초기와 후기 불교 저작들에 대한 더 일반적인 입문서로는 다음의 책을 보라. E. A. Burtt, ed., *The Teachings of the Compassionate Buddha: Early Discourses, the Dhammapada, and Later Basic Writings* (New York: Signet Classics, 1955). 불교 사상에 대한 2차적 개관으로는 다음의 책들을 보라. A. L. Herman, *An Introduction to Buddhist Thought: A Philosophic History of Indian Buddhism* (Lanham, Md.: University Press of America, 1983); Kenneth Ch'en, *Buddhism in China: A Historical Survey* (Princeton: Princeton University Press, 1964).

대한 지식을 가장 완전히 갖게 된다"고 주장했다. 하나님은 이 세상에서 가져온 용어들로 이해할 수 없는 분이다. 그러므로 하나님에 대한 언어는 "우리가 사용하는 단어의 의미로 한정되는 것이 아니라 그것을 능가한다." "따라서 피조물들을 통해 보는 하나님에 대한 지식은 그분의 본질에 대한 지식이 아니라, 애매하고 거울에 비친 듯하며 멀리 있는 지식이다."[8]

아퀴나스와 다른 스콜라 철학자들은 우리가 탁월성에 근거할 때 하나님을 가장 잘 인식한다는 것을 보여 주었다. 이는 긍정과 부정의 인식 이후에 따라오는 것이다. 예를 들어, 우리는 하나님이 아름답다고 단언하지만 우리가 보통 아름다움을 경험하는 방식으로 그분이 아름답다는 것은 아니다. 본래의 아름다움은 그것의 의미를 규정하시는 하나님 가운데서 분수처럼 흘러나오는 것으로, 아름다움에 대한 모든 세속적 경험은 본래의 것에 대한 흐릿하고 일그러진 굴절일 뿐이기 때문이다. 따라서 우리는 하나님이 아름다우시지만 이와 같이 탁월하게 그러하시다는 것을 단언해야 한다. 하나님을 우리의 유한한 이 세상 기준과 동일시함으로써 하나님을 오염시키지 않도록 조심하라. 그리고 하나님에 대한 인간의 단언들을 절대화하거나 우상으로 바꾸지 않도록 주의하라. 하나님에 대한 담화는 정의상 독특하고 따라서 비교 불가하기 때문에 비교하는 말을 사용하지 않는다. "부정의 신학은 없고

---

8 Thomas Aquinas *Summa Theologiae* 1a.12.13.ad 1; William C. Placher, *The Domestication of Transcendence: How Modern Thinking About God Went Wrong* (Louisville: Westminster Press, 1996), p. 31; *Summa Theologiae* 1a.13.5; *Commentary on the Gospel of St. John* 1:18 (no. 211), Placher, *Domestication of Transcendence*, p. 31 n. 1에서 인용.

오직 긍정만 하는 신학은 하나님을 우리 지성의 산물, 우리 상상의 투사로 만든다." 다른 한편으로 탁월성에 더 의지하지 않는 부정의 신학은 "말씀이 육신이 되어 우리 가운데 거하시매"(요 1:14)라고 말하는 성경의 증언을 부인하는 인식론적 불가지론으로 흐른다.[9]

또한 이 방식을 통해 하나님을 사람처럼 여긴다는 것의 의미를 이해할 수 있다. 아퀴나스는 하나님이 우리가 사람들에 대해 보통 생각하는 것과 같지 않음을 상기시킨다. 불교 사상가들은 우리가 인간성에 대해 갖는 생각 중 **어떤 것도** 하나님과 정확히 일치하지 **않는다**고 덧붙일 것이다. (물론 대승불교와 티베트 불교 사상가들은 신이 인격적이라는 점에 동의하겠지만, 소승불교 신자들은 그리스도인들이 고백하는 것 같은 어떤 신의 존재도 부인할 것이다.) 하나님은 비인격적인 존재가 아니다. 왜냐하면 예수님은 우리에게 성육신한 하나님이 인간이라는 것을 보여 주셨기 때문이다. 또 하나님은 신과 인간 둘 다이신 것도 아니다. 하나님은 순전하시며 합성물이 아니시기 때문이다. 그렇다면, 어떤 신비스러운 방식으로 우리의 이해를 넘어, 인간 하나님은 우리가 그 단어를 사용할 때 이해할 수 있는 것보다 무한히 더 크시다. 분명 그보다 덜한 존재가 아니시다.

칼 바르트가 표현한 유명한 말처럼, 하나님은 전적 타자(Wholly Other)이시기 때문에 더 큰 존재시다. 또는 더 나은 진술로 표현하면,

---

9 Küng and Bechert, *Christianity and the World Religions*, pp. 394-395. 부정의 방식(apophaticism)에 대해서는 Jaroslav Pelikan, *The Spirit of Eastern Christendom (600-1700)*, vol. 2 in *The Christian Tradition: A History of the Development of Doctrine* (Chicago: University of Chicago Press, 1974), pp. 30-32, 54-55, 258-259, 264-270를 보라.

하나님 스스로 이사야를 통해 우리에게 말씀하신 것처럼 "이는 내 생각이 너희의 생각과 다르며 내 길은 너희의 길과 다름이니라…이는 하늘이 땅보다 높음 같이 내 길은 너희의 길보다 높으며 내 생각은 너희의 생각보다 높음이니라"(사 55:8-9). 우리 복음주의자들은 때로 하나님을 우리 자신보다 더 큰 어떤 분으로 여기며 우상숭배를 하듯 본다. 바르트 및 이사야와 완전히 다르지 않은 방식으로, 불교 전통들은 하나님이 우리와 질적으로 그리고 무한히 다르다는 것을 인식하라고 충고한다. 성경이 우리에게 충고하는 것처럼, 우리는 피조물이고 하나님은 창조자다. 선불교 전통들은 신자들에게 바라보는 모든 것을 자신과 연결 짓는 자아의 눈으로 세상을 보기를 중지하라고 권고한다. 그리고 자아를 중요시하는 데 집착하는 한, 정말로 있는 것을 보거나 듣지 못할 것이라고 가르친다. 세상이—그리고 여기에 덧붙여 하나님이—우리를 만족시키기 위해 존재한다고 생각하는 한, 우리는 세상(과 하나님)에 대해 눈멀 것이다. 선(禪)의 통찰을 자신의 기독교 경험을 풍요롭게 하는 데 사용하고자 노력했던 예수회 학자 로버트 케네디(Robert E. Kennedy)는 이 선의 가르침이 하나님에 대한 자신의 견해를 확대하는 데 도움을 주었다고 말한다. 그는 "우리가 징징거릴 때 주목하는 하나님이 어떻게 예배의 대상일 수 있겠는가?" 하고 묻는다. 우리를 영화롭게 하는 것은 하나님의 목적이 아니다. 그러므로 응답받지 못한 기도들은 세상이 우리를 중심으로 도는 것이 아니며, 우리는 섬김을 받도록 창조된 것이 아니라 섬기도록 창조되었다는 점을 장엄하게 상기시킨다. 우리에 대한 자연의 무관심은 기쁨의 원천이 될 수도 있다. 세상이 우리와 어떻게 연결되는가보다 세상을 있는 그대로 보고 들으라는

경종인 것이다.[10]

우리는 해가 뜨는 것을 지켜보고 새들이 노래하는 것을 듣고, 상처 입은 자들의 울부짖음을 들으면서 신음할 수 있다. 그것들이 우리에게 끼치는 영향과 별개로 말이다. 물론 그런 사심 없는 듣기와 보기는 오직 부분적으로 그리고 은혜로만 가능하다. 그러나 우리가 스스로에게 매몰되어 전형적으로 사려 없이 사용하는 좁은 관점을 인식하지 못할 때, 자신의 이익을 넘어 세상을 보게 해 달라고 은혜를 구하지 않을 것이다. 계속 자신의 정신 구조에 갇혀 있을 것이다. 자신이 투영하는 대로 보고 듣고 실제로 있는 것 중 많은 것을 놓칠 것이다. 붓다와 그의 후계자들은 우리가 익숙하게 보고 들어 온 것만 보고 듣는 경향에 대해 (심지어 아퀴나스와 스콜라 철학자들보다 더 예리하게) 주의를 환기시킬 것이다. 그들은 우리에게 실재는 우리가 상상하고 인식하는 것과 매우 다르다는 것을 상기시켜 주며, 또 우리가 전에 해 보지 않은 것처럼 보고 들을 수 있는 은혜를 구하도록—우리가 그들에게 허락한다면—촉구할 수 있다.

때로 우리 복음주의자들은 우상을 숭배하면서 그것을 하나님이라고 부른다. 우리는 예수님을 친구라고 생각하거나, 하나님을 "거인"(The Big Man) 또는 "위에 계신 분"(The Man Upstairs)이라 부른다. 불교 전통들은 하나님이 우리가 예배를 드리는 것과 상관없이 무한히 멀리 계시며, 또 사실상 우리가 기도하고 이야기하는 목적과 아무 관계가 없을 수 있다는 것을 상기시켜 줄 수 있다. 불교의 통찰들이 참된 하나님께

---

10 Robert E. Kennedy, *Zen Spirit, Christian Spirit: The Place of Zen in Christian Life* (New York: Continuum, 1995), pp. 97-98.

는 미치지 못하지만, 하나님의 신비 앞에서 경배하는 것과 하나님 안에서 궁극적이고 형언할 수 없는 것과 직면하며 더 많은 경의를 표하는 것을 가르쳐 줄 수 있다. 그것들은 우리에게 하나님에 대한 모든 긍정적 진술은 불충분하며, 한스 큉(Hans Küng)이 표현한 것처럼, 최종적 무한성으로 고양되기 위해서는 부정을 거쳐야 한다는 점을 상기시켜 줄 수 있다. 하나님은 참으로 형언할 수 없고 무한히 선하시며 절대선이시다. 이런 이유로 하나님은 세상과 인간을 초월하시고 동시에 침투하신다. 하나님은 무한히 멀리 계시지만 그럼에도 불구하고 우리가 스스로에게 가까이 있는 것보다 더 가까이 계신다. 하나님은 "형태가 없으시지만 우리는 (하나님의) 존재를 경험하며, 우리가 (하나님의) 부재를 경험할 때조차 그분은 존재하신다." 모든 진술은 그것이 탁월한 것으로 이해될 수 있으려면, 긍정과 부정의 변증법을 통과해야 한다.[11]

세상과 자아의 우연성

불교 사상가들이 하나님에 대한 우리의 생각이 균형을 잃지 않도록 도울 수 있다면, 성경에서 이 우주와 우리를 하나님께 근본적으로 의존하고 있는 것으로 묘사할 때 이를 확증한다고 할 수 있다. 이는 철학자들이 우연성이라 부르는 것으로, 사물이 스스로 존재하는 것이 아니라 어떤 다른 것에 의존해서 존재한다는 개념이다. 유신론자로서 우리는 온갖 실재적 목적으로 인해 무신론자였던 가장 초기 불교 사상

---

[11] Küng and Bechert, *Christianity and the World Religions*, p. 397.

가들이 어떤 것도 스스로 존재하지 않고 각 사물은 인과관계의 무한한 연결망에 의존한다고 확신한 것이 다소 놀라울 수 있다. 기독교 신앙이 가르치듯 우주를 창조하고 지금껏 유지시키는 신을 믿는 사람에게는 전적으로 타당하지만, 어떤 것이 만물을 함께 붙잡고 있다는 것을 부인하는 사람은 즉시 이해하기 쉽지 않다. 아직 사물의 관계적 개념을 보지 못한 현대 과학 이전 시대에는 특히 그러했다.[12] 하지만 불교 신자들은 언제나 존재의 절대적 독립 같은 것은 없다고 주장했다. 불교의 '의존적 발생'이라는 교리는 우주의 어떠한 현상도 고립되거나 원인이 없는 것이 아니며, 모든 현상은 모든 다른 현상과 연결되어 있다고 생각한다. 따라서 스스로 존재하는 독립적 실체는 없다. 세상은 일시적이고 항상 변하며 어떤 영구적인 토대도 없다.

이를 통해, 세상은 독자적으로 존재하는 실체들의 연속이 아니라 그리스도 안에 "함께 섰느니라"(골 1:17)고 하는 성경의 주장이 더욱 뒷받침된다. 조나단 에드워즈는 이것이 세상 속 사물들을 통해 그것들의 실재를 끊임없이 재현하는 순전한 하나님의 생각을 뜻한다고 해석했다. 어떤 사물은 다른 모든 것과 독립해 있는 정체성을 가진 실체가 아니라 신적 의사소통의 표현이다. 사무엘 존슨(Samuel Johnson)에 따르면, "사물들은 인쇄된 하나님의 말씀이다." 붓다는 신적 의사소통을 믿지 않았지만, 어떤 실체들도 독립체로 존속하지 않는다는 에드워즈의 주장에 동의했을 것이다. 대신 사물들은 각 실체와 모든 다른 실체들

---

12 물리학 분야에서 일어난 최근의 발전 덕분에 일부 유물론자들조차 이제 어떤 것도 스스로 존재하지 않지만 각각은 인과관계의 무한한 또는 거의 무한에 가까운 네트워크에 의존한다고 주장할 수 있게 되었다. 하지만 그렇다고 해서 이러한 불교 생각이 그리스도인들에게 덜 유익해지는 것은 아니다.

간의 관계 안에서 그 정체성을 발견한다. 어떤 존재는 그것이 다른 사물들과 연결되어 있을 때 비로소 존재한다. 그러므로 존재는 관계적이고 역동적이다. 즉 모든 실체가 다른 모든 것과 연결되는 상호 관계의 방대한 연결망으로 구성된다. (일부 해석과는 반대로, 붓다는 허무주의자가 아니었다. 그는 존재의 실존을 부인하지 않고 존재와 비존재의 중도를 설파했다. 그리고 우리가 관습적으로 실체—우리가 보통 '존재'라 부르는 것—를 독립적인 것으로 이해하는 것이 환상에 불과하다고 주장하는 것에 관심을 두었다.)[13]

세상이 우연하다면, 인간 자아도 우연하다. 붓다는 아나타(anatta), 즉 무아(無我)의 교리로 유명하다. 이로써 그는 변화하지 않는 대상은 없으며, 다른 모든 것의 기본 원리인 '무'(無)가 있다고 주장했다. 다른 모든 것처럼, 인간은 순전히 우연하며, 전적으로 존재의 체계에 의존한다. 그리스도인에게 모든 것은 순전히 하나님의 은혜로 시시각각 유지되는 것이다. 데이비드 트레이시(David Tracy)는 이 개념—성경에 의해 묘사되고 불교 저작에 의해 확인되는—을 우리 문화의 소유욕 강한 개인주의와 그것이 갖는 전적으로 자율적이고 비관계적 자아에 대한

---

[13] Samuel Johnson, *Technologia sive Technometria*, in *Samuel Johnson, President of King's College: His Career and Wrightings*, ed. Herbert Schneider and Carol Schneider (New York: Columbia University Press, 1929), 2:67. 또 Johnathan Edwards, "Of Atoms", in *Scientific and Philosophical Writings* (New Haven, Conn.: Yale University Press, 1980), p. 215를 보라. Edwards의 존재론에 대해서는 Stephen H. Daniel, *The Philosophy of Jonathan Edwards: A Study in Divine Semiotics* (Bloomington,: Indiana University Press, 1994), 3장을 보라. 그리고 Buddha의 존재론과 유명한 허무주의에 대해서는 Raimundo Pannikar, *The Silence of God: The Answer of the Buddha*, trans. Robert R. Barr (Maryknoll, N. Y.: Orbis, 1989), pp. 23, 28, 55-56를 보라.

환상을 교정하는 건강한 수단이라고 평가한다.[14]

그런데 일본 대승불교의 정토학파는 인간 자아의 근본적인 **도덕적 우연성**에 대한 보기 드문 증거를 포함하고 있다. 정토진종(正土眞宗)의 창시자인 신란(Shinran, 1173-1262)은 구원을 찾으려는 모든 '노력'을 거부하고 '다른 사람의 힘'에 의지해야 한다고 설교했다. 그에게 그 힘이란 아미타 붓다로, 그의 정토에 그의 능력에 대한 믿음을 가진 모든 사람을 데리고 올 사람이었다. 모든 인간 안에 있는 근본적 죄를 확신하는 신란은 바울이나 아우구스티누스를 연상시킨다.

겉으로 보기에 모든 사람은 부지런하고 진실을 말한다.
그러나 그들의 영혼에는 탐욕과 분노와 부정직함이 있다.
그리고 그들의 육체에서는 거짓말과 교활함이 승리를 거둔다.[15]

자신의 외적인 의조차 내적으로 부패하여 절망하는 그의 모습은 아시아판 이사야처럼 보인다. "나의 의로운 행위조차도 이 독이 섞인 거짓 행위로 명명되어야만 한다.…마음에 파충류의 독과 같은 교활함과 거짓이 가득한 나는 의로운 행위를 행하는 것에 무력하다."[16] 또 신의 자비를 바라는 그의 희망은 마르틴 루터의 글을 읽는 것 같다.

---

14 David Tracy, *Dialogue with the Other: The Inter-Religious Dialogue* (Grand Rapids, Mich.: Eerdmans, 1990), pp. 76-77.
15 "Shinran's Confession", in *Buddhism: A Religion of Infinite Compassion: Selections from Buddhist Literature*, ed. Clarence H. Hamilton (Indianapolis: Bobbs-Merrill, 1952), pp. 141-142.
16 앞의 책.

내 영혼에는 자비가 없다. 내 동료의 선은 내가 보기에 중요하지 않다.
만약 자비의 방주,
무한한 지혜를 지니신 신의 약속이 없다면,
나는 어떻게 고통의 바다를 건너야 하는가?[17]

불교 사상가들이 자아와 세계에 대한 성경의 견해에 질적으로 더해 주는 것은 없다. 하지만 창조 질서의 근본적 우연성에 대한 성경의 주장을 확인시켜 주고 선명하게 한다. 그들의 숙고를 통해 서양에서 그리고 교회에서조차 종종 소홀히 취급받는 교리를 그리스도인들에게 상기시킬 수 있다. 하나님이 비그리스도인들에게 중요한 진리를 주셨음을 보여 준다.

일상적인 것의 신비

C. S. 루이스는 한때 이렇게 썼다. "지상은 별개의 장소가 아님을 결국 깨닫게 되리라는 것이 내 생각이다. 지상을 천국 대신 택한 사람은 지상이 처음부터 지옥의 한 구역이었음을 알게 될 것이다. 또 지상을 천국 다음 자리에 놓은 사람은 지상이 애초부터 천국의 일부였음을 알게 될 것이다."[18]
지상에 살면서 날마다 하늘을 보는 것은 중국 불교의 업적이다. 인

---

[17] 앞의 책.
[18] C. S. Lewis, *The Great Divorce* (New York: Macmillan, 1945), 서문. 『천국과 지옥의 이혼』(홍성사).

도 불교 신자들은 외부 세계에서 물러나고 밖의 영향들을 무시하며 지적 깨달음을 추구함으로써 무한한 것(the Infinite)과 연합을 이루려는 경향이 있었다. 하지만 중국 선종(훗날 일본에 전파되면서, 선불교로 알려졌다)에서는 사람이 일상생활의 모든 세부적인 일 속에서 궁극적 실재를 발견할 수 있다고 가르쳤다. 세상에서 물러날 필요가 없으며, 모든 사람은 항상 우리 앞에 있는 실재를 보는 것을 배울 필요가 있다. 훗날 선불교는 앉아서 참선을 하는 것이 필요하다고 강조했지만, 육조(六祖)이자 가장 중요한 선종 교사 중 하나였던 혜능 대사(638-713)는 세상을 있는 그대로 보는 것(이것은 매일의 활동 가운데서 할 수 있는 것이다)을 배우지 못하면 앉아서 참선을 하는 것은 아무 소용이 없다고 말했다.

1,300년 후 린위탕은 선종 전통으로부터 배운 것을 다음과 같이 논평했다.

[선]은 단순한 매일의 삶을 축복받은 선물로 간주하고, 모든 순간을 즐기면서, 그 가운데 '쉬는' 것이다. 나는 그것을 삶에 대한 감사, 동양의 실존주의의 한 형태라고 부른다. 삶의 단순한 행위에 대한 신비 의식이 있다.…한 중국 [선종] 시인은 "기적이야. 내가 우물에서 물을 긷고 있다니"라고 소리쳤다. 이것은 살아 내야 하는 [선종] 생활의 전형적인 예다. 목동이 해 질 녘에 물소 등 위에 앉아 집으로 돌아가는 것은 기적이다. 파리가 떼를 지어 다니고 잡초들이 자라며, 물이 무엇인지 모르고 잔이 무엇인지 모르며 심지어 자신이 무엇인지 모른 채 한 남자가 물 한 잔을 마시는 것은 기적이다. 모든 생명과 모든 삶은 다 기적이다. 농부가 이마에 흐르는 땀을 닦고 머리에 시원한 산들바람이 스치는 것을 느낄 때 사람은 시인이 된다. 또는

도연명이 동이 틀 무렵 들을 걷는 것에 대해 황홀해하면서 기록한 것처럼, "아침 이슬이 내 옷자락을 적신다."[19]

하나님의 신비를 창조 세계와 역사의 모든 것에서 찾아야 한다는 이와 같은 생각은 기독교에 낯설지 않다. 그러나 일반적인 것은 아니다. 에드워즈가 그에 대해 글을 썼지만, 그 후 '만유재신론'(하나님은 모든 것 안에 계시지만 또한 창조 세계와 분리되어 계시다)으로 일컬어진 그의 담대한 추측은 19세기에 이단으로 비판을 받았다. 이단이 아니었지만, 수 세기 동안 하나님을 우주와 동일시하여 신(god)이라는 단어에서 초월성과 인간성을 없애 버리는 에머슨(Emerson)식 범신론에 대한 많은 그리스도인의 타당한 두려움을 보여 주는 실례다.

하지만 자연과 역사의 모든 것에 계신 하나님을 이야기하는 것이 필연적으로 범신론이 된다고 추정할 필요는 없다. 혜능 대사는 인격적이고 초월적인 하나님을 믿지 않았을지 모르지만, 성경 저자들은 분명 그분을 믿었으며, 또 내가 이제 서술하려는 그 생각을 제안했다. 예를 들어, 바울이 한 말에 따르면, 그리스도는 만물을 함께 붙잡는 우주적 접착제 또는 힘이시며(골 1:17), 하나님은 그리스도인이 경험하는 모든 일을 감독하셔서 그것이 사람의 궁극적 선을 위해 작용하게 하신다(롬 8:28; 고전 3:21). 예수님은 하나님이 우리 머리에 있는 모든 머리카락을 세시고, 참새 한 마리도 하나님의 뜻이 아니면 땅에 떨어지지 않는다고 말씀하셨다(마 10:29-30). 에드워즈는 이 구절과 다른 단락들도

---

[19] Lin Yutang, *From Pagan to Christian* (London: Beinemann, 1960), p. 170.

취해서 원자(원자보다 더 작은 입자라 할 수도 있다) 하나도 하나님의 주권적 방향이 아니면 움직이지 못한다고 말했다. 에드워즈의 제자이자 20세기 미국에서 가장 영향력 있는 신학자라 할 수 있는 리처드 니버(H. Richard Niebuhr)는 이러한 제안들을 섭리의 일반적 관점에 적용했다. 그는 중대한 순간과 일상적인 순간 모두에서 하나님을 보라는 끊임없는 요청으로서 삶을 이해하라고 주장했다.

이스라엘 및 초대 기독교 공동체 역사의 중대한 시점마다, 사람들이 제기한 결정적인 질문은 "목표가 무엇인가?" 또는 "법은 무엇인가?"가 아니라, "무슨 일이 일어나고 있는가?" 그다음 "일어나고 있는 일에 대한 적절한 반응은 무엇인가?" 하는 것이었다. 이사야는 그의 백성에게 충고하면서 순종해야 할 법이나 지향해야 할 목표를 상기시키지 않고, 이스라엘의 적들의 행동 속에 숨겨진 채 존재하는 하나님의 의도에 주의를 환기시킨다. 그와 동료들이 모든 중대한 순간에 제기하는 문제는 일어나고 있는 일에 대한 해석과 관련된 것이다. 일어나고 있는 일이 즉시 고려해야 할 것이든지, 가뭄이나 외국 군대의 침입 또는 대제국의 몰락이든지 간에 말이다. 이스라엘은 **일어나는 모든 것에서** 하나님의 행동을 보고 이해해야 하고 또 적절한 반응을 해야 하는 백성이다. 신약에서도 마찬가지다. 예수님이 가리키시는 하나님은 법을 수여하는 지휘관이 아니라 크고 작은 일을 행하시는 분, 참새와 백합화의 옷을 만드신 창조자, 궁극적으로 눈을 멀게 해 보지 못하게도 하시고 눈을 떠서 보게도 하시는 분, 그 통치가 여러 대행자의 다양한 활동 가운데 감추어져 있기는 하지만, 그 시대의 표적을 해석할 줄 아는 자들은 어느 정도 알아볼 수 있는 통치자시다.[20]

니버는 삶의 중대한 순간 속에서 하나님을 보는 것에 더 관심이 있었고, 모든 순간 속과 뒤에 계시는 하나님의 실재에는 적게 관심을 두었다. 그러나 그럼에도 불구하고 그의 저작들에는 모든 순간이 어떤 의미에서 하나님에 의해 창조되었다고 하는 성경적 견해가 나타난다. 그리고 하나님이 그분을 마음대로 무시하고 불순종하는 피조물들까지 사용하신다고 말한다. 또 혜능 대사가 우리는 보통 일상적 순간들의 신비를 보지 못한다고 말한 것처럼, 니버는 일반적으로 인간은 이것을 놓친다고 한다. 그리고 다시 한 번, C. S. 루이스에게서 도움을 얻는다. 우리는 죽을 때, 다음 첫 구절처럼 말하지 않을 것이다.

> 주여, 나는 당신이 얼마나 아름다우신지 결코 짐작할 수 없었습니다.
> 우리는 그런 식으로 말하지 않을 겁니다. 오히려 이렇게 말하겠습니다.
> 내내 당신이었습니다.
> 언제나 내가 사랑한 모든 사람은 바로 당신이었습니다.
> 언제나 나를 사랑한 모든 사람은 바로 당신이었습니다.
> 언제나 나에게 일어났던 괜찮거나 좋은 모든 것,
> 내가 나아가 더 나은 존재가 되도록 노력하게 한 모든 것,
> 내내 당신이었습니다.[21]

물론, 하나님이 좋은 것만이 아니라 **모든** 것을 다스리는 주권자시라

---

20 H. Richard Niebuhr, *The Responsible Self: An Essay in Christian Moral Philosophy* (New York: Harper & Row, 1963), p. 67(저자 강조). 『책임적 자아』(한국장로교출판사).
21 Kennedy, *Zen Spirit, Christian Spirit*, p. 59에서 인용.

면 그분은 나쁜 것들 안에도 존재하시며 적어도 간접적으로 관련이 있었다. 욥이 자녀들과 부를 잃어버린 후에 아내에게 물어본 것처럼, "우리가 하나님께 복을 받았은즉 화도 받지" 않겠는가?(욥 2:10) 그러나 일상적인 것의 거룩함을 경험하려고 악과 하나님의 관계[22]를 규명해야 하는 것은 아니다. 일상적인 것의 거룩함에 대해서는 성경이 말하고 중국 불교도 상당히 깊이 탐구한 바 있다(거룩함의 참된 기원에 대해서는 인식하지 못했지만 말이다).

일상적인 것의 신비를 인식한다는 것은 히브리인들처럼 삶을 보는 것이다. 부차적이 아니라 주된 원인들로 이루어진 삶을 보는 것이다. 그들의 적이 전투에서 패했다면, 패배하게 한 것은 하나님이다. 장수들이 무능했기 때문이 아니다. 농사가 실패했다면, 하나님이 가뭄을 보내셨기 때문이었다. 앤소니 드 멜로(Anthony De Mello)가 논평한 것처럼, 그들의 인생관은 부차적 원인들을 소홀히 함으로써 균형을 잃었다. 그러나 주된 원인들을 배제시키고 부차적 원인들에 집중하는 것—아스피린 덕분에 내 두통이 나은 것이고 하나님은 아무 상관없으시다—또한 균형을 잃은 것이다. 진리는 하나님이 아스피린 알약을 통해 내 두통을 고치셨다는 것이다.[23]

이상하게도, 일상 가운데서 하나님을 보는 것은 쉽다. 즉 섬광 같은 신비적 직관이나 환상을 보거나, 음성이 들리기를 기대하지 않아도 된

---

[22] 이 문제에 대한 해답을 찾는 데 도움을 주는 탁월한 지침서는 John G. Stackhouse Jr., *Can God Be Trusted?* (New York: Oxford University Press, 1998)이다.

[23] Anthony De Mello, *Sadhana: A Way to God* (New York: Image, 1978), p. 49. 나는 아시아 종교들에 대한 De Mello의 해석에 전부 동의하는 것은 아니지만, 이 섬에서 나는 그가 통찰력이 있다고 생각한다.

다는 말이다. 지금도 우리는 바로 앞에서 하나님을 볼 수 있다. 성경이 창조와 섭리에 대해 말하는 것이 참되다면, 우리는 하나님이 지금 당장 바로 여기 계시다는 드 멜로의 제안을 진지하게 받아들일 수 있다.

당신이 **하나님을 경험**하기 위해서 정말로 많은 것을 할 필요는 없다. 해야 할 것은 스스로를 잠잠하게 하고, 고요해지는 것이 전부다. 그리고 당신의 손에 닿는 느낌을 인식하는 것이다. 당신 손에 닿는 감각을 알라…그렇게 당신 안에 살아서 역사하시고, 당신을 만지시며, 매우 가까이 계시는 하나님을 접하라…그분을 느껴라. 그분을 경험하라!

대부분의 사람들은 이 같은 경험을 너무 상상력 없는 것으로 간주한다. 분명히 하나님을 경험하는 데는 단순히 오른손의 감각을 느끼는 것보다 더한 많은 것이 있다! 그들은 영광스럽고 세상을 놀라게 할 메시아를 기다리면서 눈 빠지도록 미래를 바라보면서도, 나사렛 예수라 하는 사람의 형태로 내내 그들 곁에 계셨던 메시아는 간과한 유대인들 같았다…

당신은 하나님을 보기 원하는가? 당신 옆에 있는 사람의 얼굴을 보라. 그분의 음성을 듣기 원하는가? 아기의 우는 소리, 잔치에서 크게 웃는 소리, 나무들 사이에서 바스락거리는 바람 소리에 귀를 기울이라.[24]

이는 다른 종교 전통이 이전에는 감추어진 그리스도 안의 진리를 어떻게 열어 줄 수 있는지 보여 주는 또 다른 예다. 고립된 그리스도인들은 이를 알았고, 소수는 그에 대해 글을 쓰기도 했지만, 대체로 주

---

[24] 앞의 책, p. 46.

목을 받지 못했다. 지난 수십 년간 그리스도인들이 선종과 선불교 전통에 관심을 가지면서 일부 신자들이 수 세기 동안 묻혀 있던 기독교 계시의 여러 차원들을 다시 전용할 수 있었다.

옛 사람의 강박적 집착

조지 마스덴(George Marsden), 마크 놀(Mark Noll) 및 다른 이들은 계몽주의 운동이 현대 복음주의 지성을 형성하는 데 어떤 역할을 했는지 보여 주었다.[25] 결과적으로, 구원과 성화에 대한 미국 복음주의의 이해는 공유된 영적 생활보다 믿음과 실천을 강조하는 경향을 보였다. 하지만 신비주의(신적 실재를 직접 경험하는 것)는 다수의 복음주의자들보다 셈족 사상가인 예수님과 바울에게 더 큰 영향을 끼쳤다. 따라서 복음주의자들은 우리가 "[아버지와 아들] 안에" 있게 해 달라는 예수님의 기도(요 17:21), 그리스도 안에서 우리는 십자가에 못 박혔다는 바울의 선언(롬 6:6)과 모든 사람이 죄를 범했다는 바울의 가르침(롬 3:23), 고아와 과부를 돌보라는 야고보의 명령(약 1:27)을 이해하는 데 더 많은 어려움을 겪는다. 우리는 은혜에 대한 아우구스티누스의 치료 형식(은혜는 병든 영혼을 치료하는 약이다)보다 안셀무스의 법적 형식(빚을 갚음으로써 재판관이 부여하는 용서)을 더 편안하게 여긴다. 그래서 신비주의가 더 흔하고 중요한 아시아의 종교 사상에서 복음주의자들은 예수님과 바울,

---

25 예를 들어, George M. Marsden, "The Evangelical Love Affair with Enlightenment Science", in *Understanding Fundamentalism and Evangelicalism* (Grand Rapids, Mich.: Eerdmans, 1991), pp. 122-152; Mark A. Noll, *The Scandal of the Evangelical Mind* (Grand Rapids, Mich.: Eerdmans, 1994), pp. 59-108를 보라.

다른 성경 주제와 저자들을 더 잘 이해하는 데 도움을 얻을 수 있다.

예를 들어, 나는 불교 교리가 바울의 '옛 사람' 개념을 더 분명하게 이해할 수 있게 하고, 루터가 말한 '구부러진 자아'의 의미를 신학적으로 이해할 수 있게 한다는 것을 발견했다. 불교 신자들에게 인간 조건의 본질은 그들이 '욕망'이라 부르는 것으로, 자아의 생각과 바람에 대한 과도한 집착을 의미한다. 이는 곧 우리 각자 안에 있는 자신에게 욕망 그 자체를 중심으로 보고 그 관점에서 모든 것을 해석하라고 요구하는 자기주장의 표현이다. 관찰자의 자아와 떨어져서 사물을 있는 그대로 보기보다, 관찰자 안에 있는 '옛 사람'은 각 사물을 관찰자와 관련지은 상태로만 본다. 들의 백합화(마 6:28)를 있는 그대로—입을 옷을 위해 수고도 하지 않고 길쌈도 하지 않는 하나님의 피조물—보는 대신에, 일반적으로 그것들에게 우리의 욕망이나 혐오, 향수를 불러일으키는 감정, 실용적인 목적을 투사한다. 그리하여 그것들은 있는 그대로—불교 신자들이 '본질'이라 부르는 것—보이는 것이 아니라 다른 어떤 것(우리의 파릇파릇한 잔디밭에 나 있어 깎아야 하는 성가신 티)으로 보인다. 우리는 외적 실재를 '나'를 섬기기 위해 존재하는, 우리 자신의 기능들로 평가한다. 독일 철학자 임마누엘 칸트(Immanuel Kant)가 말한 것처럼, 우리는 다른 사람과 사물을 목적 그 자체로 간주하는 것이 아니라 우리를 섬기는 목적에 대한 수단으로 간주한다.

그러므로 자신의 욕망에 완고하게 집착할 때, 우리는 사물과 사람들을 있는 그대로 보지 못한다. 에머슨이 말한 대로, 우리는 우리가 인도 제국에 가지고 가는 것만 인도 제국에서 가지고 돌아온다.[26] 즉 익숙하게 보던 것만 본다. 우리의 이기적인 집착은 실재의 참된 소리를 듣지 못하게 한다. 대화를 나누는 상대가 방금 말한 것에 귀를 기울이기보다, 다음에 말할 것을 생각한다. 과거나 미래가 아닌 현재에 사는 것, 현재의 순간에 귀를 기울이는 것은 힘들다. D. H. 로렌스(Lawrence)가 말한 대로, "그들이 처한 그 자리에 사는 사람은 거의 없다."[27]

옛 사람이 그것의 이익과 생각에 집착하는 것은 권력이 관련될 때 특히 분명해진다. 우리는 힘 있는 자리를 얻지 못하면 그것을 갈망하거나, 힘 있는 자리가 위태로워지면 초초하게 집착한다. "이생의 자랑"(요일 2:16)은 또 다른 종류의 집착이다. 다른 사람들의 존경을 받음으로써 얻는 안정감에 집착하는 것이다. 우리는 시장에서 인사를 받으려 하고 회당에서는 상석에 앉고 잔치에서는 상좌에 앉으려 하는 등 너무 많은 것을 원한다.

키르케고르가 말한 대로, 도덕조차도 우리가 참된 하나님께 나아가는 길을 막는 일련의 개념들에 대한 집착이 될 수 있다. 이 덴마크 철학자에 따르면, 우리는 윤리적 확신으로 인해 참된 하나님과 맺는 관계의 전적인 개별성을 보지 못하게 되어 종교적 삶의 가장 높은 단계에 오르지 못할 수도 있다.[28] 예수님은 우리가 관습적 도덕의 범주들로 인해 가까이 있는 영적 진리를 보지 못할 수도 있음을 시사하셨다. 예수님은 부자 청년 관리에게 그가 선에 대해 묻는 이유를 물으시고 하

---

26 Dom Aelred Graham, *Zen Catholicism* (1963: reprint, New York: Crossroad, 1994), p. 47에서 인용.
27 Graham, *Zen Catholicism*, p. 50에서 인용. 이것과 다음 단락은 Graham, *Zen Catholicism*, pp. 47-53의 도움을 받았다.
28 Søren Kierkegaard, *Fear and Trembling*, ed. Howard Hong and Edna Hong (Princeton: Princeton University Press, 1983), pp. 54-55. 『두려움과 떨림』(지만지).

나님만 선하시다고 말씀하셨다. [다시 말해, 청년은 선에 대한 이해가 삐뚤어져 있어서 자신이 말하고 있는 그분(the One)을 인식하지 못했다.] 예수님은 제자들에게 판단을 받지 않도록 남을 판단하지 말라고 경고하셨으며, 바리새인들에게 그들이 죄가 없는 것이 아니라면 간음한 여인에게 돌을 던지지 말라고 책망하셨다. 두 경우 모두 행위자들은 자기 의에 빠진 도덕적 판단으로 인해 실제 일어나는 일을 보지 못했다. 칼 바르트가 주장한 대로, 종교적 개념들도 동일하게 작용할 수 있다. 우리에게는 더 쉽게 다룰 수 있을 것 같은 신에 대한 개념들로 하나님을 대체하려는 경향이 있기 때문이다. 예를 들어, 영성 훈련은 자신의 죄에 대한 하나님의 진짜 심판을 대면할 때 안전할 것이라고 하는 자기 의로 흐를 수 있다. 자아의 잘못된 인식들과 밀접한 이러한 방법들은 모두 바울이 '옛 사람'이라 불렀던 것을 잘 나타낸다.

십자가 위에 앉아서

"옛 사람을 벗어 버[린다]"(골 3:9; 엡 4:22)는 것은 무슨 뜻인가? 여기에서 다시 불교의 이해가 도움이 된다. 옛 사람이 일종의 집착이라면, 그것을 벗어 버린다는 것은 일들이 어떻게 이루어지든지 우리 자신의 이기심과 생각을 놓아 버린다는 뜻이다. 이는 옛 선승들이 "붓다를 본다면, 그를 죽여라!" 하고 말했을 때 의미와 비슷하다. 이기적인 자아에서 나오는 우리 자신의 생각들은 도덕과 종교에 대한 생각일 때조차도 파괴적이며, 따라서 십자가에 못 박아야 한다. 또는 더 나은 표현으로 말하면, 놓아 버려야 한다.

바울은 그리스도의 성육신과 희생을 자기 비움 또는 놓아 버림으로 제시한다. 헬라어로는 케노시스(kenosis), '비움'을 의미한다. 그리스도는 그분의 신적 형태—적어도 인간 피조물이 즉시 분명히 알 수 있었을 형태—를 '비우셨으며' 종의 형체를 취하셨다(빌 2:7). 그 결과 그분은 십자가 위에서 죽임을 당하셨다. 성부 하나님은 그와 같은 자기 비움 또는 놓아 버림을 행하셨다. 하나님은 십자가 처형으로 그분의 아들을 인간 존재가 겪는 치욕과 죽음의 고통에 넘겨주셨다. "하나님이 세상을 이처럼 사랑하사 독생자를 주셨"기 때문이다(요 3:16).

바울은 고린도인들을 대상으로 사역하면서 유사한 놓아 버림을 보여 주었다. 처음 그곳에 갔을 때 그는 "그리스도와 그가 십자가에 못 박히신 것"(고전 2:1-2)만 의지하기 위해 웅변술과 인간의 지혜를 놓아 버리기로 결심했다고 쓴다. 이것은 세련된 수사학과 최신 철학을 높이 평가했던 문화에서는 위험한 일이었다. 고린도인들이 "하나님의 능력"만 경험하기 원했기 때문에, 그는 의도적으로 "설득력 있는 지혜의 말"이나 "사람의 지혜"를 사용하지 않기로 했다(고전 1:4-5).

우리에게 놓아 버린다는 것은 무슨 의미인가? 첫째, 도를 안다고 하는 주제넘은 추정을 놓아 버리는 것을 의미한다. 우리는 다음과 같은 고백을 해야 한다. "주여, 나는 정말로 내가 누구인지 모릅니다. 성경은 나의 참된 자아가 그리스도 안에 감추어져 있다고 말합니다(골 3:3). 그리고 나는 아직도 그것을 찾는 중입니다. 내 안에 계신 부활하신 그리스도를 제대로 경험하지 못하고 있습니다. 그것이 의미하는 바가 무엇인지, 그것은 어디에 있는지, 나는 누구인지 보여 주세요."

둘째, 놓아 버린다는 것은 뇌 안에 바른 생각을 집어넣으려고 하거나 바른 신앙을 고무한다는 뜻이 아니다. 또 하나님이 세상에서 발견될 수 없는 것처럼 세상으로부터 물러나는 것을 의미하지도 않는다. 물론 때로 정신과 마음에 집중하기 위해 조용한 장소를 찾는 것은 유익하다. 복음주의자들은 놓아 버리는 것을 마치 실천할 수 있는 단순한 의지의 행위처럼, 그리스도를 규율에 맞춰 단호히 따르거나 본받는 것으로 생각하는 경향이 있다. 그러나 로마서 7장의 실재들을 통해 우리는 은혜를 떠나서 의지는 무력하다는 것을 깨닫는다. 그보다는 오히려 놓아 버린다는 것은 성령의 우선적 생명력에 의해서만 생기며, 자아의 욕망이 아니라 그리스도 그분께 집중하는 일종의 무사무욕이다. 내적 변화의 결과로 나타는 것은 행위(doing)가 아니라 존재(being)인 것이다.

그리스도와 함께 진짜 죽는다는 것은 우리 안에서 그리스도의 생명이 신비스럽게 일어나게 하는 놓아 버림이다. 우리가 참 생명을 찾고, 그 결과 목숨을 잃는 것이다(눅 17:33). 어느 가톨릭 수도원장이 선불교 수도원에 있는 젊은 그리스도인 친구에게 보낸 편지글에는 바울이 그리스도와 함께 죽는다고 말한 것에 담긴 신비적 차원을 밝히는 데 불교의 개념들이 어떤 도움을 줄 수 있는지 분명히 드러난다.

앉아서 참선을 한다는 것은 당신이 십자가 위에 있다가 부활하신 예수 그리스도가 거하시는 존재로서 자신 안의 가장 깊은 존재의 실재를 표현하는 것이다. 당신 자신을 그 내적 실재와 동일시하는 놀라운 방식이다. 참선을 하면서 당신은 예수님과 함께 십자가 위에 앉으며 십자가 위에서 기꺼이 죽으려 하는 그분과 자신을 동일시할 것이다. 즉 이미 당신에게 주어졌지만 자아의 삶 때문에 아직 비밀로 남아 있는 예수님의 부활의 삶을 살 수 있도록 자아에 대해 죽으려는 결심을 확고히 할 것이다. 앉는다는 것은 그리스도의 생명이 당신 안에서 조용히 일어나게 하는 것이다. 따라서 그와 같은 자세를 함으로써 그리스도와 함께 기꺼이 십자가 위에 있고자 하고, 정말로 당신을 위한 죽음이었던 그분의 죽음을 함께 나누고자 하며, 당신 안에서 그분의 부활을 기다리고자 하는 의지를 확언하는 것이다.[29]

참 자아를 찾아서

우리의 이기적인 욕망과 생각을 놓아 버릴 때, 우리는 우리 안에서 일어나실 그리스도에 대한 준비가 될 것이다. 불교 신자들은 우리 본래의 얼굴을 보고 그 안에서 붓다를 발견할 것에 대해 이야기한다. 선종의 육조(Sixth Patriarch)는 우리가 그 같은 발견을 하면, 자연스럽게 실재를 경험할 것이라고 했다. 그것을 특별히 찾고 계획적으로 노력할 필요는 없을 것이다. 마음이 자연스럽게 작용할 것이며, 어떤 중재도 없이 궁극적 실재를 경험할 것이다.[30]

이런 존재 방식은 바울이 성령 안에서의 삶이라고 말한 것과 유사하지만, 계몽주의 운동의 영향을 받은 우리 복음주의자들이(대부분의 다른 서양인들과 함께) 상상하기는 힘들다. 선불교 신자들이 사토리(*satori*, 각성 또는 깨달음)가 우리의 눈을 열어 우리 본래의 얼굴 또는 참 자아

---

29 David G. Hackett, *The Silent Dialogue: Zen Letters to a Trappist Monk* (New York: Continuum, 1996), p. 51.
30 Wing tsit Chan, ed. and trans., *The Platform Scripture: The Basic Classic of Zen Buddhism* (New York: St. John's University Press, 1963), pp. 2-3.

를 보게 해 줄 것이라고 말하는 것처럼, 옛 사람을 놓아 버리는 것 역시 **우리의** 참 자아를 발견하는 길을 열어 줄 것이다. 그것은 골로새서에 따르면, "그리스도와 함께 하나님 안에 감추어[져]" 있다(골 3:3).

이 새롭고 참된 자아는 스스로에 집착하지 않고, 토머스 머튼(Thomas Merton)이 표현한 대로 하나님**으로부터** 그리고 다른 사람들을 **위해** 기능한다. 자아는 더 이상 자신의 가장 깊은 행동 원리가 아니다. 이제 그 안에 계신 그리스도로부터 비롯된다. 불교 신자들은 사토리 안에서 인간이 '무아'를 경험한다고 말한다. 이는 자아를 궁극적인 것이 아니라, 다른 모든 것과 확고하게 연결되어 있고 모든 것에 의지해 있는 것으로 간주하는 상태다.[31] 그리스도인들에게, 새로운 자아는 그 존재를 자아의 외부에서 끌어내며 또 외부를 지향하지만, 단순히 다른 모든 것과의 구조적 연관성 때문에 그런 것은 아니다. 그리스도는 새로운 자아의 기본 원리이며, 종교적 경험의 절정은 신비적 연합에 대한 인식이다. "그런즉 이제는 내[이때 사용된 헬라어는 에고(ego)다]가 사는 것이 아니요 오직 내 안에 그리스도께서 사시는 것이라"(갈 2:20).

---

31 Thomas Merton, *Zen and the Birds of Appetite* (Boston: Shambhala, 1993), p. 51. 『선과 맹금』(성바오로). 내가 유익하다고 생각하는 다른 책들은 다음과 같다. William Johnston, *The Mirror Mind: Spirituality and Transformation* (San Francisco: Harper and Row, 1981); John B. Cobb and Christopher Ives, eds., *The Emptying God: A Buddhist-Jewish-Christian Conversion* (Maryknoll, N. Y.: Orbis, 1990); William Johnston, *The Still Point: Reflections on Zen and Christian Mysticism* (New York: Fordham University Press, 1970); Naomi Burton et al., eds. *The Asian Journal of Thomas Merton* (New York: New Directions, 1975); Thomas Merton, *Mystics and Zen Masters* (New York: Farrar, Strauss and Giroux, 1967, 『신비주의와 선의 대가들』, 고려원); Leo D. Lefebure, *The Buddha and the Christ: Explorations in Buddhist and Christian Dialogue* (Maryknoll, N. Y.: Orbis, 1993).

선승들이 사토리의 경험을 묘사하면서 말한 쾌활하고 근심 걱정이 거의 없는 자연스러움은 바울이 뜻한 성령 안에서 사는 삶(롬 8장)과 유사하다. 무엇을 그리고 어떻게 행동할 것인가 하는 문제에 대해 두려워하거나 염려하지 않는 삶이다. 루터는 이를 '속박되지 않는 것'(*sua sponte*)이라 했다. 이로써 우리는 더 이상 자신 안에 사는 것이 아니라 하나님 안에서, 정의와 선을 (거의) 무의식적으로 행하며 살게 된다. 아우구스티누스가 우리에게 "사랑하고 당신이 좋아하는 것을 하라"(*Ama et fac quod vis*)고 격려했을 때 그가 마음에 두었던 삶이다. 즉 자기를 의식하지 않는 '나'가 완전히 실현되기 전에 자기를 의식하는 '나'가 사라지는 것이다. 성령의 생명력에 의해 점진적으로 발견되고 경험되는 새로운 자아의 삶이다. 이는 우리로 하여금 불교 신자들이 감정적 애착 없이 보고 듣는 것이라 부르는 수준에 도달할 수 있게 한다. 기독교 계시에서는 감정을 악마화하지는 않지만(불교 신자들은 그렇게 하는 경향이 있다), 감정이 종종 자아에 근거하며 사람의 보기와 듣기를 왜곡한다고 하는 불교 신자들의 주장에는 동의한다. 그러므로 불교의 사토리를 살펴봄으로써 우리는 신약이 말하는 하나님의 영으로부터 오는 자유를 더 잘 이해할 수 있다.

두 가지 마지막 언급

나는 이번 장에서 복음주의자들이 불교의 사상과 관례를 성찰함으로써 기독교 계시를 더 잘 이해할 수 있다는 것을 밑그림 수준에서 탐구했다. 불교 신자들은 우리의 생각으로 하나님의 존재를 파악할 수 있다는 추정을 하지 않도록 우리를 도울 수 있다. 그리고 우리가 모든 창조 질서의 근본적 우연성에 대해 선명하게 이해하도록 도울 수 있다. 모든 순간의 신비 앞에서 우리가 느끼는 경외감을 새로워지게 할 수도 있다. 또 우리가 우리의 타락한 본성을 이해하고 그리스도의 생명이 어떻게 그것을 초월하는지 알도록 도울 수도 있다. 이러한 통찰들은 모두 그리스도인들이 이미 알고 있는 것과 관련되기는 하지만, 그럼에도 불구하고 새로운 관점들을 발전시키고 제공한다. 더 나아가, 그들은 그리스도 안에 나타난 하나님의 계시를 새롭게 이해하고 경험하도록 도와줄 수 있다. 끝으로, 불교 신자들이 더 많이 도와줄 수 있는 것 두 가지에 대해 매우 간략하게 언급하고자 한다.

첫째, 불교 신자들의 묵상 기술은 그리스도인들에게 긴장을 풀고, 고요해지고, 더 깊은 방식으로 생각하며, 하나님의 사랑과 은혜를 받을 수 있도록 자신을 비우며, 마음뿐만 아니라 몸으로 기도하는 방법에 대해 가르쳐 줄 수 있다. (우리는 이러한 기술들을 그것에 따라오는 형이상학을 받아들이지 않으면서 사용할 수 있다.) 이러한 기술들을 통해 우리는 이미지와 단어들을 넘어서는 기도에 대해 그리고 보고 듣는 기도에 대해 배울 수 있다. 또한 우리는 무사무욕 가운데 자아로부터 (어느 정도) 자유를 얻게 되는 성령 안에서의 충만한 삶을 추구하는 데 도움을 얻을 수 있다.

둘째, 불교 신자들은 우리 자신의 머리 외부에 있는 것은 알 수 없다고 전제하는 급진적 포스트모더니즘에 대해 의문을 갖는 진지한 사상가들이 많이 있음을 우리에게 상기시킨다. 예를 들어, 불교 철학의 유명한 전통의 하나인 중관파(中觀派)는 관점 없이 사물의 본질을 관찰하기 위해 견해와 이론들을 회피하려고 노력한다. 나는 포스트모더니즘에서 순전한 경험은 없고 오직 해석된 경험만이 있을 뿐이라고 선언한 것은 옳다고 생각한다. 불교 신자들과는 달리, 복음주의자들은 원죄를 믿으며 여기에는 무엇보다도 지성적인 결과들이 포함된다. 즉 죄는 우리의 생각에 영향을 끼치며 종말의 이편에서는 무죄한 생각이 있을 수 없을 것임을 의미한다. 이는 관점 없이 본다는 것이 불가능한 생각임을 뜻하는 것이기도 하다.

불교 신자들이 열반의 이편에서 지적 순수함을 바라는 것은 비현실적이지만, 왜곡에서 벗어난 진짜 자유의 가능성을 주장하는 것은 잘못된 것이 아니다. 이 점에서는 그리스도인들과 의견이 같다. 그러나 당연히 그리스도인들은 그 자유가 거울을 통해 어렴풋이 보는 것처럼 언제나 부분적일 것이라고 말한다. 우리는 언제나 부분적으로만 알 것이다. 그러나 그 부분은 여전히 귀중하다. 하나님으로부터 오는 계시가 **있다**. 이는 곧 우리가 우리의 지성 외부에 있는 것에 대해 무언가를 알 수 있다는 의미다. 우리는 영원히 불가지론에 처해 있을 운명이 아니다.

7장
도교의 위장 신학

불교라 칭하는 것이 하나만 있는 것이 아닌 것처럼, 도교라 칭하는 것도 하나만 있는 것이 아니다. 세상을 바라보는 가장 중요한 도교의 방식 두 가지, 즉 종교적 도교와 철학적 도교는 그보다 더 다르기도 힘들다. 종교적 도교 신자들은 구원의 능력을 지닌 신들과 죄가 많은 인간 본성을 비롯해, 기도와 고행과 연금술과 인격적 종교의 다른 의식들을 통한 죄책 및 죄로부터의 구속을 믿는다. 그들은 불멸을 추구한다. 한편, 철학적 도교 신자들은 사후의 삶을 믿지 않는 무신론자들이다. 소승불교 신자들처럼, 우주에 생기를 불어넣는 감추어진 실재에 도달하기 위해 표면에 드러난 모습을 꿰뚫어 보는 것을 목표로 한다. 그들은 이것을 도(道)라 부른다. 하지만 도교의 두 형태가 완전히 단절되지는 않는다. 실제로 종교적 도교의 씨앗은 가장 초기의 도교 문서인 『도덕경』(약 주전 4세기)에서 찾아볼 수 있다.[1]

---

1 『도덕경』, trans. Thomas Cleary, in *The Essential Tao* (San Francisco: HarperSanFrancisco, 1993). 16장과 50장에서 종교적 도교가 불멸을 추구하는 근거를

이 장에서 나는 철학적 도교에 집중할 것이다. 서양에서는 『도덕경』과 『장자』로 인해 철학적 도교가 더 익숙하다. 이 문서들은 아시아 지혜 문학의 모범이라 할 수 있는 것으로, 잠언 같은 성경의 책들에서 발견되는 히브리 지혜 문학과 유사하다. 히브리 지혜와 (이러한) 중국 지혜 간에는 형태와 내용에 있어 많은 유사점이 있지만, 그럼에도 불구하고 그리스도인 독자는 아시아의 지혜와 예수님의 지혜(고전 1:30) 간에 차이점이 있음을 발견할 것이다. 방금 인용한 두 문서의 저자로 추정되는 노자(주전 6세기)[2]와 장자(약 주전 370-286)는 예수님처럼 당시 문화들과 대립 상태에 있었다. 그러나 오직 예수님 안에서만 이러한 대립은 극도의 변화로 이어졌다. 예수님의 지혜는, 노자와 장자의 제안과 같이 궁극적 실재를 체념과 순응을 요구하는 어떤 것으로 보는 방식, 곧 고통을 최소화할 수 있고 실제로 고통을 피하도록 돕는 방식을 뛰어넘는다. 예수님은 궁극적 실재가 결국 인격적이며, 고통을 그 자체 안에 취한다고 말씀하셨다. 하나님은 우리가 고통을 당하는 동안 멀리 계시지 않고 내려오셔서 함께 우리의 고통 가운데로 들어오시는 인

찾을 수 있다. [우리말 번역은 노태준 역해, 『도덕경』, 2판(서울: 홍신문화사, 2007)을 참조했다.] 철학적 도교에 대해 더 공부하기 원하는 사람은 다음의 책들을 보라. Burton Watson, trans., *Chuang-tzu: Basic Writings* (New York: Columbia University Press, 1964); Wig-tsit Chan, trans. and comp., *A Source Book in Chinese Philosophy* (Princeton: Princeton University Press, 1963); Herlee G. Creel, *What Is Taoism? and Other Studies in Chinese Cultural History* (Chicago: University of Chicago Press, 1970); Max Kaltenmark, *Lao Tzu and Taoism* (Stanford: Stanford University Press, 1969). 이번 장에서 나의 번역은 Cleary의 *The Essential Tao*를 활용했는데, 비전공자들이 접하기 가장 수월하고, 『도덕경』과 『장자』의 내편을 모두 포괄하기 때문이다.

2 학자들에게는 노자의 생몰년과 실존 여부까지 논쟁거리다. 『도덕경』이 주전 3-4세기에 저술된 것으로 보는 사람들은 주전 6세기까지 거슬러 올라가 그때 사용된 지혜로운 말들이 2-3세기 후 글로 기록된 요약이라고 주장한다.

격이심을 보여 주셨다. 실제로 하나님 자신은 죽음이라는 궁극적 악을 겪으시고 극복하셨으며, 우리를 승리의 길로 인도하겠다고 약속하신다. 이것이 잠언, 노자, 장자의 옛 지혜를 무색하게 하고 이들을 초월하는 새로운 지혜다.

그러나 예수님의 종말론적 약속이 잠언 저자가 생각하지 못한 미래를 연다 하더라도, 인간관계와 야망에 대한 잠언의 통찰은 가치가 있다. 나는 노자와 장자의 아시아 지혜에 대해서도 비슷한 결론에 도달했다. 이 두 사상가들은 성경에서도 밝히는 인간 존재의 모순과 역설에 대해 심오한 통찰을 (이따금) 제공한다. 그리스도인들은 종종 이러한 역설들을 이해하는 데 어려움을 겪고 때로 그들 삶의 모순 뒤에 있는 신적 실재를 전혀 보지 못한다. 역설의 본질 때문에 많은 것을 완전히 이해하지는 못할 것이다. 적어도 영원의 이쪽 편에서는 그럴 것이다. 그러나 우리가 역설이 신적 목적과 어떤 식으로든 연결되어 있음을 안다면 역설은 종종 다루기 더 쉽다.

이 지점에서 나는 노자와 장자가 유익하다고 생각한다. 그들은 참신하고 생생한 이미지들을 사용해서, 우리가 종종 이해하지 못하지만 알아채기만 하면 우리의 경험을 대단히 풍성하게 할 수 있는 성경적 진리들을 그리스도인들에게 알려 준다. 또는 부가적인 통찰을 통해 그 진리들을 알아내기 전에는 실제가 되지 않을 수도 있는 성경의 명제들을 분명히 보여 주고 확인시켜 주기도 한다. 그러나 그들은 그저 우리가 이미 알고 있는 것을 상기시켜 주기만 하는 것이 아니다. 노자와 장자로부터 배운 후 이 진리들을 보니, 나는 내가 한때 익숙했던 이 진리들을 이제 낯선 방식으로 보고 있음을 깨닫는다.

위장해 계신 하나님

노자와 장자는 우리에게 하나님은 종종 위장(僞裝)해서 일하신다는 것을 상기시킨다. 하나님의 임재와 지혜는 종종 그분의 부재와 어리석음으로 여겨진다. 『도덕경』은 인격적 신이 아니라 만물에 생기를 주고 스며들며 움직이는 비인격적 도에 대해 이야기한다. 하지만 『도덕경』에서 실재는 그 보이는 것과 같지 않고 또 지혜는 종종 그 반대의 것으로 오해된다고 주장한다. "가장 영리한 것은 오히려 서투른 듯 보이고, 뛰어난 수사법은 오히려 더듬는 듯 보인다."[3] 바울은 십자가의 메시지는 멸망하는 자들에게는 미련한 것이라고 말했다.[4] 노자는 깨닫지 못한 자들에게 "밝은 도는 어두운 것 같고, 나아가는 도는 물러서는 것 같고, 평평한 도는 울퉁불퉁한 것 같고, 상덕은 골짜기 같고, 가장 깨끗한 것은 더러운 것 같고, 광대한 덕은 부족한 것 같으며, 확립된 덕은 부주의한 것 같다"고 하면서, 바울의 생각을 상기시켰다.[5]

노자에게 참된 지혜가 관습적 생각이 아니라면, 참된 덕은 더욱 그렇다. 세상에서는 그리고 사실상 대부분의 종교에서는 행하고 일하고 분투하는 활동을 덕이라 생각한다. 대부분이 선한 행위의 자의식적인 (self-conscious) 함양과 선한 활동을 축적해 나가는 동기를 덕이라 생각한다. 행위는 구원하지 못한다는 항변이 있지만, 복음주의자들까지도 종교적 규율에 지나친 관심을 기울임으로써 정반대의 확신을 가지

---
3 Lin Yutang, *From Pagan to Christian* (London: Beinemann, 1960), p. 118에서 인용.
4 고전 1:18.
5 『도덕경』, p. 41.

는 것처럼 보인다. 그들은 행하는 무엇도 자신들을 구원할 수 없다고 확신하면서도, 종종 하나님이 자신들 혼자 힘으로 계명을 따르도록 피조물을 내버려 두고 멀리 있는 이신론적 신인 것처럼 삶을 산다. '성령 안에서의 삶'은 그들 미래의 운명을 상기시켜 주는 데 쓰이는 주문에 지나지 않다. 매일 그 실재를 의식하면서 사는 사람은 거의 없다.

이상하게도, 복음주의자들은 그리스도보다 몇 세기 전에 살았고 인격적 하나님을 알지 못하는 것 같았던 이 철학적 도교 사상가들로부터 하나님의 성령이 신앙생활 속에 살아 있는 실재가 되는 것의 의미를 되찾도록 (또는 처음으로 알 수 있도록) 도움받을 수 있다. 그 이해를 열어 줄 수 있는 문은 '무위'(無爲)라 부르는 난해한 개념으로, "아무것도 하지 않는다"는 뜻의 중국어다. 어떤 점에서 그것은 정확한 의미다. 즉 사람은 행하거나 행동을 취하지 말아야 하며, 도가 행동하기를 기다려야 한다는 뜻이다. 우리의 모든 행동은 역효과를 낳을 것이며, 우리가 자유롭게 놓아주려고 하는 일들을 망쳐 놓기만 할 것이다. "획책하는 자는 실패하고, 잡으려는 자는 놓친다. 그러므로 성인은 작위하지 않으므로 실패하지 않으며, 집착하지 않으므로 잃지 않는다.…그러므로 성인은 무욕을 원하고 얻기 어려운 재화를 귀히 여기지 않는다."[6]

도(도교 신자들이 기독교의 하나님에 연관시키는)를 기다리는 자들은 그들의 초기 기대가 채워지지 않음을 깨달을 수 있으나 장기적으로는 더 나은 결과를 얻을 수 있다. "성인은 결코 큰 것을 행하려 하지 않음으로써 능히 그 큰 것을 성취한다."[7] 그리고 자신들의 능력과 생각으로 일

---

6 앞의 책, p. 64.
7 앞의 책, p. 63.

을 도모하는 자들은 일을 "끝내지" 못한다는 것을 깨닫는다. 그래서 강압적이지 않으면서 효과적이고, 또 권력을 이기적으로 움켜잡으려고 하는 유혹을 거부한다.[8] 도 자체에 최선의 결과가 나올 방법과 시간이 있다는 사실을 배웠기 때문에, 그들은 장애물에 부딪칠 때 융통성 있고 유연하다. 또한 "천하에 물보다 유약한 것은 없으나 견강을 치는 자로서 진실로 이보다 나은 자가 없는 것은 어떠한 것으로도 이를 바꿀 수가 없기 때문"임을 안다.[9] 즉 사람이 장애물 앞에서 항상 물러나야 한다는 것이 아니라 장애물을 매우 효과적으로 다루기 위해 도의 지혜와 방법을 신뢰해야 한다는 이야기다. 때로 장애물처럼 보이는 것이 실제로는 축복일 수 있다.

'무위' 또는 무행동의 다른 의미는 복음주의자들이 이해하기 더 쉬울 수 있다. 행동의 부재가 아니라 행동 자체에 애착을 보이지 않으면서 행동하는 것이다. 이는 곧 덕과 가치를 쌓는 일에 헌신하는 것이 아니라 도(그리스도인들에게는 그리스도)와의 연합에 헌신하는 삶이다. 자의식적인 숙고의 방식('나는 지금 어떤 명령에 복종해야 하는가?')에 따라 행동하는 것이 아니라, 성령 안에서 사는 자발적 방식—그리스도 그분의 삶('예수님, 당신은 무엇을 하고 계십니까?')—에 따라 행동해야 한다는 인식이다.

장자는 바울의 성령 안에서의 삶과 묘할 정도로 유사한 무사무욕의 길에 대해 묘사한다. "물 흐르듯 도를 행하는 사람은 자신의 행동으로 남에게 해를 입히지 않는다. 그러나 그는 스스로가 '친절'하거나

---
8 앞의 책, pp. 29-30.
9 앞의 책, p. 78.

'너그럽다'는 것을 인식하지 않는다. 자신의 이익에 매달리지 않으며 매달리는 사람을 경멸하지 않는다. 돈을 모으려고 애를 쓰지도 않지만 가난이 미덕이라고 여기지도 않는다. 타인에게 의지하지 않지만 홀로 가는 것을 자랑하지도 않는다."[10] 장자는 바울의 심오한 신학적 신비주의에 미치지는 못하지만 유사한 영적 자유를 포착한다. 바울에게 그러했듯이, 장자에게 덕의 삶은 계산의 결과물이 아니라 영적 연합의 산물이다. 장자에게 위대한 사람은 의식적으로 가치와 덕의 창고를 세운 사람이 아니라 도가 그 안에서 '물 흐르듯' 움직이는 사람이다. 그는 '도인'이다.[11]

이것은 신약이 설명하는 '믿음의 삶'과 유사한 길이며, 활기가 사라진 우리 믿음의 삶을 다시 이어 줄 길일 것이다. 이는 곧 '선'이 아니라 도(그리스도인들에게는 그리스도)에 집중하는 것이다. 우리가 행동하고 계획하는 것을 멈추고 하나님이 우리 삶 가운데서 하나님 되실 때 나타나는 은혜다. 장자는 아시아인으로서 성령 안에 거하고 행하는 것을 설명하고 있다. 행위가 아니라 연합을 목표로 하는 삶인 것이다.

장자의 말을 빌리면, 자아의 무가치함을 깨닫고 마치 자아가 "마른 나무 그루터기" 또는 "죽은 재"인 것처럼 그것에 대해 잊어버린 사람의 총체적 겸손이다.[12] 현자들은 "스스로 잘 알면서도 자신을 나타내지 않는다."[13] 다른 말로 표현하면, 자신과 자신의 영적 진보에 집착하지 않

---

10 『장자』 17.3, in Thomas Merton, *The Way of Chuang Tzu* (Boston: Shambhala, 1992), pp. 137-138. 『토머스 머튼의 장자의 도』(은행나무).
11 『장자』 17.3; Merton, *The Way of Chuang Tzu*, p. 26.
12 Merton, *The Way of Chuang Tzu*, p. 31.
13 『도덕경』, p. 72.

고 도 앞에서 자신의 무가치함을 인식한다. [기독교적 입장에서는 제자들과 유사하다 할 수 있는데, 자기를 잊은 자들이자 신비롭게 자신들을 채워 주시고 자신들을 통해 사시는 하나님(the One)과 사랑에 빠진 이들이다.] 그들은 덕이란 자기 노력으로 만들어 내려 하는 것보다 선을 믿는 것에서 생기는 것임을 안다. 또한 "행복은 찾기를 멈출 때 비로소 찾는 것이다"라는 장자의 말을 이해하기에 이른다.[14] 장자는 행복을 찾으려 애쓰지 않는다면 '옳음'과 '그름'이 저절로 분명해진다는 것을 발견했다. 또한 행복도 찾아왔다. 하지만 오직 도와 연합한 부산물로 생긴 것이다. 그러므로 영의 사람들은 사람들이 그들을 좋아하든 싫어하든, 존경하든 하지 않든 개의치 않는다. "사람이 많은 곳에는 의견도 많아 화합이란 것이 거의 없다. 결국은 서로 싸움으로 끝날 멍청이들의 지지를 받아 봐야 얻을 게 없기 때문이다." 따라서 그들은 "친근한 분위기에 둘러싸여서도, 쓸데없는 참견은 하지 않으며, 무심히 헤엄치는 물고기처럼 행한다."[15]

노자와 장자는 도와 연합하여 생기는 무사무욕으로 인해 우리는 자아의 끔찍한 요구로부터 해방된다고 설명했다. 우리가 성령이 우리에게 들어와 사시게 한다면, 우리는 첫째가 되고 인정받으려는 자아의 강한 욕구에 복종할 필요가 없다. 중국의 현자들이 보장했듯, 그 결과는 이기적인 자아가 관리하고 있을 때는 결코 불가능한 성취다. 하늘과 땅은 영원하다. "천지는 스스로 번성하려 하지 않기 때문이다. 천지가 영원히 사는 것은 그 때문이다. 이러한 까닭에 현자는 뒤로 물러나

---

14 『장자』 18.1.
15 앞의 책, 24.12.

지만 오히려 첫째가 되고, 소외(疎外)하지만 오히려 보존(永存)한다. 그들이 성취를 이루는 것은 오히려 사심이 없기 때문이 아니겠는가."[16]

자아의 요구를 무시하고 도에 항복한 결과는 예수님이 제자들에게 자신을 버릴 때만 찾을 것이라고 말씀하실 때 강조하셨던 바로 그 아이러니와 같다. "[현자들은] 주장하지 않으므로 탁월함이 드러난다. 공적을 자랑하지 않으므로 공적이 자신의 것이 된다. 자만하지 않으므로 오래 존경을 받는다. 천하의 누구도 그들과 다투지 않는 것은 그들 자신이 다투지 않기 때문이다."[17] 그들은 완고하게 자신의 특권과 계획을 주장하기보다는 그 순간의 위급한 일에 내준다. 그들의 융통성 덕분에, 장기간에 걸쳐 번창한다. "사람이 날 적에는 유약하고, 죽으면 견강(堅强)하다.…그러므로 견강한 것은 죽음의 무리요, 유약한 것은 삶의 무리다.…강대한 것은 아래에 있고, 유약한 것은 위에 있다."[18]

현자들은 위기에도 여유로울 수 있다. 그들의 길을 가로막는 모든 것 안에서 그리고 그 뒤에서 신을 보기 때문이다. 노자와 장자가 신은 비인격적 운명 그 이상이라 믿는다는 암시를 거의 하지는 않았지만, 그들은 신이 하는 일은 —개인에게는 아니더라도 적어도 존재의 공동체를 위해서— 선하다고 주장했다. 따라서 변화되는 것과 변화될 수 없는 것에 대해 체념하는 것은 선의 심연에 몸을 맡기고 모든 일이 잘될 것이라 자족할 수 있는 한 가지 방법이다.

---

16 『도덕경』, p. 7.
17 앞의 책, p. 22.
18 앞의 책, p. 76.

사람의 형체는 무수히 많은 방식으로 변화하며 한계도 없기에, 우리가 사람의 형체를 타고나기만 해도 기뻐한다면, 즐거워할 것은 헤아릴 수 없이 많을 것이다. 그러므로 현자는 어떤 것도 다른 곳으로 옮겨 갈 수 없이 모든 것이 존재하는 경지에서 노니는 것이다. 그들에게는 젊음도 선하고 늙어 감도 선하며, 시작도 선하고 끝도 선하다.[19]

그러나 노자와 장자의 문서 중 대부분은 추상적 도에 대해 말하지만, 장자는 존재하는 모든 것에 그 자체에 대해 명령하는 이로운 존재가 있으므로 모든 것이 선하다고 암시한다. 장자는 자래(子來)의 이야기를 전한다. 그는 죽기 직전에 가족에게 다음과 같이 설명한다. "자기 삶을 잘 사는 것이 곧 자기 죽음을 잘 맞이하는 것이오.…지금 한결같이 하늘과 땅을 큰 용광로라 생각하고 조물주를 훌륭한 대장장이라 생각한다면 어디로 간들 안 될 곳이 있겠소? 깜박 잠들었다가 문득 깨어날 따름이지요."[20]

복음주의자인 우리는 철학적 도교의 우주론이나 신학을 취하고 싶어 하지 않을 것이다. 우리는 예수 그리스도로 인해 궁극적 실재가 인격적이며, 따라서 섭리는 차가운 운명이 아니라 사랑의 마음에서 나온다는 사실을 안다. 그런데 도교 사상가들이 무정한 도의 작용을 신뢰함으로써 만족을 깨달았다면, 우리는 우리를 위해 고난을 겪으심으로써 그분의 돌보심을 보여 주신 하나님을 얼마나 많이 신뢰할 수 있겠

---

19 『장자』, "내편", 6장, in *The Essential Tao*, trans. Thomas Cleary (San Francisco: HarperSanFrancisco, 1993), p. 110.
20 앞의 책.

는가? 예수님은 불완전하게 알던 하나님을 신뢰한 이교도들로부터 우리가 배울 수 있다고 말씀하셨다. 그러므로 우리 역시 우주가 궁극적으로 이로운 작용을 한다고 신뢰하는 도교 신자들로부터 하나님의 주권을 신뢰하는 것에 대해 무언가를 배울 수 있다.

하나님의 역설적인 방식

철학적 도교 신자들이 우리에게 예수님과 바울이 뜻한 신비스러운 연합에 대해 무언가를 보여 줄 수 있다면, 하나님이 인간의 약함을 통해 강함을 낳으신다는 성경적 역설을 이해하는 데도 도움을 줄 수 있다. 우리는 성경에서 하나님이 기드온을 사용하시기 전에 그가 약해지기를 원하셨다는 것, 바울이 약함을 통해서만 그리스도의 능력을 경험할 수 있기에 그의 육체에 있는 가시를 고쳐 주기를 거절하셨다는 것을 안다.[21] 그러나 우리 대부분은 이 모든 것이 의미하는 바를 이해하지 못하거나, 우리 삶 속에서 그 실재를 충분히 실현하지 못한다. 노자는 우리가 이 신비에 접근하기 시작하도록 도울 수 있다. 노자가 바울이 의미했던 것을 정확히 이해하지 못했더라도(그리고 그는 분명 바울에게 이를 계시하신 예수 그리스도에 대한 명백한 지식을 가지고 있지 않았다), 적어도 바울을 어리둥절하게 했던 역설적 패턴에는 익숙했다. 그는 약함과 내세우지 않음이 어떻게 강함과 우세함으로 나아가는지 강한 호기심을 가졌다.

---

[21] 삿 7장; 고후 12:5-10.

노자는 "낳고도 소유하지 않고, 행하고도 자랑하지 않으며, 장성시키되 주재(主宰)하지 않으니, 심오한 힘이다"라고 말했다.[22] 분명한 무위(불활동)에도 불구하고, 행위(활동)가 이루어진다.

참된 도는 무위이면서 하지 않음이 없다.…욕심을 내지 않아 허정(虛靜)해지면 천하는 장차 저절로 안정될 것이다.…상덕은 무위이므로 작위가 없으며…귀한 것은 천한 것으로써 근본을 삼고, 높은 것은 낮은 것으로써 기초를 삼는다. 이리하여 후왕은 자신을 고과불곡(孤寡不穀)이라 부르니, 이는 천한 것으로써 근본을 삼음이 아닌가.[23]

역설적으로, 아무것도 없는 곳에 가치가 있다. "찰흙을 빚어서 그릇을 만드나 그 가운데를 비워야 그릇으로서 쓸모가 있으며, 문과 창을 뚫어서 방을 만드나 그 방 안이 비어 있어야 방으로서 쓸모가 있다."[24]

그러므로 더 높이 오르는 방법은 낮고 겸손하게 접근하는 것이다. "강과 바다가 백 개 계곡의 왕인 까닭은 진실로 겸하(謙下)함으로써 능히 백 개 계곡의 왕인 것이다. 그러므로 백성들의 위에 서려고 하면 반드시 말로써 겸하하고, 백성들의 앞에 서려고 하면 반드시 몸으로써 뒤에 선다.…누구하고도 다투려고 하지 않으므로 천하에 이와 다툴 자가 능히 없다."[25]

역설은 반대로 작동하기도 한다. 강함은 약함 가운데서 자라고 명

---

22 『도덕경』, p. 10.
23 앞의 책, p. 37.
24 앞의 책, p. 11.
25 앞의 책, p. 66.

예는 겸손으로부터 자랄 뿐만 아니라, 약함도 교만한 강함에서 생긴다. "장차 이를 약하게 하려면 반드시 이를 강하게 하고, 장차 이를 없애려면 반드시 이를 번영시켜야 한다." 이어서 노자는 다음과 같이 불변에 가까운 법칙을 말했다. "스스로 옳다고 하는 자는 나타나지 못하고, 자기 공을 자랑하는 자는 공이 무너지며, 자만하는 자는 오래가지 못한다."[26] 노자는 바울과 비슷한 말로 결론을 내렸다. "약함이 강함을 이긴다."[27]

평이하지만 생생한 이미지로, 노자와 장자는 세상이 하나님의 섭리 아래 작동한다고 하는 역설적 방식의 존재를 볼 수 있게 도와준다. 강함은 약함에 의해 길러지고 약함으로부터 생긴다. 위대한 것은 아무것도 아닌 것보다도 더 부족한 것으로 여겨지는 것들에 의해 만들어진다. 그러나 중국의 지혜가 이러한 패턴의 편만함과 실재를 보여 준다면, 유대 지혜와 기독교 지혜는 세상이 이와 같이 작동하는 이유를 설명해 준다. 바울 특유의 깊이 있는 설명을 제시한다.

그러나 하나님께서 세상의 미련한 것들을 택하사 지혜 있는 자들을 부끄럽게 하려 하시고 세상의 약한 것들을 택하사 강한 것들을 부끄럽게 하려 하시며 하나님께서 세상의 천한 것들과 멸시받는 것들과 없는 것들을 택하사 있는 것들을 폐하려 하시나니 **이는 아무 육체도 하나님 앞에서 자랑하지 못하게 하려 하심이라.**[28]

---

26 앞의 책, pp. 24, 35.
27 Lin Yutang, *From Pagan to Christian*, p. 125에서 인용.
28 고전 1:27-29(저자 강조).

바울에 따르면, 모든 것은 역설적으로 작동한다. 카르마(karma) 또는 도라고 부르는 추상적 질서 같은 비인격적 법 때문이 아니라, 하나님이 교만한 자를 낮추시고 모든 피조물은 그분께 절대적으로 의존한다는 것을 보여 주기 원하시기 때문이다. 조나단 에드워즈는 하나님이 그분의 성도들이 엄청난 영광과 번영을 누리고 있을 때 종종 재난이 임하게 하셔서, 그들이 이 세상의 것들—심지어 영적 성공까지도—을 신뢰하지 않게 하신다고 덧붙였다. 다윗과 솔로몬이 통치하던 최전성기에 구약 교회에는 엄청난 재난이 닥쳤다. 다윗의 간음과 살인, 다윗의 아들 암논과 압살롬이 저지른 강간과 배신, 이후 솔로몬의 우상숭배와 왕국의 분열이 있었다. 마찬가지로, 콘스탄티누스 황제의 통치하에서 초기 교회가 승리한 후에 아리우스파 이단이 일어나고 교회 내 세속성이 증가했다. 에드워즈에 따르면, 하나님은 "모든 누리던 영화를 욕되게"(사 23:9) 하고 그분의 백성이 자신들을 하나님보다 높이지 않게 하여 하나님 한 분만 칭송을 받으실 수 있게 하려고 이런 패턴을 허락하신다.[29]

성도들에게 어떤 극심한 재난을 일어나게 하는 것이 하나님이 일하시는 방식이다. 야곱이 하나님과 씨름을 하고 그분을 이겨서 얻어 낸 축복과 같이 놀라운 특권을 받았지만 다리를 절뚝거리게 된 것처럼, 성도들이 대단한 빛과 기쁨을 얻고 그들 위에 하늘의 미소가 임하여 높이 인정을 받았을 때 그렇다.…커다란 재난 그리고 때로 죽음이 닥칠 때 그에 적절한 놀라운

---

29 Jonathan Edwards, *Notes on Scripture* (New Haven, Conn.: Yale University Press, 1998), p. 292.

빛과 위로가 주어진다. 하나님은 그런 재난들이 일어난 직후 그것들을 주신다. 이와 같이 하나님이 그분의 백성에게 대단한 일시적 번영을 주실 때, 그것과 함께 이를 무색하게 만드는, 그들이 번영했다고 교만해지고 이를 신뢰하지 못하게 만드는, 어떤 재난이 일어나게 하실 때가 있다.[30]

바울이 고린도후서를 쓰기 14년 전, 갈라디아에서 육체적 질병에 시달리면서 이 역설의 실재를 경험했다. 바울은 그 질병으로 인해 경멸과 멸시를 받았다고 말한다. 바울이 세 번이나 질병을 제거해 달라고 기도할 정도였다. 세 번의 기도 후에, 그리스도는 바울에게 다음과 같이 말씀하셨다. "내 은혜가 네게 족하도다. 이는 내 능력이 약한 데서 온전하여짐이라 하신지라." 다른 말로 하면, 그리스도 예수님은 바울이 (육체적으로) 치유되기를 원하지 않으셨다. 주님은 그를 위해 더 큰 영적 치유를 예비해 놓으셨기 때문이다. 바울은 그 안에서 그리스도의 능력을 경험할 것이다. "그러므로 도리어 크게 기뻐함으로 나의 여러 약한 것들에 대하여 자랑하리니 이는 그리스도의 능력이 내게 머물게 하려 함이라"(고후 12:9).

기묘하게도, 하나님은 바울이 "사탄의 사자"(고후 12:7)라고 한 것을 제거하길 정말로 원하지 않으셨다. 얼마나 역설적인가! 하나님은 바울이 그분의 불가해한 목적을 위해 사탄(!)으로부터 무언가를 받아서 갖고 있기를 **원하셨다**. 욥의 이야기에서 그런 것처럼, 하나님은 그분의 더 큰 목적을 이루기 위해 악마의 일을 분명 사용하신다. 그러나 하나

---

30 앞의 책.

님은 악을 사용해 선을 빚으신다. 따라서 바울은 이렇게 말할 수 있었다. "그러므로 내가 그리스도를 위하여 약한 것들과 능욕과 궁핍과 박해와 곤고를 기뻐하노니 이는 내가 약한 그 때에 강함이라"(고후 12:10).

하지만 이 논의에서 더 중요한 것은 하나님이 (분명히) 오직 약함 가운데서 바울이 그리스도의 은혜와 능력을 경험할 수 있기 때문에 그가 약한 채 있기를 원하셨다는 점이다. 이는 도교 신자들이 알았고 바울도 실례를 들어 보여 준 역설이다. 이 점은 나에게 특별한 의미가 있다. 나는 소년 시절 이후 말더듬증으로 인해 많은 좌절과 분노와 부끄러움을 겪으며 고통을 당했다. 수년 동안 없어지도록 기도했고 내 안의 악마들을 내쫓았으며 내가 치유될 것이라는 믿음의 말씀을 받기도 했다. 10년 전에는 세계에서 가장 좋다는 말더듬증 전문 병원에 가서 상당한 도움을 받기도 했다. 하지만 나는 아직도 이 문제로 몸부림치고 있다. 여전히 때때로 약함과 무력함을 느낀다. 도교 저작들에서 말하는 충만함이 일정 부분 공허함 가운데 있고 강함은 일정 부분 약함에서 생긴다는 것을 인식하고 있기 때문에 나는 그에 어느 정도 동의한다. 셀 수 없을 만큼 여러 번 그 역동을 경험하기도 했다. 바울의 저술을 통해 하나님이 내가 계속 고난을 겪도록 허락하시는 **이유**를 보면서 나는 엄청난 도움을 받았으며, 그런 이유로 바울의 저술은 노자와 장자보다 훨씬 더 가치가 있음을 증명하기도 했다. 그러나 노자와 장자를 통해 이 신적 역학의 실재에 대한 나의 확신은 깊어졌고, 그리스도의 가시적 몸의 한계를 훨씬 뛰어넘어 적용되는 우주의 원리를 볼 수 있었다. 또한 그들은 이 원리가 내 언어 능력의 문제보다 내 인생의 훨씬 더 많은 것에 적용된다는 점을 깨닫도록 도와주었다. 내가 말을 더듬는 것은, 이를테면 인간 상태의 한 유형이다. 내가 종종 무력함을 느끼고 신적 능력과 은혜의 지속적인 행사만이 내가 말하는 것을 가능하게 한다는 것을 인식하듯, 우리 모두는 우리 삶의 다른 모든 부분에서 무력하다. 우리가 혼자 힘으로 호흡하고 활동할 수 있다고 생각한다면, 내가 유창하게 말하면서 치유되었다고 갑자기 생각할 때처럼 실재를 깨닫지 못하는 것이다. 그런 점에서 우리는 초기 중국의 지혜에 귀를 기울임으로써 유익을 얻을 수 있다.

8장

덕에 대한 유교의 헌신

공자(주전 551-479)는 19세기 초 이래로 보수적인 그리스도인들로부터 부당한 평가를 받았다. 18세기에 유럽 계몽주의와 조나단 에드워즈는 그를 높이 받들었지만, 이후에도 복음주의자들은 이 중국 현자에게 등을 돌리고 인간 본성에 대해 지독하게 낙관주의적 견해를 지닌 불신자로 치부해 버렸다.[1]

대부분의 종교적 논쟁이 그렇듯, 각자의 비판에는 조금씩 진리가 담겨 있다. 공자는 신학보다 인간 도덕에 훨씬 더 관심이 있었다. 그리고 그의 이름과 연관된 전통은 인간 본성의 근본적 선함에 기반을 둔 인간학으로 발전되었다. 하지만 공자 자신은 신적 세계의 실재를 확신했

---

[1] Gerald McDermott, *Jonathan Edwards Confronts the Gods* (New York: Oxford University Press, 2000), 12장을 보라. 유교 전통에 대한 훌륭한 입문서로는 Ch'u Chai and Winberg Chai, *Confucianism* (Woodbury, N. Y.: Barron's Educational Series, 1973)과 Fung Yu-Lan, *A Short History of Chinese Philosophy*, ed. Derk Bodde (New York: Free Press, 1948)를 보라. 또 기독교와 유교가 최초로 만난 이야기에 대해서는 John D. Young, *Confucianism and Christianity: The First Encounter* (Hong Kong: Hong Kong University Press, 1983)를 보라.

고, 『논어』에는 그를 비판하는 주장들이 제안하는 것보다 인간성에 대해 여러 가지로 해석 가능한 개념이 훨씬 더 많다. 중국인들은 그를 위대한 스승이라 부르고('Confucius'는 초기 예수회 선교사들이 라틴어로 음역한 것이다), 하늘은 그가 지닌 덕의 저자이자 기도의 대상이었다.[2] 그는 오직 하늘에 의해서만 이해를 받으며 그가 기울이는 문화적 노력의 성공은 하늘의 주권적 질서에 의해 좌우되는 것으로 여겼다.[3] 하늘의 법령에 대해 경외심을 가졌으며 자연의 움직임을 그것의 통제 아래 있는 것으로 생각했다.[4] 공자는 하늘을 인격적 신과 같은 무언가로 여겼지만, 유교 전통에서 공자 다음으로 가장 위대한 교사인 맹자(주전 371-289)는 하늘은 더 내재적이고 비인격적이라 했다.[5] 그러나 맹자조차도 하늘은 인간의 중재 없이 일들이 일어나도록 명하면서, 행동과 행위를 통해 스스로를 드러낸다고 말했다.[6]

유교 전통은 인간 본성을 낙관적으로 평가하는 것으로 알려져 있다. 실제로, 중국 사상에 인간의 근본적 선함을 강조하는 흐름이 계속

---

2 Confucius, *The Analects*, trans. and ed. D. C. Lau (Hammondsworth: Penguin, 1979), 7.23; 3.13; 7.35. [우리말 번역은 이기동 역해, 『논어강설』, 2판 (서울: 성균관대학교 출판부, 2005)을 참조했다.]
3 앞의 책, 14.35; 9.5.
4 앞의 책, 16.8; 10.25.
5 Julia Ching, in Julia Ching and Hans Kung, *Christianity and Chinese Religions* (New York: Doubleday, 1989), p. 72. 『중국 종교와 그리스도교』(분도출판사). 덕과 용기에 대한 Mencius와 Aquinas의 견해를 흥미진진하게 비교한 책으로 Lee H. Yearley, *Mencius and Aquinas: Theories of Virtue and Conceptions of Courage* (Albany, N. Y.: SUNY Press, 1990)를 보라.
6 *Mencius*, trans. and ed. D. C. Lau (Hammondsworth: Penguin, 1970), V A.5; V A.6. [우리말 번역은 이기동 역해, 『맹자강설』, 2판 (서울: 성균관대학교 출판부, 2005)을 참조했다.]

된 것에는 맹자에게 책임이 있다.[7] 그러면서도 유교 전통은 인간의 잠재성과 현실성을 구별했다. 인간의 근본적 본성은 선할지 모르지만, 그 행적은 악으로 상당히 더럽혀져 있다. 공자 스스로도 "아직 자신의 허물을 보고 마음속에서 스스로를 책망하는 자를 보지 못했다"고 말한 것으로 전해진다.[8] 또 여자의 아름다움을 좋아하는 만큼 덕을 좋아하는 남자, 또는 배우는 일에 열심을 내는 어떤 사람, 또는 올바른 것을 실행하는 어떤 사람을 만난 적도 없다고 말했다.[9] 인간 본성의 근본적 선함이라는 교리로 알려진 맹자조차 도는 찾기 전혀 어렵지 않은 넓은 길과 같다고 말했다. 하지만 문제는 사람들이 그 도를 찾지 않는다는 것이다.[10]

자세히 살펴보면, 인간 본성에 대한 유교의 교리는 실제적 선함보다 잠재적 선함을 강조한다. 인간은 네 가지 덕의 '싹', 즉 측은하게 여기는 마음, 부끄러워하고 미워하는 마음, 사양하는 마음, 시비(是非)를 가리는 마음을 가지고 태어난다고 단언한다.[11] 그러나 맹자에 따르면, 이는 단지 사람이 **선해질 수 있는 가능성**이 있으며 또 사람들이 나쁘게 된다면 그들의 타고난 자질 때문이 아니라는 의미다.[12] 그리스도인은 이런 말들을 접하면 야고보의 권면을 떠올린다. 야고보는 우리가 죄를 범할 때 하나님이나 원래의 본성이 아니라 자신의 욕망을 탓해야 한다

---

7 Chai and Chai, *Confucianism*, p. 51.
8 *Analects* 5.27.
9 앞의 책, 9.18; 11.7; 16.11.
10 *Mencius* VI B.2.
11 앞의 책, II A.6.
12 앞의 책.

고 말했다(약 1:13-16). 신유학파 사람들은 인간 본성의 양면—즉 선한 하늘의 근본적 본성과 선하거나 악할 수 있는 육체적·실존적 본성—에 대해 말했다.[13] 유교 전통은 근본적으로 타락한 본성 또는 모든 인간 행동과 존재에 편만한 영향을 끼치는 죄라는 기독교적 개념에 접촉한 적이 한 번도 없었지만, 결코 완전히 실현되지 않는 잠재적 선함을 강조하는 유교의 가르침은 죄로 손상된 인간 안에 있는 하나님의 형상에 대한 기독교적 개념과 비슷하다. 두 전통에서, 인간 본성은 근본적으로 선하지 않으며 전적으로 악하지도 않다. 그래서 두 전통은 인간의 본성에 대해 다르게 평가하지만, 차이점들은 많은 그리스도인이 믿는 것처럼 정교하지는 않다.

중국의 정언적 명령법

하지만 복음주의자들에게는 공자와 유교 전통 자체가 그 가르침이 특정 기독교적 믿음과 유사하다는 것보다 훨씬 더 중요하다. 유교에 있는 덕에 대한 외곬의 헌신은 매우 중요한 의미가 있다. 공자와 맹자는 진리와 옳은 것에 대한 헌신을 철저히 가르쳐서 많은 복음주의자들을 당황스럽게 할 정도다.[14] 중국 현자들은 도를 따르는 것이 가난, 고통과

---

13 Ching and Kung, *Christianity and Chinese Religions*, p. 116.
14 물론 어느 정도 나는 비교가 되지 않는 것을 비교하고 있다. 기독교 교사들 역시 의무에 대한 일편단심을 가르쳤으며, 일부 유교 신자들은 전형적인 유교 신자가 전형적인 복음주의자와 마찬가지로 위태로운 상태에 있다고 말할지 모른다. 그들은 또한 많은 기독교 열정이 시간이 흐르면서 형식주의로 넘어간 것처럼, 덕에 대한 일부 유교의 헌신 역시 형식주의적 예의범절이 되어 버렸다고 인정할지 모른다.

죽음을 초래했을 때조차도 그 안에서 기쁨을 발견했다. 덕을 추구하는 것은 외적 보상 때문이 아니라 그것의 본질적 가치 때문이었다. 미국 복음주의가 물질주의와 성공이라는 술에 취하고 있는 시대에, 이 중국 교사들은 (이교적) 해독 프로그램을 제공한다. 그들은 우리가 오래전에 미국 기독교 의식에서 상실해 버린 기독교, 그야말로 복음주의적인 기독교 전통―사심 없이 선을 행하는 에드워즈 전통―을 회복하는 데 도움을 줄 수 있다.

에드워즈의 신학 대작인 『신앙감정론』에서는 참된 종교에 대해 두 번째로 신뢰할 수 있는 ('긍정적') 표지는 하나님과 하나님의 방법 자체에 끌리는 것이라고 한다("은혜로운 감정들의 첫 번째 객관적 근거는 신성한 일들이 지닌 초월적으로 탁월하고 사랑스러운 본질이다. 그 자체의 본질 그대로, 즉 신성한 일들이 자신 혹은 자신의 이익과 관계가 얽히지 않은 채 말이다").[15] 다시 말해, 참된 영성은 자기 유익(self-interest)에 근거하지 않는다. 자연적인 사랑 또는 이 세상의 사랑은 내 사랑에 대해 돌려받을 수 있는 것에 근거를 둔다. 그러나 에드워즈에 따르면, 예수님은 초자연적으로 영감된 사랑은 돌려받을 것을 염두에 두지 않는다고 말씀하셨다. "너희가 만일 너희를 사랑하는 자만을 사랑하면 칭찬 받을 것이 무엇이냐 죄인들도 사랑하는 자는 사랑하느니라"(눅 6:32). 사탄이 하나님께 말하기를 욥은 하나님이 그에게 부와 안락한 가정을 주었기 때문에 선한 것이라 했고, 하나님은 그 도전을 받아들이셨다. 하나님은 욥의 신앙이 단순히 이기심에 근거한 것이 아님을 증명하고자, 사탄이 욥이

---

[15] Jonathan Edwards, *The Religious Affections* (New Haven, Conn.: Yale University Press, 1959), p. 240.

가진 모든 것을 빼앗게 하는 데 동의하셨다. 여기에서 흥미진진한 함축에 주목하라. 하나님은 단지 이기심에 근거한 영성은 무가치하다는 사탄의 가정을 인정하셨다.

에드워즈에 따르면, 성도들이 하나님을 사랑하는 주된 이유는 그로 인해 생길 이익 때문이 아니라 하나님의 빛나는 장엄하심, 아름다움과 영광, 그분 자체 때문이다. 하나님의 아들, 하나님의 일하심과 그분의 방식, 특히 죄로 물든 인류의 구원을 위한 하나님의 아름다운 계획에 마음이 끌리는 것이다. 성도들에게는 하나님으로부터 오는 이익이 있겠지만, 먼저 하나님과 그분의 방식에 대한 환상 및 경험 그 자체로 하나님께 끌린 후 그 열매로만 얻는 것이다.[16] 임마누엘 칸트의 정언적(定言的) 명령도 비슷하다. 인간 도덕의 내적 원리는 보편적인 법으로 받아들여 따라 행해야 하는 무조건적 규칙이다. 우리는 스스로를 위해서나 다른 사람들을 위해서 그것의 결과를 묻지 않아야 한다. 이 의무를 지키기로 결정하기만 하면 된다. 따라서 칸트의 윤리는 '비결과주의'라 불린다.

그런가 하면, 에드워즈와 칸트 사이에 큰 차이점도 있다. 칸트는 보상에 대한 관심이 윤리적 진지함을 약화시킨다고 믿는 반면, 에드워즈는 하나님과의 관계가 주로 하나님의 아름다움에 근거하는 한 성화의 과정에서 하늘의 보상을 생각하는 것은 잘못이 아니라고 보았다. 그러나 두 사람은 우리가 선을 행하는 이유가 그렇게 함으로써 받게 될 이익 때문이 아니라, 선을 행하는 것이 우선이기 때문이라는 유교 전통

---

[16] Gerald R. McDermott, *Seeing God: Twelve Reliable Signs of True Spirituality* (Downers Grove, Ill.: InterVarsity Press, 1995), 8장을 보라.

에 동의했다. 공자와 맹자의 저술에는 도를 따르는 것이 고통을 의미할 때조차 도를 따른다면 내적 만족을 얻을 것이지만, 내적 만족 이외에 어떤 보상에 주된 관심을 갖는다면 도를 따르는 것은 우리를 타락시킬 것이라는 생각이 암시되어 있다. C. S. 루이스의 말을 빌리면, 이는 우리가 하나님이 아닌 그분이 가져다주시는 황홀감을 추구할 때 일어나는 종교의 부패와 유사하다. 곧 "삶의 모든 차원에서 나타나고 모든 것에 똑같이 치명적인 영향을 끼치는 최초의 치명적인 잘못으로서, 종교를 자아를 달래 주는 사치로 만들고 사랑을 자기 성애로 바꾸어 놓는다."17

루이스는 그리스도인이 된 후에도 초기 몇 달 혹은 아마 첫해에는 미래의 삶에 대한 확신이 없었다. 루이스가 "그 문제를 제기하지도 않고" 순종하려고 한 것을 자신이 받은 "가장 큰 은총"의 하나로 여긴 것은 많은 복음주의자들에게 이상한 일이었다.18

나는 유대인들과 비슷하게 훈련했다. 어둑어둑하고 특색이 없는 스올보다 저승에서 더 좋은 (또는 더 나쁜) 어떤 것의 속삭이는 듯한 소리가 생기기 수 세기 전, 하나님은 유대인들에게 그분 자신을 계시하셨다.…나는 사심이 없을 때만 선은 선이며 보상에 대한 소망이나 처벌에 대한 두려움은 의지를 오염시킨다고 믿도록 양육받았다. 내가 이 점에서 틀렸더라도(이 문제는 당시 내가 이해했던 것보다 정말 훨씬 더 복잡하다) 사람들은 내 잘못을 매우

---

17 C. S. Lewis, *Surprised by Joy: The Shape of My Early Life* (London: Geoffrey Bles, 1955), p. 160. 『예기치 못한 기쁨』(홍성사).
18 앞의 책, p. 217

너그럽게 받아들여 주었다. 위협 또는 약속으로 인해 나는 곤혹스러워질까 봐 두려웠다. 하지만 어떤 위협이나 약속도 없었다. 명령들은 가차 없었다. 그러나 어떤 '처벌'을 내세워 강요하지는 않았다. 하나님은 그저 그분이 하나님이시기 때문에 복종을 받으셔야 했다. 오래전에 아스가르드(Asgard, 북유럽 신화에 나오는 신들의 천상의 거처―역주)의 신들을 통해 그리고 후에 절대자라는 관념을 통해, 하나님은 나에게 한 사물이 우리에게 할 수 있는 것 때문이 아니라 그 자체로 인해 어떻게 숭배될 수 있는지 가르쳐 주셨다. 하나님은 그분 자체로 인해 복종을 받으셔야 한다고 배우고 나서, 두려워하긴 했지만, 놀라지 않았던 것은 그 때문이다. 당신이 우리가 하나님께 복종해야 하는 이유를 묻는다면, 결국 대답은 그분이 "스스로 계시는 분"이시기 때문이다. 하나님을 아는 것은 우리가 복종하는 것이 그분 때문임을 아는 것이다. 그분의 본성 가운데서 그분의 주권은 법률적으로(*de jure*) 계시된다.[19]

루이스는 계속해서 천국과 지옥을 하나님의 임재와 부재 외에 다른 어떤 것(다시 말해, 이 세상에서 행한 어떤 종류의 삶에 대한 보상이나 처벌)으로 생각하는 것은 "천국과 지옥에 대한 교리를 타락시키는 것이며 또 천국과 지옥에 대해 그렇게 생각하는 동안 우리를 타락시킨다"고 말했다.[20]

에드워즈도 루이스도 윤리적 삶에 대한 동기로 보상의 개념을 전적으로 무시하지는 않지만, 두 사람 모두 그것이 윤리적 삶의 주요 근간

---

19 앞의 책, p. 218.
20 앞의 책, p. 219.

을 이룬다면 그것은 타락이라고 일축한다. 공자와 맹자는 그러한 원리에 대한 생생한 실례를 제공한다. 그들은 좌도 우도 아닌 오직 도를 향해 똑바로 가는 삶에 헌신했다. 거친 밥과 마실 물이 도를 따를 때 얻는 전부라 해도 행복하다. 이익과 관련된 것이 아니라 옳은 것과 관련되어 있기 때문이다.[21] 또한 음식으로 가득 찬 배나 안락한 집을 추구하지 않으며, 가난보다 도에 대해 염려한다.[22] 현자들은 부유하고 유명할 때도 지나칠 수 없고, 또 가난하고 유명하지 않을 때도 목적에서 빗나갈 수 없다.[23] 우월한 힘 앞에서 원리를 타협할 수도 없다.[24] 따라서 군자는 역경을 만난다고 해서 결코 의를 포기하지 않으며 성공했다고 해서 도에서 떠나지 않는다.[25] 잘못된 방법으로 부나 높은 지위를 얻는다면 부나 높은 지위에 머무르기를 거절한다.[26] 한 바구니의 쌀을 얻기 위해서라도 머리를 굽히는 일은 없다.[27] 제국을 얻기 위해 잘못된 행위를 하거나 무고한 사람을 죽이는 것이 필요하다 해도, 군자는 그중 어떤 것에도 동의하지 않을 것이다.[28] 참된 덕은 다른 사람들이 생각하고 인정하는 것에 관심을 갖지 않는다. 모든 사람이 다 좋아하는 사람이 되는 것보다 나쁜 사람들이 싫어하는 사람이 되는 것이 더 낫다.[29] 인의

---

21 *Analects* 7.16; 14.12; 16.10; 19.1; 4.11.
22 앞의 책, 1.14; 15.32.
23 *Mencius* III B.2.
24 앞의 책.
25 앞의 책, VII B.9.
26 *Analects* 4.5
27 *Mencius* III B.4.
28 앞의 책, II A.2.
29 *Analects* 12.6; 13.24.

길을 따르는 데 필요하다면 생명도 기꺼이 포기할 준비가 되어 있다.[30]

공자는 주군이 무희들을 선물로 받아 진실성을 손상시켰다고 생각하여 자기 생애 중 가장 높은 지위에 있다가 사임했다.[31] 진나라에서 다른 자리의 제안을 받았을 때도 그를 초청한 관리가 주군을 반역하고 있다는 사실을 알고 음모에 가담하기를 거부했다.[32] 또한 남중국을 여행하다가 공자의 제자들은 자신들의 선생이 (국가 각료로서) 그의 원리들을 다시는 실천에 옮길 수 있는 길이 없을 것임을 깨닫고, 공자가 어떻게 생각하는지 알고 싶어 했다. 제자들은 공자에게 나쁜 왕 아래에서 굶어 죽었던 두 명의 고대 현자들에 대해 물었다. 공자는 그들은 참된 사람들이었다고 대답했다. 그가 과거나 현재의 어떤 사람에 대해 그렇게 말한 적은 거의 없었다. 그래서 한 제자가 다시 물었다. "그들이 후회했다고 생각하십니까?" 공 선생은 다음과 같이 확고하게 대답했다. "그들은 인을 원했고, 그것을 얻었다. 그들이 왜 후회를 하겠는가?"[33]

맹자는 선에 대한 일편단심을 예시하는 비슷한 이야기들을 말했다. 현자 유하혜(柳下惠)는 맹자가 좋아하는 사람 중 하나였다. 맹자에 따르면, 유하혜는 어떤 자리에서 밀려나고 덕을 인정받지 못했을 때도 나쁜 감정을 품지 않았다. 어려운 상황에서도 괴로워하지 않았다. 선의

---

30 앞의 책, 19.1.
31 앞의 책, 18.4.
32 Huston Smith, *The World's Religions: Our Great Wisdom Traditions* (San Francisco: Harper-San Francisco, 1991), p. 156. 『세계의 종교들』(연세대학교 출판부).
33 Yutang, *From Pagan to Christian*, p. 80.

도를 따르는 것에서 행복을 찾는 데 만족했기 때문이었다.[34] 맹자는 그가 "삼공(三公, 천자의 최고 고문―역주)으로도 그 절개를 바꾸지 않았다"고 말했다.[35]

우리 현대인들은 이런 이상이 벅차고 조금 침울하게 만드는 것이라 여길지 모르지만, 공자와 맹자는 그것을 기쁨의 근원으로 생각했다. 『논어』에서 공자는 종종 우리가 지금 삶의 필수적이라 일컫는 것을 빼앗겼을 때도 인과 의에서 발견하는 기쁨에 대해 언급한다. 사람은 다 쓰러져 가는 오두막에 한 공기 밥과 한 국자 가득한 물을 먹고 마시며 살아도 기뻐할 수 있다고 했다.[36] "거친 밥을 먹고 물을 마시며 팔을 굽혀 베고 누워도 즐거움은 그 가운데 있으니, 의롭지 않으면서 부하고 귀한 것은 나에게는 뜬구름과도 같다."[37] 제자들은 공자를 일을 하다 식사를 잊어버리고, 기쁨에 겨워 염려를 잊고, 도의 기쁨에 빠져 나이 들어가는 것을 인식하지 못하는 자로 묘사했다.[38] 맹자는 스스로에게 참되게 되는 자기반성을 하는 것보다 더 큰 기쁨은 누린 적이 없다고 했다. 그는 사람이 세 가지 일에서 기쁨을 찾는다고 했는데, 곧 부모가 다 계시고 형제가 무고한 것, 하늘에 부끄럽지 않고 남에게 부끄럽지 않은 것, 천하의 영재를 얻어서 교육하는 것이다.[39]

---

34 *Mencius* V B.1.
35 앞의 책, VII A.28.
36 *Analects* 6.11.
37 앞의 책, 7.16.
38 Yutang, *From Pagan to Christian*, p. 70.
39 *Mencius* VII A.4; VII A.20.

충과 서

유교 신자들이 순전한 기쁨을 위해 도를 따른다면, 도는 그들을 어디로 이끄는가? 그들은 인(仁)으로 인도할 것이라고 말한다. 이는 (행동의 한 가지 특성으로서) 대략 '자비심 또는 인간애'로 번역할 수 있다. 인은 예(禮)로 돌아가려는 시도인데, 예는 '의식, 관습, 예절 또는 태도'로 번역할 수 있다.[40] 우리는 일반적으로 다른 사람들에 대한 의무를 고려하여 행동하라는 양심의 요구를 무시하기 때문에 돌아가는 것이 필요하다. 앨런 밀러(Alan Miller)는 공자의 업적은 모든 것을 포괄하는 삶의 양식으로 예를 재해석한 것이라 논평했다. 그동안 예는 종교적 의식에서의 관습으로 좁게 규정되어 있었다.[41] 공 선생은 예를 사람의 마음 및 양심에 대한 성실함(忠)과 호혜주의(恕)로 규정했다. 그가 "종신토록 행할 만한 한마디"[42]라고 했던 이 마지막 특성은 부정의 황금률이라 일컬어진다. 즉 자기가 하고자 하지 않는 것은 남에게도 베풀지 않는 것이다. 맹자는 그것을 다음과 같이 긍정의 표현으로 말했다. "네가 대접받기 원하는 만큼 다른 사람을 대접하도록 최선을 다하라. 그러면 너는 이것이 인에 도달하는 가장 빠른 길임을 알 것이다."[43]

서(恕)는 다른 사람들을 생각하는 것으로 이끌고 충(忠)은 자아에 대한 지식으로 이끄는데, 이는 겸손을 가져올 것이다. 마음에 대한 충

---

40 Alan Miller, in Alan Miller et al., *Religions of the World* (New York: St. Martin's, 1988), p. 273.
41 앞의 책.
42 *Analects* 15.24.
43 *Mencius* VII A.4.

의 성실은, 엄격히 적용하면, 자아는 결코 마음과 양심을 따르고 있지 못하다는 것을 보여 줄 것이기 때문이다. 공자는 결코 덕의 귀감이 되었다고 주장하지 않았다. 실제로 정반대를 주장했다. 그는 자신이 덕을 기르는 것에 실패했다고 하면서, 인에 이르렀다고 주장하기를 거부했다.[44] 또 자신이 설교한 것을 실천하지 못했다고 고백했으며 어느 순간 "성(誠)과 인 같은 것은 내가 어찌 감히 할 수 있겠는가?" 하고 외쳤다.[45] 다른 논어 항목에서는 로마서 7장에 기록된 바울의 필사적인 외침을 연상시키는 말로 자신의 도덕적 무능을 탄식했다. "덕(德)을 닦지 못하는 것, 학(學)을 강마(講磨)하지 못하는 것, 의(義)를 듣고 옮겨 가지 못하는 것, 착하지 않은 것을 고치지 못하는 것, 이것이 우리의 걱정거리다."[46]

그러므로 그는 인을 추구하는 자들은 겸손하고 자기를 내세우지 않아야 한다고 충고했다. 특히 사회가 부도덕할 때 그렇다.[47] 자신의 실수를 인정해야 하고 자신의 방식을 고치는 것을 두려워하지 않아야 한다. 또한 어떤 것은 알지 못한다는 사실을 감추지 않아야 한다.[48] 결점과 개선의 기회를 찾기 위해 끊임없이 자신을 검토해야 한다.[49] 다른 사람들이 자신을 알아보지 못할 때, 다른 사람들이 생각하는 것에 대해 덜 걱정하고 자신의 도덕적 결점에 대해 더 걱정해야 한다.[50] "남이 나

---

44 *Analects* 7.3; 7.32.
45 앞의 책, 7.33; 7.34.
46 앞의 책, 7.3.
47 앞의 책, 12.20; 14.3; 15.18.
48 *Analects* 1.8; 2.17; 9.25; 15.39; *Mencius* VI B.15.
49 *Analects* 15.16; 15.21.
50 앞의 책, 4.14.

를 알아주지 않음을 걱정하지 말고 자기가 능하지 못함을 걱정해야 한다."[51] 소인은 다른 사람들에게서 물건을 구하지만, 군자는 가장 오래 지속되는 상급이 자신의 성품에서 생긴다는 것을 깨닫는다.[52] 공자 이후 1세기가 더 지나, 맹자는 이 가르침을 다음과 같이 요약했다.

남을 사랑했는데도 친해지지 않으면 자기의 인을 반성하고, 남에게 예를 베풀어도 반응이 없으면 자기의 공경심을 반성한다. 다시 말해, 자기의 행위에 만족스러운 결과를 얻지 못하는 경우가 있을 때마다 자기에게서 그 원인을 찾아보아야 하는 것이니, 자기 자신이 바르게 되면 천하가 그에게 돌아간다.[53]

공자의 제자들은 자신의 도덕적 빈곤을 깨닫기 때문에, 가르침을 받을 수 있다. 자신보다 지위가 낮은 자들의 충고를 구하는 것을 부끄러워하지 않아야 한다.[54] 공자는 자신이 다른 모든 사람에게서 배웠다고 하면서, 선한 것은 가려서 따르고 선하지 않은 것은 고친다고 했다.[55] 그는 거듭 제자들에게 "배우는 일에 열심을 내라"고 충고했다. 끊임없이 자신들을 검토하고 도의 방법을 공부하라는 의미였다.[56] 그러면서 끊임없이 자기를 검토하려 하지 않는 자들은 어쩔 도리가 없다고

---

51 앞의 책, 14.30; 15.19.
52 앞의 책, 15.21.
53 *Mencius* IV A.4.
54 *Analects* 5.15.
55 앞의 책, 7.22.
56 앞의 책, 5.28; 11.7; 15.16; 15.21.

했다.[57]

참된 제자들은 천명(하늘의 뜻), 대인, 현인들의 말씀에 대해 경외심을 가질 것이다.[58] 그들은 공부로 이러한 것들에 대한 지식을 얻고자 노력할 것이다.[59] 공자는 배우기를 좋아하지 않으면서 인을 좋아하면 어리석어지기 쉽다고 충고했다.[60] 맹자는 사람이 배움을 통해 도덕적 뿌리에서 벗어난 "놓아 버린 마음"을 찾을 수 있다고 했다.[61] 하늘의 일과 현인들의 말씀을 공부하는 것은 원래 마음에 심겨진 네 가지 싹, 즉 측은하게 여기는 마음, 부끄러워하고 미워하는 마음, 사양하는 마음, 시비를 가리는 마음을 배양할 것이다.[62]

마지막 언급

이 마지막 언급으로 그리스도인 독자들은 유교와 기독교 신앙 간 중요한 차이를 떠올릴 것이다. 공자와 맹자는 하늘이 각 사람에게 나누어 준 본래의 도덕적 감각이 있다고 믿었다. 이는 바울이 "그 마음에 새긴" 신적 율법이라 일컬은 것과 유사할 수 있다(롬 2:14-15). 그러나 그들(특히 공자)은 이 도덕적 의식에 따라 살지 못하는 것을 인정하지만, 하늘의 거룩함에 대해 아직 계발되지 않은 의식을 가지고 인간의 능

---

57 앞의 책, 15.16.
58 앞의 책, 16.8.
59 앞의 책, 16.9.
60 앞의 책, 17.8.
61 *Mencius* VI A.11.
62 앞의 책, II A.6.

력으로 자아를 온전하게 할 수 있다고 가정한다. 그들은 신적 계시보다는 고대인들에게 귀를 기울이고 여성 혐오의 경향이 있으며,[63] 또 자유와 사랑을 억누를 수 있는 엄격한 계급주의의 기초를 놓는다. 한스 큉이 살펴본 바에 따르면, 예수님은 가족과 국가에만 사랑을 국한시킨 유교를 능가하셨다. 이 팔레스타인 현자는 육과 혈의 구분을—또한 성차 구분에 대해서도—극복하기를 원하셨다.[64] 제프리 와틀즈(Jeffrey Wattles)의 논평에 따르면, 유교 신자들은 다른 사람들을 가족으로 대할 때 하늘에 대한 자신의 생각이 아니라 "행위자가 자기 가족에게 베풀었던 배려를 비교하고 다른 사람들에게 확장하는 황금률"에 기초하여 본다.[65] 다른 한편으로, 예수님은 다른 사람들을 사랑할 신학적 근거를 주셨다. 그들은 우리 모두의 하늘에 계신 아버지의 자녀들이므로 사랑을 받아야 한다. 공자는 원수는 사랑이 아니라 교정을 받아야 한다고 가르쳤지만, 예수님은 제자들에게 원수를 사랑해야 한다고 말씀하셨다. 이것이 하나님이 원수를 대하시는 방식이기 때문이다.[66]

하지만 이 모든 차이에도 불구하고, 나는 유교 전통이 진리를 따른다는 것의 진정한 의미를 진지하게 상기시켜 준다고 생각한다. 또한 예수님의 급진적인 제자가 된다는 것의 의미에 대한 통찰을 준다. 이는 곧 내가 향유하라고 배운 삶 속 편의의 일부가 없는 채로 사는 것을 의미할 수도 있음을 배운다. 다른 사람들에게 오해받고 거부당하는 것을 의미할 수도 있다. 내 양심을 타협하기를 요구하는 특혜와 특권을

---

63 *Analects* 17.25.
64 Ching and Kung, *Christianity and Chinese Religions*, p. 118; 요 4:27; 마 12:50.
65 Jeffrey Wattles, *The Golden Rule* (New York: Oxford University Press, 1996), p. 26.
66 *Analects* 14.34; 마 5:43-45.

포기한다는 의미이기도 하다.

공자와 맹자를 만나기 전에 나는 이러한 것들을 지적으로 알았지만, 중국 현자들은 여기에 새로운 의미와 형태를 부여했다. 나는 그들의 도움으로 내가 불완전하게 합리화해 왔던 제자도의 엄격함이 여전히 남아 나를 기다리고 있음을 깨닫는다. 경험되기를 또 향유되기를 기다리는 것이다. 공자와 맹자는 참된 기쁨이 선(善)과 미(美)에 대한 일편단심에서 생긴다고 하는 동아시아 대륙의 증언이다. 그리고 나는 거기에 성(聖)을 덧붙일 것이다. 그에 대한 헌신은 고통을 수반할 것이다. 그리고 개인주의와 자기만족이라는 문화적 급류가 몰아치는 가운데 소금기를 잃어버릴 위험에 처한 우리 서양 복음주의자들은 그것을 상기할 필요가 있다.

9장
무함마드와 하나님의 증표들

복음주의자들은 이슬람교를 볼 때, 대부분의 미국인들처럼 주로 대중 매체에서 보고하는 매우 전투적인 무슬림들의 가장 나쁜 사례들에 근거해 견해를 형성한다. 이러한 견해는 대체로 잘못된 것이다. 주로 십자군과 북아일랜드에 근거해 기독교를 바라보는 무슬림의 견해들이 왜곡된 것처럼 엄청나게 불완전한 것이기 때문이다.[1]

---

1 하지만 나는 대부분의 무슬림들이 전투적인 동종 신자들의 테러리즘을 비난하지만, 이슬람교와 공격적인 군사적·정치적 행동 간에 역사적 관련이 있다는 점을 덧붙여야 한다. 무함마드는 종교적 지도자는 물론이고, 군사적·정치적 지도자였다. 그는 예언자와 지휘관, 설교자와 군인, 이맘(종교 지도자)과 행정 장관으로 봉사했다. 최초의 무슬림 공동체는 사회적·정치적 종교적 연합이었으며, 전통적인 이슬람교는 정부가 이슬람법을 집행해야 한다고 가르쳤다. 이것이 이슬람교가 대개 기독교보다 이승과 저승의 일들 간에 더 큰 유기적 통일성을 보여 준 이유이다. 꾸란은 무함마드와 그의 메카 반대자들 간에 일어난 전쟁 기간으로 거슬러 올라가는 구절들을 포함한다(예를 들어, 꾸란 9.12-13,29). 그 구절들은 그의 추종자들에게 이슬람교를 받아들이지 않는 자들과 싸우라고 권고한다. 무슬림 지도자들은 그 이후로 계속 이 구절들을 이용해서(성전에서 죽은 전사들은 바로 낙원으로 가고 연옥 같은 삶에서 고통당하는 기간을 건너뛸 것이라고 하는 이슬람교 가르침과 더불어; 참고. 예를 들어, Qur'an 3.195) 사람들을 전쟁에 동원해 왔다. 그러나 몇몇 주목할 만한 예외들이 있긴 하지만, 대부분의 무슬림들은 "종교를 강요해서는 안 된다"고 주장하는 다른 꾸란 본문들을 더 강조해 왔다(Qur'an 2.256). 이슬람교와 개종의 역

일반적으로 서양인들은 무슬림이 서구 문화를 공개적으로 비난하기 때문에 이슬람교를 자주 부정적인 태도로 바라본다. 경멸의 표현 중 가장 불안을 일으키는 것들은 소수 무슬림들이 말하는 것이기는 하지만(예를 들어, "미국은 커다란 사탄이다")[2] 그럼에도 불구하고 많은 무슬림이 서구를 양면적 태도로 평가한다. 서구 기술은 인정하고 사용하지만 서구 문화는 자신들 문화에 대한 위협으로 간주한다. 서구 문화는 도덕적으로 통제되지 않는 현대화를 상징하기 때문이다. 무슬림들은 핵가족의 진정성을 매우 강조하고 가족의 안정성을 자랑스러워한다. 원자론적인 개인주의와 성적 관용을 강조하는 우리 서구의 가치들이 가정생활을 파괴시킨다고 본다. 미국의 치솟는 이혼, 낙태, 음란물, 범죄, 약물중독 비율을 잘 알고 있으며, 왜 미국인들이 자기 의에 사로잡혀 무슬림 문화를 무시하는지 의아해한다.

게다가 무슬림들은 교회와 국가를 분리하는 관례 때문에 서구, 특히 미국을 비종교적이고 무신론적이라고 보는 경향이 있다. 하나님이 우주를 다스리신다면, 국가를 포함한 삶의 모든 측면은 그분 법의 통치를 받아야 한다고 무슬림들은 주장한다. 따라서 이슬람법(샤리아,

---

사에 대해서 더 알기 원하면 다음의 책들을 보라. Norman Daniel, *Islam and the West* (Edinburgh: Edinburgh University Press, 1960); Byron Porter Smith, *Islam in English Literature* (Beirut: American Press, 1939); Fred McGraw Donner, *The Early Islamic Conquests* (Princeton, N. J.: Princeton University Press, 1981); M. A. Shaban, *Islamic History A. D. 600-750* (A. H. 132); *A New Interpretation* (Cambridge: Cambridge University Press, 1971); Albert Hourani, *A History of the Arab Peoples* (Cambridge, Mass.: Belknap, 1991). 그리고 더 비판적인 책으로는 Bat Ye'or, *The Decline of Eastern Christianity Under Islam: From Jihad to Dhimmitude* (Madison, N. J.: Fairleigh Dickinson University Press, 1997)가 있다.

2   이 진술은 1978-1979년 이란 혁명 동안 Ayatollah Khomeini가 한 말이다.

Shari'ah)은 지상 모든 나라의 법에 영향을 미치는 일련의 근본적 원리로 기여한다.

더 전투적인 무슬림들은 서구가 이슬람교를 파괴하려 한다고 느낀다. 서구에서 교육을 받은 한 무슬림 엔지니어가 한때 나에게 (파키스탄에서 최근 일이 일어나기 전에) 물었듯, "미국이 인도와 이스라엘과 남아프리카에게는 핵무기를 허락하고 이라크와 파키스탄에게는 허락하지 않는 이유는 무엇인가?" 많은 무슬림이 무슬림 국가들을 이전에 서구가 식민지로 통제하던 상태로 축소시키려는 시온주의자와 미국인의 음모가 있다고 믿는다. 그들은 이스라엘을 미국의 의존국으로 보고, 미국 정부는 유대인 로비에 지배받는다고 믿는다.[3]

몇 가지 놀라운 일들

종종 복음주의자들을 비롯한 서구인들은 무슬림 측 피해망상 못지않은 피해망상을 갖고 있다. 하지만 이슬람교를 면밀히 연구해 보면, 대부분의 복음주의자들은 놀랄 것이다. 대부분의 복음주의자가 그렇듯 대부분의 무슬림이 지정학에 관심이 없다는 것뿐만 아니라, 세계의 위

---

3 이슬람교 및 이슬람교의 서구관에 대한 입문서로 다음의 책들을 보라. John L. Esposito, *Islam: The Straight Path*, 3rd ed. (New York: Oxford University Press, 1998); Frederick M. Denny, *Islam and the Muslim Community* (New York: Harper and Row, 1987); Frederick M. Denny, *An Introduction to Islam* (New York: Macmillan, 1985); Jacques Jomier, *How to Understand Islam* (London: SCM Press, 1989); Mohammed Arkoun, *Rethinking Islam: Common Questions, Uncommon Answers*, ed. and trans. Robert D. Lee (Boulder, Colo.: Westview, 1994); Yvonne Haddad, *The Muslims of America* (New York: Oxford University Press, 1993).

대한 종교들 가운데 가장 역사가 짧은 이슬람교가—일부에게는 놀라울 정도로—이미 세계에서 두 번째로 크다는 사실을 알게 된다. 데이비드 바렛(David Barrett)에 따르면, 현재 세계에서 19억 명이 스스로를 예수님의 제자라고 부르지만 10억 명 남짓이 하나님 아닌 알라가 존재하며 무함마드가 그의 선지자라고 말한다.[4]

또한 이슬람교는 주요 세계 종교들 가운데 가장 빠르게 성장하는 종교다. 원인은 여러 가지인데, 무슬림들은 공격적으로 전도하고 메시지는 단순하며 정치적으로 소외된 자들에게 국가 변혁의 가능성을 제공한다. 미국에서는 흑인 기독교 교회들을 부적절하고 현혹시키는 백인의 복음을 옹호하는 자로 묘사하기에, 이슬람교는 특히 아프리카계 미국인들에게 호소력이 있다(미국 무슬림들의 3분의 1이 흑인이다). 그러나 이슬람교의 급속한 성장에 가장 중요한 요인은 출산율이다. 선진국 여성이 전형적으로 일생 동안 1.6명의 아이를 낳는 반면, 가장 큰 무슬림 국가들의 여성은 평균 5명을 낳는다.[5]

또한 많은 복음주의자들은 대부분의 무슬림들이 중동에 살지 않는다는 사실을 알면 놀랄 것이다. 지구의 무슬림들 중 81퍼센트는 아랍 세계 밖에, 아시아와 아프리카에 살고 있다.[6] 구소련에는 5,800만 명 이상의 무슬림들이 있으며, 중국의 무슬림 인구는 1,900만 명으로 추산

---

4 David B. Barrett and Todd M. Johnson, World Evangelization Research Center, Richmond, Virginia, 1998년 저자의 전화 인터뷰. Barrett과 Johnson에게서 입수한 이 수치 및 다른 수치들은 2000년에 해당하는 것이다.
5 *World Population Prospects 1996* (New York: United Nations, 1997), pp. 120-129.
6 하지만 엄격하게 말해서, 중동은 아랍 세계와 같지 않다. 예를 들어 이란과 터키는 중동의 일부지만 아랍의 일부는 아니다.

된다. 세계에서 가장 높은 무슬림 인구 비율을 보이는 곳은 남아시아다(인도네시아 1억 1,600만, 파키스탄 1억 5,000만, 인도 1억 2,100만). 사하라 사막 이남의 아프리카에는 1억 5,000만 명 이상의 꾸란 독자들이 살고 있다.[7]

하지만 복음주의자들에게 가장 놀라운 것은 무슬림들이 예수님을 대단히 존경한다는 사실일 것이다. 그들은 예수님이 무함마드 이전까지 모든 선지자 가운데 가장 위대한 분이셨다고 말한다. 꾸란조차도 예수님을 "메시아", "하나님으로부터 온 말씀", "주님께서 보내신 영(혼)" 그리고 "성령으로 보호하신" 마리아의 아들로 인정한다.[8] 꾸란은 동정녀 탄생을 가르치며(무슬림들은 마리아가 모든 창조물 가운데 가장 순결한 여인이었다고 말한다)[9] 예수님의 부활을 제외하고는 복음서에 나오는 모든 기적의 역사성을 받아들인다.

게다가 무슬림들은 구약과 신약을 하나님의 말씀으로 여긴다. 다만 유대인들과 그리스도인들이 본문의 중요한 점을 오염시켰다고 단서를 붙인다.[10] 무슬림들은 유대인들이 집단적 나르시즘의 작용으로 원래 계시를 왜곡시켰다고 주장한다. 유대인들은 모든 나라에게 전하는 메시

---

7 Barrett and Johnson, World Evangelization Research Center.
8 Qur'an 3.45; 4.171; 5.75; 2.87 (KF). 이 장에서 나는 세 개의 다른 꾸란 번역본을 사용했다. *The Holy Qur'an: English Translation of the Meaning and Commentary*, ed. The Presidency of Islamic Researches, IFTA [King Fahd Holy Qur'an Printing Complex, n.d. (이후로 KF로 언급함)]; Kenneth Cragg, *Readings in the Qur'an* (London: Collins, 1988); and Thomas Cleary, *The Essential Koran: The Heart of Islam* (San Francisco: HarperSanFrancisco, 1993). 번역본은 "Cragg" 또는 "KF"(King Fahd)로 지칭하지 않으면 Cleary의 것이다. [우리말 번역은 최영길 역주, 『꾸란 주해』(서울: 세창, 2010)를 참조했다.]
9 Qur'an 3.42 (KF); 3.47 (KF)
10 Qur'an 2.136 (KF).

지를 취해서 자신들만을 위한 배타적 구원 선포로 바꾸었다. 즉 자신들만 선민이라는 것이다. 꾸란은 이 문제에 대해 침묵하지만, 일부 무슬림들은 유대인들이 창세기에 나오는 이스마엘의 이름을 이삭으로 바꾸었으며, 그래서 수 세기 동안 구원의 역사에 아랍계가 관련되어 있음을 감추었다고 믿는다.[11]

무슬림들은 그리스도인들이 예수님을 신으로 만들었으며, 그래서 알라(문자적으로는 '하나님')가 금지한 다신론으로 되돌아가는 실수를 했다고 믿는다. 대부분의 무슬림들은 예수님이 십자가에서 처형당했다는 사실을 부인한다. 꾸란은 하나님이 엘리야를 연상시키는 방식으로 "[예수님을] 그분 자신께로 올리셨다"고 진술한다.[12] 더 중요한 점은 꾸란은 예수님이 하나님의 아들이라는 사실을 부인한다는 것이다. 그것을 인정하면 하나님이 성행위를 했다는 뜻이 되기 때문이다.[13] 가장 중요한 것은 꾸란은 우리 각자가 자기 죄에 대한 책임을 져야 한다고 확

---

11 꾸란은 이삭과 이스마엘을 둘 다 선지자로 인정하며, 아브라함이 제물로 바치라고 요청받은 아들이 누구인지 그 이름을 분명하게 밝히지 않는다. 하지만 영향력 있는 영어 번역본의 주석은 그 소년이 이스마엘이라 해설한다. Qur'an 37.99-111 (KF). 나는 Valerie J. Hoffman의 도움을 받아 이 장에 이것과 다른 중요 사항들을 덧붙일 수 있었다.
12 Qur'an 3.55 (KF); 4.157 (KF). 꾸란 본문은 유대인들이 예수님을 죽이거나 십자가 처형을 하지 않았다고 말하지만, 어떤 무슬림들은 예수님이 실제로 죽었으며 십자가 처형을 당했을 수도 있다고 인정한다. 그러나 유대인들이 그렇게 한 것은 아니라고 한다. 예를 들어, 이집트인 Muhammad 'Abd al-Latif (Ibn al-Khatib), *Ahdah al-tafasir* (Cairo: Al-Matba'a 'I-Misriyya li Awlad Ibn al-Khatib, n.d.), Qur'an 3.54에 대한 해설을 보라.
13 예를 들어, Qur'an 2.116 n. (KF)을 보라. "사람이나 동물처럼, 알라에게 아들이 있다고 말하는 것은 알라의 영광을 폄하하는 것이다. 사실상 신성모독이다. 이 점에서 기독교 교리는 단호하게 부인된다. 알라가 물질적 성질과 하등 동물의 성 기능을 가지고 있다는 말이 된다." 흥미롭게도, 꾸란은 예수님의 수태를 묘사하면서 하나님이 (또는 천사가) 성령을 마리아의 질관에 불어넣으신 것으로 묘사한다(21.91; 66.12). 그리스도인들이 가르친다고 그들이 (잘못) 가정하는 것만큼이나 지독히 육체적이다.

신하기 때문에 예수님이 구세주라는 사실을 부인한다는 것이다. 다른 누군가가 우리를 우리 죄에서 구원할 수 있다고 생각하는 것은 무슬림들에게 영적으로 무책임해 보이는 것이다. 누구도 다른 사람에게서 그와 같은 영적 유익을 받을 수 없다.[14]

그러나 여기서 차이점들은 처음 보이는 것만큼 정교하지는 않다. 무슬림이 하나님으로부터 오는 은혜―꾸란이 반복해서 사용하는 용어―가 (전적으로) 공로 없이 받은 호의를 의미할 수 있음을 부인하기는 하지만, 그럼에도 불구하고 죄인들을 향한 하나님의 자비를 강조한다. 꾸란은 알라가 "가장 너그러운 분", "가장 자비로운 분"이라고 끊임없이 반복한다.[15] 어떤 곳에서 꾸란은 알라가 "죄를 사하여 주시는 가장 너그러운 분"이라고 말한다.[16] 꾸란의 영어 번역본을 편집한 무슬림은 "인간의 본성은 약하다. 그러므로 반복해서 자비로 돌아가야 할 것이다. 진심으로 그렇게 한다면, 가장 자비로운 분 알라는 반복해서 되돌아오신다"라고 쓴다. 그는 인간이 도덕적으로 연약하기에 하나님의 자비가 필요하다고 말한다. "그분의 은혜가 죄인의 결점을 도와주시기 때문이다."[17] 꾸란의 여러 구절들에는 사람은 그렇게 도덕적으로 약하기 때문에 용서에 대한 알라의 약속을 신뢰해야 한다는 암시가 있다. "주여! 저희는 믿나니 저희의 죄를 용서하여 주시고 저희를 불지옥의 고통에서 보호하여 주소서."[18]

---

14 Qur'an 2.48 (KF) 그리고 책 여러 곳.
15 예를 들어, Qur'an 4.100; 4.106 (KF); 110.3; 3.31 (KF)
16 Qur'an 7.155
17 Qur'an 2.38 n. (KF)
18 Qur'an 3.16 (KF). 또 3.160 (KF)을 보라. "하나님이 너희의 편에 있을 때 아무도 너희를

또한 이슬람교의 구원론을 펠라기우스주의로 보는 기독교의 견해는 호도하는 것이라 하는 다른 암시들도 있다. 발레리 호프만(Valerie J. Hoffman)은 대중적인 무함마드의 어록인 하디스(hadith)에서 무함마드의 가족을 노아의 방주에 비유한 점에 주목했다. 그들을 의지하는 자는 구원을 받고, 무시하는 자는 멸망한다는 것이다. 이는 곧 신자의 경건이 구원에 있어 일정한 역할을 하기도 하지만 무함마드와 그의 가족의 덕이 그들을 의지하는 자들을 구원하는 데 있어 더 큰 역할을 한다는 것을 암시할 것이다.[19] 호프만에 따르면, "그리스도인들이 무슬림에 대해 말하는 것에도 불구하고, 무슬림들은 하나님이 단순히 나쁜 행위들에 견주어 선한 행위들을 쌓아 놓는다고 믿지 않는다. 사실, 그와 같은 관점은 자신들의 잘못을 잘 아는 무슬림들에게는 매우 두려운 것이다. 그래서 주로 자신들의 소망을 하나님의 자비와 그들을 위해 중보하는 무함마드에 둔다."[20]

무슬림들은 원죄와 인간의 타락에 대한 기독교 교리를 부인하지만, 인간의 본성에 대한 꾸란의 묘사는 낙관적이지 않다. 일반적으로, 인간은 "우매하여 감사할 줄 모르는" 것으로 묘사된다.[21] 알라는 수라 80장에서 그들의 행위로 인해 몹시 화를 내는 듯하다. "하나님을 불신한

압도하지 못할 것이며, 하나님이 버리실 때 누가 너희를 돕겠느뇨? 그러므로 믿는 자들이여! 하나님께 의지하라."

[19] Valerie J. Hoffman-Ladd, "Devotion to the Prophet and His Family in Contemporary Egyptian Sufism", *International Journal of Middle East Studies* 24 (1992): 615-637, 그리고 *Sufism, Mystics and Saints in Modern Egypt* (University of South Carolina Press, 1995)를 보라.

[20] Valerie J. Hoffman, 저자에게 보낸 편지, 1999년.

[21] Qur'an 14.34 (Cragg).

인간들에게 저주가 있을 것이라."[22] 인간은 변덕스럽고 고지식한 교만에 빠지기 쉬워서, "재앙이 닥치면 인간은 우리[알라와 그의 천사]에게 매달리노라. 그러나 내가 그에게 은혜를 베풀어 주면 인간은 말하니라. '이것은 내가 가진 지혜 덕분이라.' 그렇지 않노라. 이것은 인간을 시험하고 있는 것으로 대다수가 모르고 있을 뿐이라."[23]

인류의 영적 상태에 대한 무슬림의 비관주의가 기독교적 견해들로 가득 차 있다면, 종교적 동기에 대한 일부 무슬림의 태도도 그러하다. 앞서 언급한 꾸란 인용문에서처럼, 종종 성도들은 낙원에 들어갈 자격을 얻고 지옥의 불을 피하기 **위해** 알라의 명령에 순종하는 자들로 묘사된다. 그러나 몇 가지 중요한 반대의 암시가 있다. 사심 없는 사랑에 대한 수피즘(이슬람교 신비주의의 한 운동)의 전통은 지난 8장에서 유교에 관해 논의한 것과 비슷하다. 수피 라비아 알아다위야(Sufi Rabi'a al-Adawiya, 801년 사망)는 8세기에 사랑에 대한 강조를 도입한 것으로 가장 잘 알려져 있다. 이것은 그 후로 수피즘의 특징이 되었다. 유명한 시에서 그녀는 자신이 지옥에 대한 두려움이나 천국에 대한 소망 때문이 아니라 하나님 그분 자체로 그분을 사랑한다는 것을 보여 주었다.

오 나의 주여, 내가 지옥에 대한 두려움 때문에 당신을 경배한다면, 나를 지옥에서 불사르소서. 내가 낙원에 대한 소망 때문에 당신을 경배한다면, 나를 그곳에서 추방하소서. 그러나 내가 당신을 위해서 당신을 경배한다

---

22 Qur'an 80,17 (Cragg).
23 Qur'an 39,49 (Cragg).

면, 나에게 당신의 영원한 아름다움을 보류하지 마소서.[24]

게다가 일부 무슬림 진영에는 구속적 고난의 전통이 있다. 부분적으로는 680년에 무함마드의 손자 후사인(Husayn)이 카발라에서 암살당했기 때문이다. 시아파 신도들[아부 바크르(Abu Bakr)가 아닌 무함마드의 사위 알리(Ali)가 무함마드의 후계자로 적법하다고 믿은 자들]은 그가 "그의 백성을 위한, 인류를 위한 몸값"을 치렀다고 믿는다.[25] 구속적 고난 전통은 또한 후사인 이븐 만수르 알할라즈(Husayn ibn Mansur al-Hallaj, 922년 사망)의 놀라운 삶과 죽음에서 유래한다. 그는 의식적으로 자신을 예수 그리스도와 동일시했다. 그가 "나는 하나님이다"(문자적으로 "나는 진리다" 또는 "실재다")라는 진술을 철회하기를 거부하자, 신성모독으로 십자가 처형을 당했다. 동정심 많은 해석자들에 따르면, 그는 자신이 신적 존재라는 뜻으로 이 진술을 한 것이 아니라, 하나님 안에서 자신의 자아를 매우 철저히 전멸시켜 스스로를 볼 때 하나님 외에는 아무것도 보지 못한다는 뜻으로 진술을 했다고 한다. 그의 죽음을 묘사한 자료에는 그가 웃으면서 사형 집행자들을 용서하고 "당신의 얼굴의 맹렬한 불길"을 볼 수 있도록 허락한 알라에게 감사하면서 십자가에 다가갔다는 보고가 있다. 할라즈의 영감을 받은 유명한 수피 찬송가는

---

24 Margaret Smith, *Rabi'a the Mystic and Her Fellow Saints in Islam* (Cambridge: Cambridge University Press, 1928), p. 30. Esposito, *Islam*, p. 102에서 인용. Rabi'a와 수피즘에 대해 더 알려면, Annmarie Schimmel, *Mystical Dimensions of Islam* (Chapel Hill: University of North Carolina Press, 1975)을 보라.
25 Hamadi ibn Abdullah al-Buhri, *Utenzi wa Sayedina Huseni*, Esposito, *Islam*, p. 112에서 인용.

이렇게 시작한다. "나를 죽이소서. 오 나의 신뢰하는 친구들이여, 내가 죽임을 당하는 곳에 내 생명이 있기 때문이로소이다."[26]

종교적 강렬함에 있어서 할라즈에 비할 무슬림은 거의 없다. 그러나 많은 사람이 사심 없는 사랑과 구속적 고난이라는 그의 주제들을 언급했다. 9세기 이후 수피 문학은 사심 없는 사랑을 강조했으며, 수피즘은 전 세계에 걸쳐서 대중적 이슬람교의 기초가 되었다. 따라서 많은 그리스도인들이 두 전통이 참된 경건에 있어서 가장 중요하다고 여기는 것과 관련해 무슬림들과 이러한 중요한 접촉점들이 있음을 발견하고 놀랄지 모른다.

차이점들

이슬람교와 기독교에 있는 모든 유사점에도 불구하고, 기록된 계시에 대한 무슬림과 기독교적 견해의 차이처럼 중대한 차이가 있다. 먼저, 각 경전의 내용이 현저히 다르다는 사실에 기인한다. 꾸란은 신약과 길이가 거의 비슷하지만, 유사점은 그것이 전부다. 신약은 많은 저자들로 이루어져 있지만 꾸란은 한 사람에 의해 구술되었고, 복음서와 사도행전이 주장하는 바와 같이 역사서도 아니다. 복음서는 신학적으로 중요한 예수님의 생애 사건들을 전달하는 것이 목표이지만 꾸란은 무함마드의 생애를 전달하지 않으며, 로마서 같은 신학적 논문도 아니다. 대신 꾸란은 일종의 선언서다. 하나님은 한 분이고 주권적이시며, 심판이

---

26 Denny, *Introduction to Islam*, pp. 260-263.

오고 있고, 우리는 알라에게 복종해야 한다고 선포한다.

무슬림들과 그리스도인들은 성경 영감의 본질에 대해서도 매우 다른 이해를 갖고 있다. 그리스도인들은 성경이 인간과 신적 작용의 합작품이라고 믿지만, 무슬림들은 그들의 거룩한 책에 인간의 영향력은 조금도 포함되지 않았다고 믿는다. 예를 들어, 그리스도인들은 보통 바울의 개인적 문체나 문화적 영향을 신적 말씀과 구분하기를 원하지만,[27] 무슬림들은 무함마드의 개성이나 문화적 관련성이 꾸란의 말씀과 관계가 있다는 점을 부정한다. 그러니까 무슬림들은 거의 모든 그리스도인들이 성경 영감과 관련하여 받아들이지 않는 구술 영감론을 받아들인다. 이것이 무슬림 공동체가 살만 루시디(Salman Rushdie)의 『악마의 시』(*Satanic Verses*, 문학세계사)에 매우 분노했던 한 가지 이유다. 그 소설은 꾸란이 알라의 말씀이 아니라, 가브리엘 천사나 무함마드에게 위탁된 계시가 이를 맨 처음 기록한 무함마드의 추종자들에 의해 변경되었다고 완곡하게 말한다. 책 제목은 더 불길한데, 꾸란의 가장 초기판에는 알라와 함께 세 여신을 경배하라고 제안하는 절들이 있었다고 한

---

27 예를 들어, 대부분의 그리스도인들은 고전 11:5-16이 여성의 머리덮개에 대한 문화적 명령, 다른 시대와 문화에 속한 그리스도인들에게는 요구되지 않는 명령을 포함하고 있다고 믿는다. 일부 사람들은 그럼에도 불구하고 그 구절에서는 옷에 대한 교회의 통일성과 예절은 지켜져야 한다는 영원한, 즉 모든 시대와 장소에 적용할 수 있는 원리들을 제안한다고 생각한다. Craig Keener, *The IVP Bible Background Commentary: New Testament* (Downers Grove, Ill.: InterVarsity Press, 1993, pp. 475-476와 "Man and Woman", in *Dictionary of Paul and His Letters*, ed. Gerald F. Hawthorne et al. (Downers Grove, Ill.: InterVarsity Press, 1993), pp. 585-586. 그 구절이 이런 영원한 원리를 함축하고 있는지 또는 **어떤** 함축된 영원한 원리가 있기는 한지에 동의를 하든 하지 않든, 그리스도인들은 일반적으로 성경이 영원한 것과 구별되어야 하는, 시간에 얽매이는 요소들을 포함하고 있다는 점에 동의한다. 무슬림들은 꾸란에 이런 구별이 존재한다는 점을 부인한다.

다. 이에 무함마드는 악마가 허위 정보를 주었다고 설명하면서, 이내 그것들을 제거해 버렸다. 이후 그 절들은 줄곧 이슬람교 전통에서 "악마의 시"로 알려졌다.[28] 이와 같이 루시디의 책 제목이 함축하는 바는, 예수님의 위격이 그리스도인들에게 거룩한 만큼 무슬림들에게 거룩한 꾸란 전체가 오염되었다는 뜻이다.

두드러진 교훈들

계시에 대해 무슬림들과 그리스도인들 간에 중요한 차이가 있다면, 그리스도인들이 이슬람교 전통에서 배울 수 있는 몇 가지 두드러진 교훈들이 있다. 내가 앞서 검토한 다른 전통들처럼, 다음에 제시할 주제들 중 기독교 사상에 완전히 부재한 것은 없지만, 모두 무슬림들에 의해 독특한 방식으로 표현된다. 이러한 특징들은 우리 자신의 전통에서 어쩌면 새로운 방식으로 보아야 하는 것들을 상기시키거나 알려 준다. 나는 다섯 가지 주제, 즉 하나님에 대한 복종, 하나님의 영광을 나타내는 무대인 창조 세계, 규칙적이고 신 중심적인 기도, 가난한 자들에 대한 자선, 공공 광장에서 신앙이 차지하는 중요성을 강조할 것이다.

    1. 하나님에 대한 복종. 무함마드는 궁극적인 미덕은 하나님의 뜻에 대한 복종('이슬람'의 문자적 의미)이라고 가르쳤다. 무함마드는 이것이 참

---

[28] Qur'an 53.19-20 (KF). 라트, 웃자, 마나트를 세 여신으로 명명한 후에, 원래 본문은 다음과 같은 내용을 포함하고 있었다. "이들은 존귀한 중재자들이니, 그들의 중보를 바랄지어다. 그들은 결코 잊지 않으리라." Denny, *Introduction to Islam*, p. 72와 Salman Rushdie, *The Satanic Verses* (New York: Viking Penguin, 1989).

된 종교의 본질이라고 말한다.[29] 사람의 개인적 바람들은 중요하지 않다. 사람의 유일한 의무는 겸손하게 순종하면서 무릎을 꿇는 것이다. 무슬림은 하나님의 명령과 관련하여 어물쩍거리거나 그 명령들을 절대적이지 않은 것으로 여길 수 없다. 그 명령들은 무한한 지혜에서 나오기 때문에, 신자들은 공손히 그 앞에 머리를 숙여야 한다. 많은 그리스도인처럼, 많은 무슬림은 낙원에 들어갈 수 있는 자격을 얻을 목적으로 복종한다. 하지만 우리가 살펴본 것처럼, 이슬람 전통에도 신자에게 복종해서 얻을 수 있는 것 때문이 아니라 그저 하나님이 하나님이시기 때문에 복종하라고 권고하는 요소들이 풍부하다. 무슬림은 하나님만 위대하시며 우주의 모든 원자를 절대적 지배권으로 다스리신다고 세상에 선포한다. 그러므로 각자가 선지자들 중 가장 위대하고 마지막인 무함마드에게 계시된 하나님의 뜻에 삶의 모든 세부 사항들을 복종시키는 것이 타당하다. 하나님이 아닌 다른 어떤 것―돈, 가족, 인종, 성공, 지상에서의 삶 자체―에 충성을 바치는 것은 우상숭배(시르크, *shirk*)이며, 지옥의 끓는 물과 타는 듯한 바람을 받아 마땅할 구제할 수 없는 방종이다.

방글라데시에서 사역하는 메리놀 선교사 밥 맥카힐(Bob McCahill)의 사역에 대한 두 이야기는 하나님이 삶의 모든 측면을 절대적으로 통제한다는 무슬림의 이런 의식을 잘 보여 준다. 처음 방글라데시에 도착했을 때, 그는 궁핍한 사람을 도와준 후 "감사합니다"라는 간단한 인사말조차 거의 들을 수 없는 것을 이해하지 못했다. 그러다가 몇 년 동

---

29 Qur'an 3.19 (KF)

안 무슬림 빈민들 가운데서 사역을 한 후, 그 이유가 "무슬림 벵골 사람들의 사고에서 알라가 중심적인 위치를 차지하는 것"과 관련되어 있음을 깨달았다. "알라가 받은 유익의 실제 근원이라는 점을 명시적으로 강조하여 인정하지 않으면서 한 동료 인간을 지목해 감사하는 것은 인생의 모든 유익이 '가장 자비로운 분'(알라를 묘사하는 99개의 이름 중 하나)으로부터 온다고 의식하고 감사하는 무슬림에게 용납될 수 없는 일이었을 것이다."[30]

홍수가 난 후에도 맥카힐은 하나님의 주권 의식에서 비롯된 심오한 겸손과 복종의 태도를 관찰할 수 있었다.

작은 범선을 타고 몇 시간을 달려서 나는 니크리(Nikhli)에 도착했다. 거기서 나는 변두리 지역에 사는 사람들이 홍수에 어떻게 대처하는지 볼 수 있었다. 사람들은 자신들의 농장과 집을 떠나 시장 근처에 있는 높은 땅으로 올라갔다. 수많은 사람들은 초등학교에 몸을 피했다. 남자, 여자, 어린이들이 예기치 않게 그들을 방문한 이가 무슨 말을 하는지 들으려고 발목까지 진흙에 빠진 채 서서 내 주위를 둘러쌌다. 그들은 할 일이 없었다. 게다가 홍수로 초래된 환경으로 인해 더욱 진지해지고 사색적이 되었다.

"무엇 때문에 홍수가 발생했나요?" 하고 내가 물었다.

"인도에서 홍수물이 내려왔어요" 하고 한 남자가 대답했다. 다른 사람들은 그 말에 아무 대꾸도 하지 않았다. 보아하니 그들 중 누구도 히말라야의 삼림 벌채가 정확한 원인이라는 사실을 이해하지 못하고 있었다.

---

[30] Bob McCahill, *Dialogue of Life: A Christian Among Allah's Poor* (Maryknoll, N. Y.: Orbis, 1996), p. 69.

"누가 이렇게 했죠?" 하고 내가 물었다.

"알라-탈라요." 다른 남자가 존경심과 경이가 담긴 목소리로 대답했다.

"그분이 왜 그렇게 하셨나요?" 하고 내가 물었다.

"누가 알라의 마음을 알겠어요?" 한 사람이 대답했다. "우리가 지은 죄를 벌하시기 위해서죠. 다른 게 뭐 있나요?" 그가 덧붙여 말했다.

"어떤 죄요?" 내가 물었다.

"주로 우리가 기도하고 금식하지 못했기 때문인 거죠" 하고 누군가 대답했다. 그리고 계속해서 말했다. "또 속이고 훔친 것, 강도짓 한 것, 누군가에게 무엇을 하라고 강요한 것이 있죠. 우리는 모두 그 대가를 치르고 있어요."

다른 사람이 그가 한 말을 더욱 확고히 해 주었다. "한마디로, 우리가 기도하고 금식을 했어야 했는데 노래를 불러서 그 죄에 대한 대가를 치르는 거죠."[31]

저변에 있는 하나님에 대한 믿음 충만한 존경심과 하나님에 대한 복종의 태도를 칭찬하기 위해 이 진술들에 함축된 신학에 다 동의할 필요는 없다. 문학 비평가 해럴드 블룸(Harold Bloom)은 저서 『미국 종교』(*The American Religion*)에서 본질적인 미국 종교를 자기 확신과 인간 자유에 헌신하는 것이라 밝히고, 복음주의 기독교는 이런 종교의 가장 대표적인 예라고 주장한다. 즉 그리스도보다 자아를 더 믿고, 공동체적 돌봄보다 개인적 표현에 더 관심을 가지며, **죄로부터의 자유보**

---

31 앞의 책, pp. 69-70.

다 자아를 **위한** 자유를 더 추구하는 신앙인 것이다.[32] 역설적으로, 우리는 우리의 신학이 이 벵골 사람들보다 훨씬 더 정확하다고 말하겠지만, 그들 마음의 태도는 우리 마음의 태도보다, 특히 블룸이 말하는 미국 종교에 사로잡힌 우리 마음보다는 더 낫다. 그리고 복음주의자들이 그 진영 밖에 있는 사람들에게 이런 식으로 보인다는 사실은 우리를 혼란스럽게 한다. 이것이 정확히 우리 시대 최고의 복음주의 예언자들(Jeremiahs) 중 일부 사람들이 가한 비난이다.[33] 그러나 하나님을 향한 인간의 책임에 대해―신이 그들의 방종을 심판하셨다고 하는―무슬림이 가진 이해를 살펴봄으로써 우리는 우리가 취해 있는 자아도취로부터 벗어나는 데 도움을 받을 수 있다. 하나님의 장엄하심 앞에서 경외하는 이슬람교의 방식을 주목해 보면 이사야, 다니엘, 고넬료가 하나님을 섬길 때 지녔던 하나님에 대한 경건한 두려움을 더 잘 이해하도록 도움을 얻을 수 있다.[34]

2. 하나님의 영광을 나타내는 무대인 창조 세계. 꾸란에 나오는 공통된 주제는 창조 세계에는 하나님의 실재를 나타내는 증표들이 많다

---

32 Harold Bloom, *The American Religion: The Emergence of a Post-Christian Nation* (New York: Simon & Schuster, 1992).
33 특히 David Wells, *No Place for Truth Or Whatever Happened to Evangelical Theology?* (Grand Rapids, Mich.: Eerdmans, 1993, 「신학실종」, 부흥과개혁사); *God in the Wasteland: The Reality of Truth in a World of Fading Dreams* (Grand Rapids, Mich.: Eerdmans, 1994, 「거룩하신 하나님」, 부흥과개혁사); *Losing Our Virtue: Why the Church Must Recover Its Moral Vision* (Grand Rapids, Mich.: Eerdmans, 1998, 「윤리실종」, 부흥과개혁사)을 보라.
34 어떤 관점에서 보면, 내가 하는 비교는 공정하지 않다. 우리의 최악을 그들의 최선과 비교하기 때문이다. 세속적 무슬림도 많고 헌신적인 복음주의자도 많다. 하지만 다른 관점에서 보면 우리 자신의 비전이 혼란스러워졌을 때 그것을 명료하게 하기 위해 다른 전통이 제공하는 최선의 생생한 예들을 비교해 보는 것은 유익하다.

는 것이다. 자연, 사회, 인간이 그 예다. 이는 칼뱅이 창조 세계가 하나님의 영광을 나타내는 무대라고 했을 때 언급했던 것이다. 또한 시편 기자가 "하늘이 하나님의 영광을 선포하고 궁창이 그의 손으로 하신 일을 나타내는도다"(시 19:1)라고 썼을 때 의미했던 것이다. 칼뱅과 시편 기자는 더 특별히 하나님의 아름다움과 장엄하심에 대해 말하지만, 무함마드는 보통 창조 세계의 증거 가치를 염두에 둔다. 즉 인류에게 하나님의 존재와 주권을 나타내는 증거를 제공한다는 것이다. 이러한 증표들의 본색을 인식하는 것은 신앙의 본질과 유사하다. 이 세상에서 우리의 주된 책임은 "하나님의 증표들을 믿는 것"이다.[35]

하나님의 증표들은 어디에나 있는데, 특히 자연 속에 많다. 꾸란은 (철학자들이 하나님을 증명하는 우주론적 논증이라 부른) 하늘과 땅의 존재, 매일 빛과 어둠의 교대, 건조한 땅에 생명을 가져오는 비, 지구상에 있는 많은 동물, 두려움과 희망을 야기하는 번개, "육지와 바다의 어두운 영역"을 안내해 주는 별들을 예로 든다.[36] 아마도 무함마드는 사막 환경 때문에, 특히 생명이 없는 모래에서 생겨나는 초목의 기적에 감명을 받은 것 같다. 메마르고 앙상한 겨울나무에서 밝은 봄의 색깔이 피어나는 것을 보고 회심한 중세 기독교 로렌스 수도사(Brother Lawrence)처럼, 무함마드는 하늘에서 비가 내려 "죽은 땅"이 재생하는 것을 보고 놀랐다.[37] 그는 신의 뜻에 따라 "구름을 일으키는 바람과 조각구름 사

---

35 Qur'an 30.53
36 Qur'an 2.163-64; 6.97; 30.22-25.
37 Qur'an 2.164. Brother Lawrence of the Resurrection, *The Practice of the Presence of God* (Mount Vernon, N. Y.: Peter Pauper Press, 1963). 『하나님의 임재 체험하기』(생명의말씀사).

이에서 내리는 비"를 보고 경탄했다. 그다음 하나님은 그분이 원하시는 자들 위에 비를 쏟아부으신다.[38] 이것과 자연에 있는 다른 모든 것은 하나님이 세상을 다스리시며 우리에게 판단을 요구하는 "지혜 있는 백성을 위한 증표"다.[39]

인간 문화에도 증표들이 가득하다. 예를 들어, 배는 하나님 섭리의 놀라운 징표다. 배는 하나님만 보내실 수 있는 바람으로 항해하면서 "기쁜 소식을 알리고 그분의 은혜를 맛보게 하기" 때문이다.[40] 배는 "하나님의 은혜로 덕분에" 바다를 항해한다.[41] 하나님의 축복에 의존하는 농업도 하나님의 풍성함을 드러내고 그래서 모든 것을 다스리는 그분의 통치를 보여 준다.[42] 인간은 역사에 기적적으로 개입하시는 하나님께 반응하며, 노아의 방주같이, 하나님은 인류에 자비를 보이신다. 지독한 죄 때문에 심판이 필요해지자, 하나님은 자비로 노아와 그의 가족을 구원하셨다.[43] 다양하고 복잡한 인간 언어들은 하나님의 존재, 지혜와 능력을 드러내는 추가적인 증표들이다.[44] 무함마드에게 그것들의 아름다움과 복잡성은 신적 실재의 증거로 보였다.

아마도 하나님이 보이신 가장 특별한 증표는 인간이다. 꾸란은 바울이 로마서 2:14-15에서 불신자들조차 타고난 양심에 반응한다고 논한 것 같은 인간의 양심을 하나님의 도덕적 본질에 대한 증거로 특별히

---

38 Qur'an 30.48.
39 Qur'an 30.25.
40 Qur'an 30.46.
41 Qur'an 31.31.
42 Qur'an 30.23; 30.46.
43 Qur'an 33.41.
44 Qur'an 30.22

언급한다. 꾸란은 인간의 다양한 '피부색'과 인간이 잠을 자는 현상도 하나님의 증표로 든다![45]

유감스럽게도, 꾸란은 대부분의 인간이 교만이나 헤아리기 어려운 사악함 때문에 증표들을 "부정하거나 거부한다"고 탄식한다.[46] 이것은 인류의 기본적인 죄, 다른 식으로 말하면, '시르크'(우상숭배)라는 죄의 결과다. "저들은 하나님의 말씀을 부정하고 조롱하였노라."[47] 그 결과, "고통스러운 징벌"을 받을 것이며 "불지옥에서" 살 것이다. 그들은 "은혜를 망각한 불신자들"이며, 나쁜 예들이다. 하나님의 실재에 대한 분명한 증거를 "외면하기" 때문이다.[48]

3. 규칙적이고 신 중심적인 기도. 하루에 다섯 번(이른 아침, 정오, 오후 중반, 해 질 녘, 저녁) 선한 무슬림은 메카를 향해서 팔뚝, 발, 입, 콧구멍을 세 번 닦고 암송해 놓은 믿음, 찬양, 감사의 기도문을 읊는다. 여러 개의 예배 및 신앙 선언의 기도문을 언급하고, 꾸란의 첫 번째 수라(창조자, 관대하고 자비로운 유지자, 심판의 날에 주이신 하나님을 찬양하며 그분을 바르게 따를 수 있도록 은혜를 구한다)를 낭송하며, 마지막에 가서야 자신의 개인적 필요를 위한 짧은 기도를 낭송한다.[49] 그다음 이 기도는 인간 자아가 아니라 하나님의 성품과 속성에 집중하고, 기도의 주된 부분은 간구가 아니라 예배라고 생각하며 하루에 규칙적인 간격으로 시간을 내서 우리와 세상에 대한 하나님의 주권을 인정하는 것이 필요하다고

---

[45] Qur'an 30.23
[46] Qur'an 33.46; 3.21; 7.36 (KF); 7.177; 30.10.
[47] Qur'an 30.10
[48] Qur'an 3.21; 31.7; 7.36; 31.32; 7.177; 33.46.
[49] Denny, *Introduction to Islam*, pp. 105-111.

생각하는 것을 특징으로 한다.

예수님은 이방인의 믿음으로부터 우리가 배울 수 있다고 말씀하셨다(마 15:21-28). 밥 맥카힐은 규칙적인 기도를 하는 무슬림의 관례에서 우리가 배울 수 있다고 제안한다.

내가 무슬림들을 바라보면서 감탄하는 일 중 하나는 규칙적으로 기도하는 관례다. 나는 개인적으로나 집단으로 새벽부터 저녁까지 다섯 번 정해진 시간에 기도를 드리려고 하던 일을 멈추는 무슬림들을 늘 볼 수 있다. 모든 무슬림이 그렇게 하는 것은 아니다. 다수의 어른들도 지속적으로 그렇게 하지는 않는다. 그러나 규칙적으로 기도하는 자들은 그들의 이웃과 마을의 모든 무슬림 가운데서 기도의 중요성에 대한 의식을 유지한다. 나는 이슬람교의 다섯 가지 주요 특징(신앙고백, 기도, 구제, 금식, 메카 순례) 가운데, 기도가 무슬림이 알라에 대해 그리고 알라와 관련해 그들 자신에 대해 생각하는 바를 가장 잘 나타내는 것이라 생각한다. 알라는 초월적인 창조자이며, 그들은 알라의 흠모하는 피조물이다.[50]

복음주의자들은 무슬림 관례를 통해 기도의 핵심은 예배이며, 간구를 주로 하는 기도 생활은 불균형하고 자신에게만 몰두하는 것임을 알 수 있다. 또한 무슬림들로부터 규칙적인 기도의 중요성을 비롯해, 시간을 정해 놓는 것이 기도를 완전히 잊어버리는 우리의 성향을 점검하도록 어떻게 도울 수 있는지 다시 배울 수 있다.[51]

---

50 McCahill, Dialogue of Life, pp. 76-78.
51 나는 무슬림들이 그리스도인들보다 더 충실하게 기도한다고 주장하는 것이 아니다. 그럴

4. 가난한 자들에 대한 자선. 꾸란은 가난한 자들을 돕는 것을 대단히 강조한다. 가난한 자들에게 주는 것은 의를 규정하는 얼마 안 되는 의무 중 일부다. "참 신앙인은 하나님과 내세와 천사들과 성서들과 예언자들을 믿고 하나님을 위해서 가까운 친지와 고아와 가난한 사람과 여비가 떨어진 여행자와 구걸하는 자에게 베푸는 자와 노예를 해방시켜 주고 예배를 드리는 자들이라."[52] 고아들(전근대 사회에서 정말로 빈핍한 자들)을 존중하지 않거나 가난한 자들을 먹이라고 서로 독려하지 않는 자는 사악한 자로 비난을 받는다.[53] 불신과 위선적 종교는 가난한 자들에 대한 무관심이라는 견지에서 규정된다. (참된) 종교를 부인하는 자는 "고아를 학대하고 불우한 자에게 음식을 제공하지 아니한 자이니 위선적인 기도를 행하는 자들에게 재앙이 있을 것이라. 이들은 예배생활을 태만히 하면서 남에게 보이기 위해 위선적으로 예배하는 자들로 필요로 하는 사람들에게 인색한 자들이라."[54]

가난한 자들에게 자선을 베푸는 것이 얼마나 중요한지는 맹세가 이행되지 않았을 때 그것을 징계로 사용하는 것을 보면 알 수 있다. 태만한 당사자는 "너희의 가족에게 먹이는 음식과 같은 것으로 열 명의 불쌍한 자들에게 음식을 먹이거나 또는 그들에게 그와 같은 옷을 입히거나 또는 노예 한 명을 해방시켜 주어야" 한다.[55] 자선의 중요성은 꾸

수도 있고 그렇지 않을 수도 있다. 또 누가 어떤 식으로 그것을 측정할 수 있을지 잘 모르겠다. 내 요점은 무슬림들이 그들 자신에 대해 기대하는 것으로부터 우리 그리스도인들이 배울 수 있다는 것이다. 그것은 우리를 위한 교훈들을 담고 있는 종교적 이상이다.

52 Qur'an 2.177.
53 Qur'an 89.13-14.
54 Qur'an 107.1-7.
55 Qur'an 5.89 (KF).

란의 종말론에서도 찾아볼 수 있다. 불운한 자들을 돕지 않는 것은 일부 본문에서 지옥에 가야 하는 두 가지 이유 중 하나로 나온다. 낙원 정원에서 죄를 지은 죄인들에게 "무엇이 너희로 하여금 불지옥에 들어오게 하였느냐?"하고 물을 것인데, 그러면 그들은 "우리는 예배를 하지 않고 가난한 사람들에게 음식을 먹이지 않았으며 무익한 잡담에 빠진 자들과 어울려 쓸데없는 공론에 열중하였습니다. 심판의 날을 믿지 않았고 심판의 날이 온다는 것을 부인하였습니다"라고 대답할 것이라 한다.[56]

예수님처럼, 무함마드는 남에게 보이기 위해 베푸는 자들을 비난했다. 그와 같은 접근은 사람의 자선 행위를 "헛되게 할" 뿐이라고 그는 말했다. 대조적으로 자신의 자선을 감추는 것은 "너희의 죄를 속죄하여" 줄 것이다."[57]

무슬림들은 '자카트'[zakat, 수니파는 자기 소득의 2.5퍼센트(시아파는 20퍼센트)를 구호금으로 드릴 것을 요구한다]와 '사다카'(sadaqa)라고 하는 자선을 구분한다. 전자는 법적이고 의무적인 행위이고 하나님에 대한 봉사의 일부로, 실제적으로는 예배의 기술적인 부분으로 여겨진다. "자카트는 일 년에 한 번 지불하는 세금에 더 가까우며, 각 사람이 가진 부의 다양한 형태에 따라 비율로 산출된다."[58] '자카트'라는 단어에 담긴 의미 중 하나는 '순결'인데, 적절한 비율을 이슬람 공동체에 기증하기 전까지 돈은 '불결'하다는 뜻이다.

---

56 Qur'an 74.42 (Cragg).
57 Qur'an 2.264, 2.271 (KF).
58 Denny, *Introduction to Islam*, p. 111.

무슬림들이 어느 정도로 자카트를 지불하는지 알려지지는 않지만, 복음주의자들의 다수가 십일조를 하지 않는 것은 분명하다. 틀림없이 그리스도인의 십일조(10퍼센트)는 수니파 무슬림의 자카트(2.5퍼센트)보다는 상당히 많은 양이지만, 그럼에도 불구하고 우리 복음주의자들은 돈의 일부를 공동체에 바칠 때까지 돈을 올바르게 사용할 수 없다는 무슬림의 확신으로부터 배울 것이 있다. 또한 신앙과 가난한 자들에 대한 자선이 필수적으로 연결되어 있다고 주장하는 꾸란의 가르침을 받아들이는 것은 마땅하다.

5. 신앙과 공공 광장. 마지막으로, 이슬람교를 통해 종교와 관련 없는 공공 광장은 있을 수 없는 이유를 이해할 수 있다. 무슬림들은 인간의 마음은 교정할 수 없을 정도로 종교적이라 믿는다. 참된 하나님을 예배하거나 다른 어떤 것을 신(시르크)으로 예배할 것이다. 무신론자조차도 종교적이며, 아마도 자연 또는 행복 또는 가족 또는 자아를 신으로 예배할 것이다. 그러므로 정부를 비롯해 공적 생활과 동떨어진 종교를 말하는 것은 인간에 대한 신비적 환상을 받아들이는 것이다. 하나님 또는 도덕과 명백히 연결되어 있음을 공적으로 표현하는 것이 금지될 때, 빈 공간이 생기고 다른 신들(인종 또는 국가 또는 세속적 이데올로기)이 그 구멍을 채우기 위해 몰려든다는 점을 인식하지 못한다.

라민 사네(Lamin Sanneh)는 서아프리카에 있는 한 무슬림 족장의 아들로 자랐다. 이후 그는 그리스도인이 되었지만, 이슬람교의 진실성과 통찰에 대해 예리하게 인식하고 있다. 그리고 그가 쓴 글에 따르면, 그리스도인들보다 무슬림들은 종교가 단지 사적이고 주관적인 일이 될 수 없다는 점을 더 잘 이해한다. 그리고 우리가 종교를 강요하고 종교적 다양성을 용인하지 않던 억압적 영토 체제하의 기독교 국가 시대로 돌아가기를 결코 원하지 않을 것이라고 말한다. 그러나 종교를 진리에 대한 객관적 근거가 없는 자유로운 담화로 이해하는 현대 서구는 기원과 결과에 있어 처참하다.

사네는 "공적 충성과 존경을 받는 국가는 도덕적 원리와 관련해 중립적일 수 없다는 것을 보여 주는 표준적 무슬림 자료들은 옳다"고 믿는다. "그런 경우 국가는 종교와 협력하거나 끌어들이고, 종교에 명령을 하거나 더 심하면 종교를 금한다."[59]

사네는 종교와 도덕을 여론에 내맡기는 처참한 서구의 현재 상태와 신정을 주장하는 세속적 이슬람교 사이에서 어떻게든 길을 찾아야 한다고 주장한다. 포스트모던식의 대안은 중국에 가서는 더 나빠질 수 있다. "진리를 주장하는 매우 많은 종교가 있기 때문에 결국 어떤 종교도 중요하지 않으며, 따라서 우리의 개인적 취향에 맞는 종교들을 찾을 수 있다는 광범위한 포스트모던주의 태도는 종교를 공적 영역에서 사적 영역으로 몰아냄으로써 현상을 강화하고 종교는 약화되며 국가 권력은 확장되는 결과를 낳는다."[60]

사네는 양심수 출신으로 최근 체코 공화국 대통령을 역임한 바츨라프 하벨(Václav Havel)의 예를 살펴본다. 하벨은 무슬림들이 항상 선포했던 것, 즉 종교적이고 도덕적인 근거가 없는 정부는 절대적이고 억압적 인간의 주장과 싸울 수 있는 효과적인 무기를 가지지 못한다는

---

[59] Lamin Sanneh, "Muhammad's Significance for Christitians: Biography, History, and Faith", in *Piety and Power: Muslims and Christians in West Africa* (Maryknoll, N. Y.: Orbis, 1996), p. 48.
[60] 앞의 책, p. 49.

것을 인식했다. 1990년 미국 상원에서 행한 연설에서, 하벨은 다음과 같이 주장했다. "오늘날 가장 위험한 적은 전체주의의 어두운 세력이나 적대적이고 음모를 꾸미는 온갖 마피아가 아니라, 우리 자신의 나쁜 특성들이다. 그러므로 대통령으로서 내가 할 일은 영성, 도덕적 책임, 인간다움, 겸손을 정치에 도입하고, 그런 점에서 우리 위에 더 높은 것이 있으며, 우리의 행위는 시간의 블랙홀로 사라지는 것이 아니라 어딘가에 기록되고 심판을 받으며, 우리가 모든 것을 이해하고 모든 것을 할 수 있다고 생각할 권리나 이유가 없다는 것을 분명히 하는 일이다."[61] 사네는 하벨이 세속적 자급자족이라 밝힌 것을 무슬림들은 시르크, 즉 인간이 우상숭배 하는 거짓 신들이라 공격하는 것에 주목한다. 그들은 어쩌면 더 분명하게 주저함 없이 진리는 개인적 양심의 문제가 아니라고 강조할 것이다. 다수의 동의에 의존하지도 않고, 국회나 백악관의 뜻에 사로잡히지도 않을 것이다.

우리는 자신의 이성 밖에 있는 것은 아무것도 알 수 없고, 따라서 어떤 도덕적 비전도 다른 것보다 참되지 않다고 추정하는 급진적 포스트모더니즘에는 공적 생활에 대한 냉담한 함축이 있다. 우리는 더 이상 어떤 것이 도덕적으로 나쁘다고 주장할 수 없으며, 단지 어떤 사람들은 자신들이 성장한 도덕 세계 때문에 그것이 나쁘다고 **생각하는 것**뿐이다. 그리고 사람들이 어떤 것이 그들 자신에게는 옳다고 생각하면, 수 세기 동안 다르게 말해 온 도덕적 합의에도 불구하고 허용될 수 있다.

---

[61] Havel의 연설은 Sanneh, "Muhammad's Significance for Christians", p. 49에 인용되어 있다.

오늘날 이것이 북미에서 당면한 곤경이라 말하는 사람은 거의 없다. 적어도 대중매체와 법정 및 입법부의 공공 광장에서는 그렇다. 여전히 강간, 근친상간, 살인, 테러는 **도덕적으로** 나쁘다는 점에 의견이 대부분 일치한다. 그리고 거의 이것을 공개적으로 말하려 할 것이다. 그러나 내 수업에 들어오는 중산층 및 중상류층 (주로) 백인 미국인들에게서 나는 충격적인 현상을 본다. 수업에 참여하는 상당한 비율의 학생들이 자신을 투철한 도덕적 상대주의자라 생각한다. 종교와 도덕은 그저 의견의 문제이며, 이러한 믿음들을 가르친 가정과 사회에서 자라고 교육을 받았기 때문에 자신들이 이 일들에 대해 그런 견해를 가진다고 확신한다. 다른 곳에서 자랐다면, 아마 다르게 믿었을 것이라 말할 것이다. 그러므로 그들이 어떻게 다르게 믿는 누군가를 비판할 수 있겠는가? 예를 들면, 사람 고기를 먹는 풍습은 아무런 문제가 되지 않는다고 믿는 사냥꾼이나, 가족 가운데 발생한 죽음을 되돌리는 적절한 방법이 아무것도 모르는 무고한 사람을 붙잡아 죽이는 것이라 믿는 주술이 지배하는 부족들 가운데 자란 사람들을 어떻게 비판할 수 있는가?

그들은 나에게 말하기를, 결국 궁극적으로 중요한 것은 자기 자신이 지닌 믿음의 진실성이라고 한다. 우리는 '절대적으로' 또는 '객관적으로' 옳고 그른 것을 알 수 없기 때문이다. 그러므로 어떤 군인이 무슬림들은 악하고 아마도 인간 이하라고 믿도록 교육을 받으면서 자랐다면 그래서 무슬림 여성들을 강간하는 것은 잘못이 아니라고 생각한다면, 우리가 그를 비난할 수 있는가? 그는 자신이 가진 진실한 확신 가운데 행동하는 것이다. 1960년대에 40세 정도 되는 한 여성이 수업 시간에, 그녀는 나치가 한 행동에 동의하지 않고 **개인적으로는** 그들이 나쁘다고 생각하지만, 그들이 옳은 일을 하고 있다고 믿었다면 그들이 한 일은 비난할 수 없다고 말했다.

무슬림들은 이 여성에게 **누구든** 신실하든지 그렇지 않든지 존재하는 객관적 도덕이 있다고 말할 것이다. 나치는 그들 **모두가** 자신이 옳다고 생각했다 할지라도 잘못을 저지른 것이다. 프란시스 쉐퍼(Francis Schaeffer)가 말하곤 했던 것처럼 하나님이 거기에 계시고,[62] 또 그분의 도덕법이 세상을 다스리기 때문이다. 하나님은 거기 계실 뿐만 아니라, 그분의 존재와 도덕적 성품이 창조 세계 가운데 있는 증표들을 통해 알려지게 하셨다. 사물이 분명하지 **않다**는 듯 증표들을 보지 않고 인생을 살아가는 것에 대해 누구도 변명하지 못한다.

우리 복음주의자들은 증표들의 명확성에 대해 조건 없이 단언하기를 원치 않을지 모르지만, 도덕적 상대주의에 대한 무슬림의 답이 지닌 힘을 인정해야 한다. 일부 사람들은 바로 그 이유 때문에 이슬람교로 확실히 개종하고 있다. 도덕적으로 혼란한 세상에서, 이슬람교는 단순하고 분명한 답들을 제공하기 때문이다. 그러나 이슬람교로부터 우리는 종교와 공적 생활의 관계에 대해 통찰을 얻고, 우리가 직면하는 도덕적·철학적 위협에 대해 강한 신앙이 줄 수 있는 답을 받아들이고 싶은지 모른다.

---

[62] Francis Schaffer, *The God Who Is There* (Downers Grove, Ill.: InterVarsity Press, 1968). 『거기 계시는 하나님』(생명의말씀사).

10장

결론: 반대와 응답

나는 종교들 가운데 있는 계시의 문제에 대한 이 작은 서언으로 하나님이 그분의 진리 일부를 유대 기독교 공동체 밖의 사람들과 전통들에 계시하셨음을 보여 주려고 했다. 그리고 일반 계시와 특별 계시라는 잘 아는 범주들뿐만 아니라 새로운 범주, 즉 계시된 모형에 대해서도 논의했다. 그것은 종교들 가운데 있는 진리의 한 원천이라고 제안했다. 삼위일체 하나님에 대한 이미지와 그림자는 역사 전체에 흩어져 있다. 자연과 양심(일반 계시) 안에도 있고 종교 전통들 가운데도 흩어져 있다. 이런 것들로부터 우리는 그리스도 안에 나타난 하나님의 계시를 더 잘 이해할 수 있도록 우리를 도와주는 것들을 배울 수 있다.

나는 비그리스도인들로부터 하나님에 대해 배울 수 있다는 개념을 뒷받침해 주는 성경적이고 신학적인 근거가 있으며(3-4장), 정말로 그렇게 한 그리스도인 사상가들이 줄곧 있었다는 것(5장)을 주장했다. 또한 기독교 공동체 밖의 몇몇 본문과 전통에서 배울 수 있는 몇 가지 특별한 교훈들이 있음을 보여 주었다(6-9장). 그러나 일부 복음주의자들에게는 이것만으로는 충분하지 않을 것이다. 이 같은 연구에 대해 그들은 타당한 이유로 심각한 의구심을 품을 것이다. 또한 그들은 기독교 역사에서 많은 사람이 신앙을 외부인의 구미에 더 맞게 만들려고 시도하는 가운데 정통에서 벗어났던 것을 잘 알고 있다. 그와 같은 탐구자들은 신앙계 밖에도 진리가 있음을 확신하고 그다음 그 신앙계 안으로 되돌아가 신앙을 이른바 새로운 진리에 맞게 변형시켰다. 이런 패턴은 종종 예수님과 그분의 사도들이 지닌 신앙을 심각하게 왜곡시키는 결과를 낳았다.[1]

이 연구 역시 그런 패턴을 따르고 있는가? 그렇지 않다고 생각한다. 나는 기독교 교리를 변형시키려 하지 않았다(하지만 물론 우리는 문화 내에서 일어나는 새로운 발전에 비추어, 성경적 계시에 대한 성령의 조명에 반응하면서 성경적 교리들을 새로운 방식으로 보는 것에 항상 마음이 열려 있어야 한다). 대신 나는 종교들 가운데서 익숙한 기독교 교리들을 확인하고, 그러한 교리들에 새로운 활기를 불어넣거나 적용점들과 함께 볼 수 있게 해 주는 것들을 확증했다. 수 세기 전에 교회에 주어진 이해를 잊어버리거나 소홀히 해서, 또는 성경적 계시에 대한 이러한 이해가 (내가 아는 한) 이제껏 결코 열린 적이 없어서, 전에는 알려지지 않았던 성경적 진리들을 발견한 몇몇 경우도 있었다. 예를 들어, 기독교 사상에는 도교의 '무위'와 똑같은 것이 없다. 기독교 신비주의와 비슷한 개념들이 있지만, 내가 아는 한 아무것도 하지 말라는 노자와 장자의 신랄한 권면

---

1 이 패턴을 보여 주는 예들로 Harold O. J. Brown, *Heresies: Heresy and Orthodoxy in the History of the Church* (Peabody, Mass.: Hendrickson, 1998)를 보라.『이단과 정통』(그리심).

을 지키는 사람은 거의 없다.² 하지만 내가 인간의 무능함과 하나님의 주권에 대해 새롭게 깊이 이해하게 된 것은 그들의 말을 통해서였다.

내가 그리스도와의 연합에 대해 새롭게 이해하게 된 것(부분적으로 불교와 도교의 주제들을 고찰하면서 생겼다)이 기독교 사상사에 일어난 혁명적인 변화는 아니다. 나에게는 새로웠고, 어떤 점에서는 대부분의 그리스도인들이 경험하거나 믿었던 것과 달랐다. 그러나 대부분의 그리스도인들이 항상 가르쳐 온 것에서 크게 벗어난 것은 아니다. 그것이 확대된 것으로 보는 편이 맞을 것이다. 하지만 우리는 다른 종교적 전통들을 숙고한 후에 중대한 변화―예를 들어, 노예제도에 대한 기독교 교회의 생각이 묵인에서 혐오가 된 것과 같은 혁명적 변화―가 일어난다 해도 놀라지 않아야 한다. 그리스도가 무한하고 그분의 계시가 무한하다면(우리는 둘 다 참되다고 믿는다), 그리고 하나님의 영이 시간이 흐르면서 점진적으로 그 계시의 진리를 교회에 밝히신다면(노예제, 여성, 성령의 은사에 대한 우리의 점진적인 이해를 보라), 우리는 교회로서 그리스도의 성경적 계시에 대해 이해해야 하는 모든 것을 아직 이해하지 못했다고 보아야 한다. 성령은 아직 우리에게 존재하는 것의 절반도 보여주지 않으셨을 것이다. 기본 교리에 대한 우리의 이해가 변할 것이라고 말하는 것이 아니다. 왜냐하면 우리는 "성도에게 단번에 주신 믿음"을

---

2 Meister Eckhart(약 1260-1329?)와 Margaret Porette(1310년 사망)는 유사한 요소들 및 비교할 만한 신랄함을 포함하는 영성을 제안했다. Winfried Corduan, "The Gospel According to Margaret", *Journal of the Evangelical Theological Society* 35 (December 1992): 515-530, and "A Hair's Breadth from Pantheism: Meister Eckhart's God-centered Spirituality", *Journal of the Evangelical Theological Society* 37 (June 1994): 263-274.

굳게 붙잡으려고 애쓰기 때문이다(유 3절). 그러나 계시에 대한 교회의 이해와 적용은 새로운 역사적 상황이 발생하면서 시간의 흐름에 따라 증가하고 발전한다는 것을 교회사를 통해 깨닫는다. 우리는 지속적으로 그리스도를 새롭게 이해하고 다시 적용하는 일을 멈추지 않을 것이라 생각한다.

그렇다면 우리는 미래에 그러한 계시에 대해 더 많은 것이 조명될 것임을 기대할 것이다. 분명히 그 미래 조명의 많은 것—대부분이 아니라면—이 성경적 계시 자체를 묵상하는 예수님의 제자들을 통해 이루어질 것이다. 그러나 그것이 조명이 이루어질 유일한 방식인가? 예수님이 제자들에게 믿음과 하나님에 대해 이교도들로부터 배우라고 충고하셨다면, 비기독교 전통들을 숙고해서 어떤 새로운 이해를 얻을 가능성을 배제하는 것은 독단적인 것 같다. 우리는 예수님 자신이 제자들에게 제안하셨던 학습 방식을 제외시키고 말 것이다.

하지만 문제들이 여전히 남아 있다. 나는 이런 문제들 중 다른 신자들, 특히 복음주의자들과 함께 논의할 때 가장 자주 생기는 다섯 가지 문제를 다음에 밝혀 놓았다. 제기되는 각각의 이의를 명백하게 설명하고 그다음에 응답을 제시하는 것이 유익할 것이다.

1. 우리는 이런 진리들을 이미 알고 있지 않은가? 이미 성경적 계시 안에 있다면, 왜 우리 자신의 신앙으로부터 직접 더 배울 수 있는 것을 배우려고 다른 전통들에 의지해야 하는가? 우리가 다른 신앙들에 관심을 가지는 것은 예수님이 그렇게 하셨기 때문이다. 가르치는 사역을 하는 특별한 때에 예수님은 친히 제자들에게 신앙을 가르치기 위해 유대인들과 그들의 전통이 아닌 이교도들을 사용하셨다. 제자들에게 믿

음을 갖도록 가르치실 때, 예수님은 아브라함, 다윗, 모세 같은 유대인의 모범들에만 호소하실 수 있었다. 그러나 특별하고 중요한 순간에 예수님은 히브리인의 하나님이나 그분의 아들에 대해 거의 또는 전혀 알지 못했던 이교도들을 가리키셨다. 시돈 사렙다의 이교도 과부, 수리아 사람 나아만, 백부장과 가나안 여인(눅 4:14-30; 7:1-10; 마 15:21-28). 그들이 참된 하나님에 대해 비교적 무지했음에도, 그들 모두에게는 예수님이 그분의 제자들에게 권하실 수 있는 믿음이 있었다.

이러한 사역의 시점에 예수님이 참된 하나님에 대해 더 알고 있는 인물들—족장들이나 욥 또는 히브리인 선지자들 같은 사람들—보다 이런 모범들을 택하신 이유는 무엇인가? 우리는 이 문제에 대한 확실한 대답을 결코 알 수 없지만, 아마도 예수님이 두 가지 이유로 이교도들을 택하셨을 것이라고 추측할 수 있다. 그들이 특히 생생한 실례로 사용할 수 있을 만큼 가까운 동시대 사람들이었기 때문이거나(백부장, 가나안 여인, 선한 사마리아인), 유대인들의 완악한 마음을 책망하는 데 기여했기 때문이었을 것이다(사렙다 과부와 나아만의 믿음은 나사렛에서 직접 예수님을 알았던 사람들보다 컸다). 마찬가지로, 우리는 다른 사람들의 신앙들을 연구하면서 책망받고 겸손해질 수 있다. 예를 들어, 일부 무슬림들이 알라에게 헌신하는 것을 보면 우리가 예수님께 헌신하는 것이 얼마나 부족한지 알 수 있다.

교회의 가장 위대한 신학자들 가운데 일부는 비성경적 전통들로부터 배웠다. 장 칼뱅은 기독교의 신학적 출처들로부터 하나님의 적응의 원리를 배웠겠지만, 하나님이 칼뱅에게 적응의 원리를 가르치기 위해 칼뱅이 심취한 르네상스 인문주의를 사용하신 것도 사실이다. 토마스 아퀴나스는 유비 및 창조 세계의 선함에 대한 그의 이해를 단지 성경만 가지고 도모한 것이 아니라 아리스토텔레스 사상과 대화하면서 발전시켰다. 그리고 아우구스티누스는 신플라톤주의 교사들의 도움을 받아 성경을 충분히 생각함으로써 하나님의 초월성과 이 세상의 불완전성을 이해했다.

이 신학자들이 성경만 공부해서 그런 교훈들을 배울 수 있었을까? 거듭 말하지만, 우리는 알지 못한다. 성경에는 적어도 발현되지 않은 형태로 그 교훈들이 있었다. 그러나 아리스토텔레스는 유비에 대해 모세나 이사야가 말했던 것보다 훨씬 더 많이 말했고, 신플라톤주의자들은 적어도 바울만큼 이 세상이 점진적으로 이상적 상태로 돌아간다고 많이 말했다. 성경 밖의 교사들을 통해 이 신학자들은 성경에 암시적으로는 있지만 교회에 광범위한 도움이 되도록 추가 설명이 필요한 개념들을 이해하고 발전시킬 수 있었다. 예를 들어, 토마스 아퀴나스의 유비 원리는 부분적으로 아리스토텔레스에서 유래하며, 성경에 명시적으로 진술되어 있지 않지만 우리가 성경이 의미하는 바를 더 잘 이해할 수 있도록 방법을 제공한다.

어려운 것을 배울 때는 도와줄 교사가 필요하다. 원리적으로는 대부분의 것들을 우리 스스로 배울 수 있지만, 어떤 문제들은 내재하는 어려움이 가득해서 실제적으로 '그것을 이해하려면' 때때로 외부의 도움을 얻는 것이 **필요한** 것 같다. 나는 원리적으로는 책을 읽고 교사에게 귀를 기울여서 혼자 대수학을 배웠지만, 실제로 내가 고비를 넘기고 나 혼자 배움을 시작할 수 있기 위해서는 과외 교사가 필요했다.

우리는 지적인 차원에서 배울 수 있을지 모르지만, 그것이 중요하거나 적절한 이유는 알지 못할 수 있다. 고등학교 전에 대부분의 아이들이 학습하는 역사 수업을 생각해 보라. 종종 재미가 없고 부적절해 보인다. 하지만 가르치는 기술을 갖추고 역사를 사랑하는 열정적인 교사를 투입해 보라. 활기 없는 수업에서 갑자기 호기심 많고 흥미진진한 학생들로 바뀐다. 이것이 다른 전통의 렌즈로 성경을 살펴보는 것이 유익할 수 있는 이유다. 부적절해 보이는 것 같았던 교리의 적용을 명백히 하거나, 성경, 말하자면 행간에 감추어진 개념을 분명히 드러낼 수 있다.

2. 성경적 정경을 위태롭게 하는가? 하나님이 성경 안에 있는 것을 넘어서 교회에 특별 계시를 더 주신다는 말인가? 한마디로 아니다. 종교들이 우리에게 줄 수 있는 것은 새로운 계시가 아니라 이미 그리스도 안에 있고 성경에 묘사된 계시를 볼 수 있도록 돕는 것이다. 종교들은 그리스도 안에 있는 계시에 덧붙이는 새로운 계시가 아니라 성경적 계시를 해명하는 것을 도와주는 계시(계시된 모형)다. 또는 익숙한 신학적 언어를 사용하면, 우리가 받았지만 불완전하게 이해하는 (기록된) 계시를 성령이 **조명**해 주는 도구로 종교들이 사용될 수 있다.[3] 물론 그 결과가 근본적인 기독교 교리와 분명히 모순된다면, 그 조명은 성경의 그리스도를 영화롭게 하는 일을 하는 성령으로부터 온 것이 아니다(요 16:14-15). 그러므로 도교 경전이 하나님은 비인격적이라는 것을 보여 준다거나 우파니샤드(*Upanishads*)가 재성육신의 실재를 계시했다고 생

---

3   내가 앞의 장들에서 설명한 것처럼, 나는 Barth가 조명을 계시와 동일시한 것은 거부하지만 조명이 계시의 한순간 또는 한 측면이라고 확신한다. 조명은 성령이 한 사람의 이해를 열어 주는 것뿐만 아니라 성경에 기록된 내용들을 포함한다.

각한다면, 우리는 하나님의 영이 아닌 다른 것의 인도를 받고 있는 것이다.

닫힌 정경이라는 복음주의 원리는 무엇보다도 종교들로부터 **비판적으로** 통찰들을 전용한다는 의미다. 예를 들어, 소승불교와 철학적 도교는 우리가 그리스도와의 연합을 이해하도록 도와줄 수 있다. 동시에, 성경적 정경을 받아들인다는 것은 궁극적 실재가 비인격적이라는 도교의 생각과 그에 상응하는 것으로서 도는 우주와 구별되지 않는다는 (범신론적) 생각을 거부해야 한다는 의미다.

이 방식은 순환 논리인가? 계시에 대한 새로운 이해를 비판적으로 평가하기 위해 성경적 계시를 사용한다는 의미에서는 그렇다. 그러나 그 계시에 대해 새로운 어떤 것을 결코 배울 수 없다는 의미는 아니다. 오히려 정반대다. 우리는 우리 삶의 경험들을 통해 그리스도를 바라볼 때 계속 새로운 방식으로 그리스도를 본다. 하지만 성경과 기독교 전통을 통해 계시된 그리스도의 모습에 대한 기본적인 특징은 고수한다. 이런 이의 제기에 변론하자면, 우리는 정경에 내용이 아니라 이해를 더하는 것이다.

3. 복음주의자들이 강조하는 전도 및 선교의 긴급성을 약화시키는가? 우리가 종교들에 이미 진리가 있다고 말한다면, 왜 그들을 우리가 생각하는 진리로 데려오는 데 헌신해야 하는가? 이런 이의 제기에 대해서는 여러 가지로 답할 수 있다. 첫째, 타종교들이 진리를 갖고 있긴 하지만 그들에게는 그리스도 안에서 그리스도에 의해 계시된 훨씬 더 온전한 진리가 없다. 예를 들어, 무슬림들이 규칙적인 기도와 창조 세계에 나타난 하나님의 증표들에 대해 알긴 하지만, 그럼에도 불구하고

구원의 확신과 성령 안에서 사는 삶의 충만함이 부족하다. 또 그리스도의 십자가 처형과 부활 또는 삼위일체의 영광을 통해 계시된 하나님 사랑의 충만함도 알지 못한다. 소승불교 신자들은 내가 '순간의 신비'라 부르던 것에 대해 알고 있으며, 우리에게 궁극적 실재의 형언할 수 없음에 대한 무언가를 가르쳐 줄 수 있다. 또한 참된 자아와 경험적 자아의 차이를 우리에게 도움이 되는 방식으로 이해한다. 그러나 그들은 삼위일체 하나님을 알지 못한다! (물론 그들이 실재에 대해 아는 것이 무엇이든, 그들은 삼위일체 하나님에 대해 인식하지 못한 채 아는 것이다. 하나님은 실재와 분리되어 있지 않으시기 때문이다. 하지만 그들은 실재가 하나님 때문에 있다는 것을 알지 못하며, 또 그 하나님이 무엇과 같은지 거의 또는 전혀 알지 못한다.) 더 나쁜 것은 하나님이 그들을 아는 데서 오는 기쁨이나 그들이 궁극적 실재라 부르는 것에 의해 사랑받는 느낌에서 오는 훨씬 더 큰 기쁨을 알지 못한다는 것이다. 복음을 알지 못한다면 예수님과 함께하는 영원의 더없는 행복은 결코 향유하지 못한다. (나는 그들이 향유하지 못할 것이라 확신하는 것은 아니지만, 향유하게 될 것이라는 확신도 갖고 있지 않다. 나는 오늘날 그리스도를 구원의 길로 아는 자들이 그분을 영원히 향유하게 된다는 사실만 확신할 수 있다.)

그러나 일부 비그리스도인들이 이미 하나님을 구원의 길로 안다 할지라도, 포괄주의자들이 주장해 온 것처럼(노만 앤더슨, 클라크 피녹, C. S. 루이스, 존 샌더스, 밀라드 에릭슨 같은 사람들) 하나님은 그들을 영생의 온전함으로 인도하기 원하신다. 오직 그리스도 안에 있을 때 지금의 삶이 온전히 인간적이고 온전히 의미 있다. 이미 하나님을 예배하고 있던 루디아는 예수 그리스도에 대한 지식을 통해 신적 은혜를 온전히 경험하게 되었다(행 16:14).

정토불교 신자들은 아미타 붓다로 인해 은혜에 대한 무언가를 안다. 힌두교 박타들(bhaktas) 역시 크리슈나와 힌두교의 다른 인격적 신들에 의해 주어진 은혜로 은혜에 대한 무언가를 안다. 그러나 그들은 이러한 은혜가 하나님이 무한히 고통스러운 대가를 치르고 얻은 것이라는 사실을 알지 못한다. 이것을 알면 그들은 은혜가 상상했던 것보다 훨씬 더 은혜롭다는 것을 깨달을 것이다. 따라서 그들의 감사와 기쁨은 더욱 깊어질 것이다. 정토불교 신자들과 힌두교 박타들이 그들의 구세주가—대부분의 불교 신자들과 힌두교 신자들이 전설적인 것으로 인정하는 구세주 신들과는 달리—지구상에 정말로 살았던 실제 역사 속의 실제 사람이었다는 것을 깨닫는다면, 구원에 대한 더 큰 확신을 얻을 수도 있다.

둘째, 우리 그리스도인들은 복음을 알지 못하는 자들에게 복음을 전하라는 성경의 명령을 받는다. 우리가 생각하는 그들의 미래 전망은 중요하지 않으며, 우리가 생각하는 그들이 가진 진리의 양도 중요하지 않다. 우리가 그리스도와 그분의 말씀 아래 살려고 노력하는 복음주의자들이 되려면 전도의 의무를 소홀히 하지 않아야 한다.[4]

또한 성경은 하나님이 그분께로 사람들을 인도하시는 주된 방식은 복음 선포라는 점을 분명히 한다. 비그리스도인들이 매우 많은 진리를 갖고 있는 것처럼 보여도, 예수 그리스도를 알지 못한다면 그들은 진리가 더 필요하다. 예수님을 온전히 아는 것은 언제나 좋은 일이며 결코

---

[4] J. I. Packer, *Evangelism and the Sovereignty of God* (Downers Grove, Ill.: InterVarsity Press, 1961). 『제임스 패커의 복음전도란 무엇인가』(생명의말씀사).

손해가 되지 않는다. 실제로, 하나님이 주시는 계시의 온전함 가운데서 살아 계신 하나님을 아는 것보다 더 좋은 일이 무엇이 있겠는가? 그것이 어떻게 나쁜 일이 될 수 있겠는가?

셋째, 우리는 사랑과 연민으로 전도와 선교 활동을 하며 복음을 나눈다. 비그리스도인들은 하나님과 구원의 관계를 맺지 않고도 하나님에 대해 많은 것을 알 수 있다. 그 결과 사랑과 행복의 유일한 근원으로부터 영원히 분리된다. 마크 하임이 제안한 것처럼, 소승불교 신자가 열반을 경험할 수는 있어도, 그 개인은 예수님과 함께하는 영원의 더 큰 기쁨은 놓칠 수 있다. 그러므로 그 사람에게 복음의 놀라운 소식을 말하지 않는 것은 잔인한 일이다. 조나단 에드워즈는 2층 사람에게 그 집 1층에 불이 난 것을 말해 주는 것은 사랑의 행위라 했다. 그 문제를 무시하는 것은 잔인한 무관심 행위다. 실제 전쟁이 일어나 평화가 없을 때, "평강하다! 평강하다!" 하고 외치는 것은 기만적이고 무정한 것이다(렘 8:11). 그러므로 성령의 이끄심을 따라 적절한 때에, 우리는 이미 하나님에 대해 무언가 알고 있는 비그리스도인 친구들을 사랑하는 마음으로, **더 많은** 진리를 나누기 원하게 될 것이다.

넷째, 이 세상은 빛의 세력과 어둠의 세력이 다투는 전쟁터다. 우리는 악의 세력을 물리치기 위해 영적 전쟁에 참여해야 하며, 우리가 가진 최고의 무기는 복음이다. 우리는 사람들을 사랑의 하나님과 영원히 분리되는 두 번째 사망뿐만 아니라 이 세상에서 하나님께 반역하는 것으로 인한 첫 번째 사망에서 구원하기 원한다(눅 15:24). 많은 사람이 하나님을 구원의 길로는 알지 못하지만 하나님에 대해 많은 것을 안다는 것은 성경에 흔히 나오는 주제다(예를 들어, 마 7:21-23). 비그리스도인들을 비롯한 많은 사람들이 성령이 인도하시는 복음을 나눔으로써 이 세상에서 하나님께 반역하는 고통(특히 종교들 가운데 무수히 많은 방식으로 나타난다)으로부터 구원받을 수 있다.

4. 우리 자신의 종교도 잘 알지 못하는데 타종교들을 연구해야 하는가? 대부분의 그리스도인들이 성경을 꽤나 제대로 알지 못한다는 것은 안타까운 사실이다. 대부분의 복음주의자들도 마찬가지일 것이다. 우리 복음주의 교회들은 성경을 가르치고 설교하는 일, 교인들이 성경을 읽고 묵상하는 즐거운 습관을 기르도록 훈련하는 일을 더 잘 해야 할 필요가 있다. 나는 이제껏, 성경에 대해 충분한 훈련을 받지 못한 사람들에게는 진리를 위해 타종교를 탐구하라고 권고하지 않았다. 그들이 가진 하나님에 대한 지식을 위해 할 수 있는 최선의 일은 현재 아는 것보다 무한히 더 하나님에 대해 계시해 놓은 기독교 성경에 자신을 흠뻑 적시는 것이다. 그들이 다른 신앙들을 공부하기 전에 자신들의 신앙에 대해 철저히 배우게 하라. 친구가 되고 결국에는 복음을 나눌 타종교를 믿는 사람들을 더 잘 이해하기 위해 종교들을 공부하는 것은 좋다. 그러나 예수님이 최종적 진리이심을 알지만 그분을 이해하기 위해 거의 노력을 하지 않으면서 이러한 종교들을 숙고하는 것은 잘못이다.

이 책은 위험하다. 조심해서 읽지 않으면, 우유만 소화할 수 있는 영적 초신자들에게 고기를 씹어 먹으라고 권하는 것이 될 수 있다(참고. 히 5:11-14). 히브리서 저자가 충고한 것처럼, 그리스도인들은 "지각을 사용함으로 연단을 받아 선악을 분별하는 자"에게 생기는 성숙이 필요한 문제들을 다루기 전에 '그리스도에 대한 기본적인 가르침' 또는 '기초'를 통달하는 것이 필요하다(히 5:14-6:1). 이것이 장 칼뱅이 어린이 교리 문답에 예정론을 가르치지 말고 신앙이 더 온전하게 성숙한 자들의 몫으로 남겨 두라고 충고했던 이유다.[5] 예정론처럼, 이 책의 주제는 그들의 신앙이 성경에 굳게 뿌리내리고 최소한 수년의 신앙생활 경험이 있는 자들의 몫으로 남겨 두는 것이 제일 좋다. 그렇지 않으면 그들은 이해하지 못하는 것들에 대해 염려하고, 또 성경의 그리스도에 대한 철저한 지식으로만 교정할 수 있는 왜곡된 이야기들을 받아들일 수도 있다.

5. 이 모든 교훈을 받은 다음 당신은 어디로 갈 것인가? 타종교들로부터 진리를 배우는 목적은 무엇인가? 이 연구에는 네 가지 목표가 있다. 첫째, 복음주의적 전도를 더 민감하게 그래서 더 효과적이 되게 해야 한다. 너무 많은 복음주의자들이 무슬림과 불교 신자들에게 (그리고 다른 종교인들에게) 그들이 믿는 종교가 전적으로 틀리거나 전적으로 악마적이라 가정하고 접근했다. 그리고 그들이 그리스도를 받아들이면 이제껏 신에 대해 알았던 모든 것을 버려야 한다고 가정하며 접근했다. 이것은 종교들에 대한 오해에 근거한 교만이다. 이러한 복음주의자들은 복음을 전할 때 종교인들이 복음을 듣지 않는 듯해도 놀라지 말아야 한다. 그 종교인들은 그들이 믿어 온 신앙을 복음주의자들이 거만하게 형편없이 틀린 것 또 심지어는 악마적인 것으로 일축해서 상처를 입었을 것이다. 그리고 나서 이러한 그리스도인들은 종교적 진리를 가지고 있을 리 없다고 결론지었을 것이다. 때로 나는 그리스도에 대해

---

[5] John T. McNeill, *The History and Character of Calvinism* (Oxford: Oxford University Press, 1954), p. 211. 『칼빈주의 역사와 성격』(CH북스).

말하는 그리스도인들의 그러한 태도에도 불구하고 일부 종교인들이 그리스도를 믿는 것은 기적에 가까운 일이라고 생각한다.

이 책의 한 가지 목표는 복음주의자들이 조금 더 존경심과 민감함으로 복음을 전하도록 돕는 것이다. 비그리스도인 신자들이 복음주의자들은 그들의 종교적 전통들을 종교적 진리를 포함하는 체계로 존중한다고 느낀다면, 대개 그렇지 않을 때보다 더 마음을 열게 될 것이다. 예수님의 제자가 되기 위해서는 이제껏 믿고 실행해 왔던 모든 것을 부인해야 한다거나 그들의 문화가 종교적 순례 여정에서 아무 가치가 없다고 느끼지 않을 것이다. 또한 그리스도인 전도자에게서 나오는 사랑과 존경심을 더 잘 느낄 수 있을 것이다. 그 결과 더 많은 사람들이 그리스도의 아름다움을 보게 될 것이다.

둘째, 우리 복음주의자들은 더 나은 제자가 될 수 있다. 나는 그리스도와의 연합에 대한 전망과 실재로 인해 매우 고무된 적이 있었다. 대학에서 적극적인 신앙을 갖게 되자마자, 나는 워치만 니(Watchman Nee)의 『정상적인 그리스도인의 생활』(Normal Christian Life, 한국복음서원)을 읽었다. 그 책은 나에게 그리스도와의 연합이 지닌 의미를 흥미진진한 방식으로 새롭게 보게 해 주었다. 돌이켜 보건대, 이 신비적 실재에 대한 워치만 니의 통찰은 그가 중국에서 겪은 문화적 경험에 의해 형성되었을 것이다. 워치만 니는 그가 받은 유산 덕분에, 그의 사회적·정신적 연대(다른 것들과의 신비적 하나 됨) 의식은 서구의 많은 바울 해석자들이 보유하고 있는 것보다 더 바울에 가까웠다. 지난 10년 동안 도교와 불교 전통들을 읽으면서 나는 이 연합의 즐거운 신비에 대해 새로운 것을 더 많이 알게 되었으며, 제자로서 나의 경험은 풍요로워졌다.

내가 이 책에서 개요를 서술한 방식 그리고 더 많은 방식으로, 복음주의 제자도는 비기독교적인 종교적 경험에 노출됨으로써 더 활기를 띠고 더 풍요로워질 수 있다. 성경과 그리스도에 대해 이해하는 바가 깊어질 것이며, 그 결과 더 성숙한 교회가 될 것이다. 그리스도를 지성과 경험으로 더 아는 제자들이 교회를 이끌어 가게 될 것이다.

셋째, 종교들로부터 배우는 것은 에큐메니칼 사회 활동―또는 일부 사람들이 자선 사역이라 부르는 것―을 활성화시킬 수 있다. 새 천년이 시작되면서, 복음주의자들 및 다른 정통 그리스도인들은 종교적·윤리적으로 자유주의 그리스도인들보다 종종 타종교인들과 더 공통점이 많다는 것을 발견했다. 예를 들어, 1995년 카이로에서 개최된 인구 및 개발에 관한 유엔 회의에서, 무슬림들과 로마 가톨릭 신자들은 미국 대표가 이끄는 낙태권 발의에 맞서기 위해 서로 협력했다. 낙태를 국제적으로 인정받는 인권이 되게 하려는 지지자들이 그 생각을 포기하게 된 것은 그들이 연합하여 노력했기 때문이다. 미래에 다른 사회적·도덕적 문제들에 대해 유사한 싸움이 벌어질 때 이길 가능성은 과거에 우리가 이 종교들에게 보였던 것보다 더 많은 존경심을 내보임으로써 높아질 것이다. 미래에 우리가 안락사, 유아 살해, 인간 복제, 종교 박해 등과 싸울 때 타종교인들의 도움이 필요할지 모른다.[6] 결혼 관계와 가난한 자들의 권리를 보호하기 위해 협력하여 일하기를 원할 수

---

[6] 나는 자유주의 그리스도인들이 이러한 것들을 반드시 지지한다고 말하는 것이 아니다. 모든 사람이 종교 박해와 유아 살해를 원리적으로 비난하지만, 안락사와 인간 복제에 대해서는 논의가 계속되고 있다.

도 있다. 많은 종교에서 발견되는 종교적 진실성과 진리를 인정한다면, 이러한 노력들은 성공할 가능성이 상당히 높아질 것이다. 이는 우리의 성경적 신앙을 타협하는 것이 아니라, 모든 인간의 마음에 기록된 하나님의 법에 근거해 타종교인들과 공유하는 바를 활용하는 것이다(롬 2:14-15).

마지막으로, 타종교들로부터 진리를 배우면서 찬송할 이유가 있다. 종교들에 대해 배우고 하나님이 그분의 진리들을 다른 종교를 믿는 이들에게 어떻게 계시하셨는지 볼 때, 하나님이 우리 중 많은 사람들이 상상했던 것보다 더 많은 방법과 땅과 사람들 가운데서 일하고 계심이 드러난다. 대부분의 복음주의자들이 아는 하나님은 너무 작다. 우리는 하나님의 임재와 영이 그리스도인들 가운데서만 가득하다고 상상해 왔지만, 타종교들로부터 배울 때 하나님의 영이 우리가 이제껏 생각해 왔던 것보다 훨씬 더 광대하게 활동하고 계심이 드러날 것이다. 요한이 말한 것처럼, "참 빛 곧 세상에 와서 **각 사람**에게 비추는 빛이 있었나니"(요 1:9, 저자 강조).

성경은 창조 세계의 목적이 하나님의 영광이라고 말하는데, 이는 곧 "하나님의 내적 영광과 충만함의 발현이자 참된 외적 표현"이라는 뜻이다.[7] 다시 말해, 하나님은 모든 창조물이 그분의 속성과 존재를 알고 향유하도록 세상을 창조하셨다. 하나님의 영광인 동시에 창조물의 더 없는 행복이다. 창조 세계가 하나님이 그들로 하여금 향유하도록 허락

---

[7] Jonathan Edwards, *Concerning the End for Which God Created the World*, ed. Paul Ramsey, The Works of Jonathan Edwards 8 (New Haven, Conn.: Yale University Press, 1989), p. 527.

하신 그분 존재의 모든 차원에서 하나님을 보고 즐거워할 때, 그분은 영광을 받으시고 기뻐하신다. 이것은 우리의 기쁨이면서 하나님의 기쁨이며, 창조 세계가 존재하는 이유다. 세상 속에서 이루어지는 하나님의 역사가 우리가 상상했던 것보다 훨씬 더 깊고 광범위하다는 것을 볼 때 그리고 하나님은 그분 실재의 측면들을 교회 밖에 있는 자들에게—그들이 언젠가 예수님을 알게 되든 그렇지 않든—불가사의하게 계시하신다는 것을 볼 때, 하나님에 대한 우리의 비전은 그만큼 훨씬 확대될 것이다. 하나님에 대한 우리의 찬양과 예배는 깊어지고 부요해질 것이며, 우리는 다음과 같이 노래하는 천상의 합창에 합류할 것이다.

> 깊도다. 하나님의 지혜와 지식의 풍성함이여. 그의 판단은 헤아리지 못할 것이며 그의 길은 찾지 못할 것이로다.
> 누가 주의 마음을 알았느냐. 누가 그의 모사가 되었느냐.
> 누가 주께 먼저 드려서 갚으심을 받겠느냐.
> 이는 만물이 주에게서 나오고 주로 말미암고 주에게로 돌아감이라. 그에게 영광이 세세에 있을지어다. 아멘. (롬 11:33-36)

부록: 하나님과 남성 대명사

나는 일부 그리스도인들이 하나님을 남성 대명사로 표현하는 것이 하나님을 성을 가진 존재로 만들고 또 여성의 가치를 깎아내린다고 주장하는데도 굳이 하나님을 남성 대명사로 표현하는 이유를 설명하고자 한다. 이런 지적은 중요한 문제이고 따라서 진지하게 다룰 필요가 있다. 페미니스트들이 하나님에 대한 남성적 언어는 모든 여성적 이미지를 제외하고는 사용되지 말아야 한다고 주장하는 것은 중요한 지적이다. 성경은 여성적 이미지를 사용하기도 한다(민 11:12; 시 22:9-10; 71:6; 139:13; 사 49:15; 66:9, 13; 마 23:37). 또 기도할 때 여성적 이미지와 언어를 사용하면 분명 우리는 하나님의 희생적 사랑을 더 잘 이해하게 된다.

하지만 남자들이 여자들을 억압해 왔기 때문에 하나님을 남성 대명사로 표현하지 말아야 한다는 제안은 오히려 나쁜 결과를 가져온다. 하나님을 표현하면서 남성 대명사를 피하다 보면 종종 우리는 '하나님 자신'(Godself) 같은 어색한 표현을 사용하게 된다. 하지만 그런 표현은 부자연스러울 뿐만 아니라 신학적으로도 문제의 소지가 있다. 하나님이 인격이라는 개념을 약화시키기 때문이다. 하나님의 인격성을 부인하는 종교들에 대해 논의할 때 하나님의 인격성을 강조하는 것은 매우 중요하다. 예를 들어, 철학적 힌두교도들과 불교도들은 하나님과 우주 사이에 결정적인 차이가 없기 때문에 인격적인 하나님이 존재하지 않는다고 주장한다.

둘째, 남성 대명사를 피하는 것은 존 캅(John Cobb)이 '기독교 진보주의'라 칭하는 것을 설명했을 때 스탠리 하우어워스(Stanley Hauerwas)가 보인 반응을 생각나게 한다. "존 캅의 하나님과 관련해 나를 괴롭히는 것 중 하나는 그 하나님(she)이 정말 너무 괜찮다는 것이다."[1] '하나님 자신'이라 표현할 때 문제는 너무 무해하고 그 결과 너무 많은 것을 취하게 한다는 것이다. 즉 (기독교의 하나님이 자신의 아들을 보내 빌라도의 십자가에 달려 죽게 하신 성부라 하는) '특수성의 스캔들'을 없앨 위험을 무릅쓰고, 성경의 성부, 성자, 성령 이면에 있는 신적 본질을 알 수 있다고 제안한다. 그러나 성경은 우리에게 성자를 통해서만 참으로 성부를 알 수 있다고 말한다.[2] 그리고 신경들은 하나님이 어떤 무정형의 본질이 아니라 맨 먼저 성부로 알려진다는 사실을 일러 준다.[3] 다시 말해, 우리는 자신을 성부, 성자, 성령으로 계시하신 하나님 외에는 어떤 신에 대한 어떠한 것도 알지 못한다. 우리는 성부와 성자라는 이름 외에

---

1 Stanley Hauerwas, "Knowing How to Go On When You Do Not Know Where You Are", *Theology Today* 51 (January 1995): 567.
2 마 11:27; 요일 2:23.
3 "사도신경은 신적 본질로 시작하지 않고 성부의 인격으로 시작한다. '나는 전능하신 아버지 하나님을 믿습니다.' 니케아 신경은 하나님을 먼저 '우시아'(*ousia*, 본질)가 아니라 '휘포스타시스'(*hypostasis*, 위격)로, 본질이 아니라 위격으로 고백한다. '나는 전능하신 아버지이시며, 한 분이신 하나님을 믿습니다'"[Patrick Henry Reardon, "Father, Glorify Thy Name", *Pro Ecclesia* 7 (Spring 1998): 143].

이름을 밝힐 수 있는 성부와 성자 이면에 있는 이른바 신적 본질을 알지 못한다. 우리가 알 수 있는 것은 오직 하나님이 우리에게 성부, 성자, 성령이라는 그분의 이름을 우리에게 주셨다는 것이다. 그리고 성경에서 다른 이가 아닌 하나님을 부를 때, 그 하나님은 성부다. 따라서 성부와 성자는 단순히 신의 은유적 이름이 아니라 문자적 이름, 즉 진실로 하나님인 것이다.[4]

이 문제는 인식론적일 뿐만 아니라 구원론적이기도 하다. 우리가 참된 하나님을 아는 방식의 문제일 뿐만 아니라 구원이 위태로워지는 문제다. 폴 힌리키(Paul Hinlicky)는 최근에 우리가 죄와 사망에서 벗어나 구원에 온전히 참여하는 것은 성자와 성령을 보내신 성부의 이야기 안에서만 가능하다고 지적했다. 삼위일체적 언어가 제거되거나 약화될 때, 사람은 가부장제와 다른 유형의 억압에서 벗어나는 해방으로서의 구원에 대해서는 말할 수 있다. 하지만 이런 종류의 구원은 역사적으로 각 시대마다 교회가 선포한 구원이 아니다.[5]

하나님을 삼위일체—성부, 성자, 성령의 삼위일체—라고 한다면, 젠더의 암시를 피할 길이 없다. 성부와 성자라는 단어들은 둘 다 남성을 함축하기 때문이다. 삼위일체라는 언어를 쓰면서 남성 대명사를 사용하기 거부하는 이들이 둘 다를 가질 수는 없다. 그들은 하나님이 젠더

---

4 Robert W. Jenson, "The Father, He…", in *Speaking the Christian God: The Holy Trinity and the Challenge of Feminism*, ed. Alvin E. Kimel Jr. (Grand Rapids, Mich.: Eerdmans, 1992), pp. 95-109.

5 Paul Hinlicky, "Secular and Eschatological Conceptions of Salvation in the Controversy over the Invocation of God", in *This Is My Name Forever: The Trinity and Gender Language for God*, ed. Alvin Kimel (Downers Grove, Ill.: InterVarsity Press, 2001)을 보라.

를 갖지 않는다는 자신의 주장을 옹호하기 위해 남성 대명사를 피해야 한다고 생각한다. 그러나 그들이 성부와 성자라는 말을 사용할 때는 어쨌든 젠더가 암시되고, 이런 암시는 하나님의 초월성에 의해 상대화된다고 설명할 것이다. 하지만 이런 주장은 내 주장과 다르지 않다. 나는 남성성을 암시하는 언어를—우리 인간이 그것을 이해하는 대로—사용하지만, 삼위일체의 계시는 그것의 남성성이 전통적인 고정관념과 근본적으로 다르다는 것을 보여 주기 때문이다[가렛 그린(Garrett Green)이 다음에서 주장하는 대로 말이다]. 그러므로 삼위일체적 언어를 그대로 쓰지만 남성 대명사를 피하는 이들은 남성 대명사를 사용하는 이들과 똑같은 신학적 문제에 직면한다. 젠더의 문제는 기독교 신앙의 핵심을 희생시키지 않은 채 언어학적으로 해결되지 않는 문제다. 즉 모든 삼위일체적 언어를 제거해야 젠더에 대한 모든 암시도 제거될 수 있다. 하지만 그렇게 할 경우 예수 그리스도의 신적 실재와 전혀 다른 신이 나타난다.

그러므로 기독교의 하나님을 표현하기 위해 남성 대명사를 사용하는 것은 불가피하다. 하나님은 그리스도 안에서 나타나는 그분의 계시를 떠나서는 참으로 알려질 수 없기 때문이다. 루터가 표현한 대로, 성자와 그분의 십자가에 담긴 역사적 특수성을 제외한 채 하나님을 알고자 하는 것은 '영광의 신학'(theology of glory)을 세우는 것이다.[6] 마찬가지로, 남성 대명사를 피하는 것은 우리가 하나님이 성자의 성부라

---

6 Martin Luther, "Theses for the Heidelburg Disputation", in *Martin Luther: Selections from His Writings*, ed. John Dillenberger (Garden City, N. Y.: Anchor, 1961), pp. 502-503. 『루터 선집』(CH북스).

는 계시를 제외하고 하나님을 알 수 있다고 제안하는 것이다. 따라서 그것들은 대체될 수 없다. 그것들은 말로 할 수 없는 종교적 경험에 대한 반응으로 인간이 만들어 낸 산물이 아니라, 하나님이 몸소 인간에게 주신 하나님에 대한 이름이다. 바로 그 이름 안에 삼위일체 하나님의 이야기 전체가 담긴다. 그것들을 피하는 것은 하나님이 성자에 대한 성부로서 그분 자신을 계시하지 않으셨다고 또는 적어도 이런 것들은 신적으로 주어진 이름이 아니라고 간접적으로 제안하는 것이다.

그렇다면 하나님이 남성이라는 의미인가? 물론 아니다. 그리고 위대한 기독교 전통의 최고 대표들은 언제나 다음과 같은 점에 동의해 왔다. "모든 공의회와 교리 전통에 속한 누구도 '아버지'라는 단어가 하나님을 언급하는 데 사용될 때, 성적인 의미를 지닌 것으로 간주하지 않았다. 특히 카파도키아 사람들은 이미 하나님 안에 있는 부권(paternity)과 아들의 신분(sonship)은 성적인 관련이 없다고 자세히 말했다."[7] 우리는 하나님에 대한 오해와 이런 오해가 만들어 낸 여성 억압에 대해 무언가를 해야 하는가? 물론이다. 하지만 해결책은 그 이름과 이름을 쓰는 데 필요한 남성 대명사를 거부하는 것이 아니라, 남성 성별을 읽어 내는 왜곡된 독법들을 바로잡는 것이다. 여기에는 삼위일체적 언어는 일반적으로 이해하는 아버지와 아들의 관계를 하나님께로 단순히 확대한다고 주장하는 '은유 신학'(metaphorical theology)의 가정을 바로잡는 것이 포함된다. (은유 신학에서는 하나님을 표현하는 모든 언어가 그저 은유적이며 의미에 별다른 해를 끼치지 않고 바뀔 수 있다고 여긴다.) 하

---

[7] Reardon, "Father, Glorify Thy Name", p. 148.

지만 성경 저자들은 의미는 상향식이 아니라 하향식이라고 보았다. 바울은 에베소서에서 이 세상의 모든 부권은 하나님의 부권에서 이름과 의미가 유래한다고 썼다(엡 3:15). C. S. 루이스에 따르면, 신적 아들의 신분에서 같은 역학을 찾아볼 수 있다. "이를테면, 신적 아들의 신분은 입체이고, 생물학적 아들의 신분은 단지 평면에 도표로 나타낸 것이라 할 수 있다."[8] 다시 말해, 우리가 경험하는 인간 가족에서 삼위일체를 이해하려 하기보다, 우리에게 계시된 삼위일체에서 아버지와 아들의 올바른 개념을 끌어내야 한다.

가렛 그린은 은유 신학의 다른 결점은 은유를 원자론적으로—즉 문맥을 무시하고—다루는 경향이라고 한다. 성부와 성자가 나오는 이 이야기에 주의를 기울여 보면, 하나님은 그분을 남성 대명사로 표현하는 것에 반대하는 일부 사람들이 비방하는 존재와 매우 다른 분인 것을 발견하게 된다.

이 하나님은 경계하면서 자신의 능력을 비축하는 분이 아니다. 남편으로서 부정한 아내를 때리지 않으며 오히려 바람난 연인 때문에 괴로워서 울부짖고 그녀가 되돌아오도록 노력을 배가하시는 분이다. 성부로서 그분은 아들을 아끼지 않으시고 우리 모두를 위해 그를 포기하셨다. 성자로서 그분은 자신의 신민을 다스릴 특권을 주장하지 않으셨고 자신을 비워 종의 형태를 취하셨으며 수치스러운 십자가에 달리셨다. 성령으로서 그분은 우리를 그리스도의 신비한 몸에 받아들이신다. 그 안에는 종이나 자유인, 남

---

8 C. S. Lewis, *Miracles* (New York: Macmillan, 1947), p. 289.

자나 여자의 구별이 없다. 왕으로서 그분은 홀로 하늘의 영광에 머무르지 않고 기꺼이 그분의 백성과 함께 거하시며, 백성의 눈에서 모든 눈물을 닦아 주시고, 그들을 억압하는 모든 것으로부터 심지어 사망으로부터 구출하신다.

그린은 다음과 같이 결론을 내린다. "남성적 은유가 '여성에 대한 억압'이라고 주장하는 사람은 그 은유를 문맥에서 떼어 놓고 해석하는 것이다. 즉 살아 있는 내러티브를 구성하는 필수 요소들이 아니라 의미를 지닌 독립적인 단위로 다루는 것이다." 엘렌 체리(Ellen Charry)에 따르면, 여성을 학대하는 남자들은 부권과 아들의 신분에 대해 왜곡된 생각을 갖고 있다. 하지만 삼위일체에 대한 올바른 이해를 갖게 되면 그런 왜곡을 바로잡을 수 있다. "남자들이 자신이 권력을 쥐고 있다는 기분을 고무하기 위해 통제하고 복종시키며 또는 다른 사람들에게 폭력을 가하는 성향을 강화시키는 방식으로 신적 부권과 아들의 신분을 이해하고 남자다움을 인식해 왔다면, 그들은 삼위일체, 성육신의 이유, 십자가의 능력, 부활의 소망에 대한 기독교적 교리를 제멋대로 고친 것이다." 이런 이유로 삼위일체적 언어를 제거하는 것은 교회의 그런 왜곡들을 바로잡는 데 도움이 되는 '주요 모범들'을 빼앗는 것이다.[10]

---

9 Garrett Green, "The Gender of God and the Theology of Metaphor", in *Speaking the Christian God: The Holy Trinity and the Challenge of Feminism*, ed. Alvin E. Kimel Jr. (Grand Rapids, Mich.: Eerdmans, 1992), p. 60.

10 Ellen Charry, "Is Christianity Good for Us?" in *Reclaiming Faith: Essays on Orthodoxy in the Episcopal Church and the Baltimore Declaration*, ed. Ephraim Radner and George R. Sumner (Grand Rapids, Mich.: Eerdmans, 1993), p. 234. 하나님 언어에 대한 또 다른 탁월한 글로 Katherine Greene-McCreight, "What's in a Name? On

그러므로 나는 하나님을 표현하는 남성 대명사를 사용해서, 독자들이 가부장적이지 않으면서도 문화적으로 유행을 타지 않는 참된 하나님을 오롯이 계시하는 성경적 내러티브에서 벗어나지 않게 할 것이다. 그분은 그분에 대한 우리의 생각을 타파하시는 두려운 타자다. 그분을 남성으로 보든, 문화적으로 거슬리지 않는다고 여기든 말이다. 나는 이 책에서 한편으로 모든 인간의 아버지와 아들 간, 다른 한편으로 신적 성부와 성자 간의 무한한 질적 차이를 강조하기 위해, 그리고 신적 이름에 충분한 경의를 표하기 위해 하나님을 표현하는 모든 남성 대명사를 대문자로 썼다.

---

the Ecumenical Baptismal Formula", Pro Ecclesia 6, no. 3 (1997): 289-308를 보라.

이름 및 주제 찾아보기

가톨릭 47-48
경건주의 37, 45
계몽주의 32, 63, 231
계시 63-99
  모형론으로서의 154-162
  비기독교 종교들 가운데 있는
    신학적 논증 125-162
  의 성경적 증거 101-123
  의 진리의 본질 76-84
  의 해석 88-99
  자연 69-75
고야마, 고수케 17
그레이엄, 돔 엘레드 204
그레이엄, 빌리 39, 47, 50
그렌츠, 스탠리 44
그리스 철학 19, 24, 130-131, 164-176
그린, 가렛 298
근본주의 15-16, 38, 48-51
기어츠, 클리포드 28

내쉬, 로널드 55
네트랜드, 해럴드 18, 80
노자 214-216, 220-225, 228-229
놀, 마크 A. 15, 202
뉴먼, 존 헨리 23-25
뉴비긴, 레슬리 66, 99, 125-126
니, 워치만 290
니버, 라인홀드 47
니버, H. 리처드 44, 198-199
니일, 스티븐 18-19, 30
니터, 폴 18-19, 56, 59

던, 제임스 116, 152
덜레스, 애버리 85-88
데이비스, 브라이언 171
데이튼, 도널드 48
도교 16, 73, 213-216
『도덕경』 213-214
드 멜로, 앤소니 200-201

드코스타, 가빈 82, 98, 130, 160-161
디노이아, 조셉 58-60, 156
디오니시우스 89

라이트, N. T. 25, 91
로렌스 형제 266
로크, 존 37
루이스, C. S. 57, 115, 116, 143-144, 154, 195, 237-238, 300
루터, 마르틴 23, 25, 43, 203, 210
린드벡, 조지 32, 44, 53, 105, 158-159
린위탕 15-16, 196

마스덴, 조지 36, 39, 202
마티, 마틴 E. 38
말허브, 아브라함 122-123
매킨타이어, 앨리스더 160
매튜스, 빅터 H. 111
맥그래스, 알리스터 37, 40, 45, 98, 126
맥그래스, 프란시스 25,
맥더모트, 티모시 169-170, 174
맥소리, 해리 S. 23
맥카힐, 밥 262, 268
맹자 232-235, 239-247
머튼, 토머스 209
모건, 에드먼드 22-23
모형론 141-147, 154-162
무위 73, 216-223
밀러, 앨런 242

바르트, 칼 40, 44, 53, 69, 74-76, 83-84, 96, 147-149, 188-189, 205, 283
백스터, 리처드 47
베르까워, G. C. 75
베스터만, 클라우스 107
베케트, 하인츠 184, 191
보캄, 리처드 98
복음주의 16-21, 31-61
부버, 마르틴 17, 149
부스마, 윌리엄 J. 175-176
불교 17, 24, 127, 157, 181-212
　대승 127, 141, 154
　선 196, 208-210
　소승 17, 59, 213
브라운, 콜린 82
브라운, 피터 164
브로밀리, 제프리 84
브루너, 에밀 74, 79
블러쉬, 도널드 44
블룸, 해럴드 264-265

사네, 라민 272-274
샌더스, 존 18, 57
슐라이어마허, 프리드리히 41
스미스, 윌프레드 캔트웰 56, 59, 79
스코트, R. B. Y. 117
스택하우스, 존 G., 61, 200
스프로울, R. C. 55
신란 194-195

신플라톤주의 19, 164-167

아리스토텔레스 19, 24, 168-174
아우구스티누스 19, 28, 55, 131, 164-168, 210
아퀴나스, 토마스 19, 24, 81, 128, 168-174, 186-188, 282
앤더슨, J. N. D. 18, 57
언약 신학 132-141
에드워즈, 조나단 20, 26, 37, 42, 44-45, 287
　와 계시 69-72, 84, 90, 92-96, 154-156, 192, 197, 226-227, 231. 235-236, 238,
　와 모형론 141-147
　와 언약들 132-141
에라스무스 175
에릭슨, 밀라드 7
에머슨, 랄프 왈도 197, 203
에크, 다이애나 18
에크하르트, 마이스터 279
오덴, 토머스 66
오켕가, 해럴드 39
오토, 루돌프 79, 125
올슨, 로저 E. 41, 45
와드, 키이스 18, 157
워필드, B. B. 44
월튼, 존 H. 111
웨슬리, 존 37, 45, 57

유교 16, 23, 231-247
유스티누스 57, 131
유하혜 240
이레나이우스 57
이신론 63
이슬람교 23, 249-276
　수피즘 257-259
인문주의 175-179

장자 214-215, 218-223, 228-229
존슨, 사무엘 192
종교개혁 36-37
청교도주의 37, 42, 45
체리, 엘렌 301

카넬, E. J. 39
칸트, 임마누엘 203, 236
칼뱅, 장 19, 23, 42, 43, 55, 132, 175-179, 281, 289
　과 계시 69-72, 92
케네디, 로버트 E. 139
케플러, 요하네스 66
코르두안, 윈프리드 30
쿤, 토마스 32
퀸틸리아누스 175-176
큉, 한스 184, 191
크래크넬, 케네스 18
크랙, 케네스 30

이름 및 주제 찾아보기　305

크렘파, 윌리엄 132
클라크, 데이비드 C. 32
클레멘스, 알렉산드리아의 57, 131
클루니, 프란시스 X. 18, 157
키르케고르, 쇠렌 65, 89, 204

트레이시, 데이비드 193
특수성의 스캔들 16

파이어아벤트, 폴 32
파크레, 가브리엘 34, 44, 88-89
패커, J. I. 46, 78
페이지, 테렌스 121
펠리칸, 야로슬라브 165
포레트, 마가렛 279
포스트모더니즘 31, 211, 273
폴, 샬롬 M. 105
프라이, 한스 38, 44, 53
플라톤 164, 168
플래처, 윌리엄 53
플로티노스 164

피녹, 클라크 18, 57, 61, 97, 129, 156
피어리스, 알로이시우스 56
피터슨, 데이비드 L. 104

하벨, 바츨라프 273
하우어워스, 스탠리 296
하임, S. 마크 58-60, 287
하지, 찰스 38, 44
헌싱거, 조지 149
헨리, 칼 38-39, 44
혜능 196-197, 199
호메이니, 아야톨라 250
호프만, 발레리 J. 256
후기 자유주의 53-54
휫필드, 조지 37, 45
힉, 존 19, 56, 59
힌두교, 박티 127, 141, 154
힌리키, 폴 297

성구 찾아보기

창세기
1:2 130
3:15 145
3:21 145
6:13-21 78
12:1-18 78
12:3 84
14:17-24 106
14:19 106
15장 112
16:10 77
18:1-19:1 78
28:10-17 68
32:24-30 68
35:7 68, 77
35:9 68

출애굽기
3:2-4:18 77

3:7-22 78
6:3 77
8:19 108
9:27 108
10:16 108
12:36 144
13:14 66
14:4 103
19:11-20 77
24:9-11 138
33:20 65

민수기
11:12 295
12:6-8 77
12:8 68

신명기
6:4 49

6:13-25 78
29:29 97
34:10 68

여호수아
2:10-11 108

사사기
13:9-23 77
13:15-20 68

사무엘상
3:1-14 68
3:21 68
10장 68

열왕기상
16:31 118
17:1-16 118

22:17-23 68

열왕기하
5:1-14 118
5:15 108

역대하
2:11-12 108
35:20-27 114

욥기
2:10 200
12:10 130
28장 152
33:4 130

시편
18:2 68
19:1 69, 150
19:3 75
22:9-10 295
71:6 295
78:5-8 78
104:30 130
139:7 130
139:13 295
147:19 78

잠언
22:17-24:22 116
23:4-5 116

이사야
10:5-6 70
37장 103
37:20 103
40:5 103, 150
42:1 103
45:15 97
49:6 103
49:15 295
49:26 103
55:8-9 189
58:6 117
60:3 103
61:1-2 117
66:9 295
66:13 295
66:18-19 103

예레미야
1장 68
1:5 103
3:17 103
8:11 287
49:3 178

에스겔
1장 77
20장 104
25:5 104
25:11 104
25:17 104
26:6 104
28:23 104
29:6 104
29:8 104
38:16 104
38:23 104

다니엘
2:46-47 109
3:28 109
4:34-37 109
6:25-27 109

아모스
3:7 78
9:7 105

하박국
1:5-6 70

마태복음
5:43-45 246
6:28 203

7:21-23 287
10:29-30 197
10:37 185
11:10 83
11:25 152
11:25-27 65, 97
11:27 296
12:3 83
12:49-50 185
12:50 246
13:1-50 68
13:11-15 68
15:21-28 120, 269, 281
16:17 65, 91
19:4-5 83, 84
21:13 83
21:16 83
23:37 295
26:24 83

마가복음
2:25 83
7:20-23 182
9:12-13 83
11:17 83
12:10 83
12:26 83
14:21 83
14:27 83

누가복음
4:14-30 117, 281
4:22 117
4:24-26 117
4:27 118
4:28-29 119
6:3 83
6:32 235
7장 121
7:1-10 119, 281
7:9 119
7:27 83
10:25-37 120
15:24 287
17:18 120
17:33 207
19:46 83
24:13-16 160
24:16 97

요한복음
1:1 68
1:1-5 178
1:9 110, 292
1:14 77, 188
1:17 68
1:17-18 40
1:18 65, 187
3:16 206

4:27 246
6:63 130
10:7 49
14:6 58
14:9 68
14:25-26 69
14:26 98
15:15 78
15:26 129
16:12-15 78
16:13-14 98
16:14-15 283
16:15 99
17:21 202

사도행전
1:24-26 68
2:33 129
4:12 58
4:25-26 69
7:22 116
8:9-11 120
10:44-48 121
13:16 121
13:26 121
14장 54
14:17 69, 105, 150
16:14 121, 286
17:25 130

17:26-27 69
17:27 75
17:28 110, 151
18:7 121
21:8 36

로마서
1장 105
1:5 66
1:18-20 54, 72
1:19-20 69
1:20 75, 150
1:21-26 65
2:14 65
2:14-15 73, 150, 245, 267, 292
2:15 70, 75
3:9-18 167
3:23 167, 202
6:6 202
7장 207, 243
7:14-24 167
8장 210
8:28 197
9:17 84
11:33-36 293
13:13-14 163
16:26 67

고린도전서
1:27-29 225
2:1-2 206
2:13 152
2:14 65, 92
3:2 177
3:21 197
7장 185
9:9-10 142
10:6 142
11:5-16 260
13:9-12 167

고린도후서
4:4 67, 92
4:6 65, 74
6:18 97
12:5-10 223
12:7 227
12:9 227

갈라디아서
1:12 91
3:8 84

에베소서
1:4 41
1:9-14 78
1:11 97

1:15-18 121
1:17-18 91
2:1 65
3:3-11 78
3:5 64
3:15 300
3:19 81
4:11 36
4:18 65
4:22 205
5장 143

빌립보서
2:7 206
3:12 167

골로새서
1:15 67
1:17 24, 192, 197
2:3 24
3:3 206
3:9 205

디모데전서
5:18 84
6:16 65

디모데후서
3:16 84

3:17 159
4:5 36

히브리서
1:1-2 68
1:2 159
1:5-14 83
5:11-14 288
5:14-6:1 289
11:31 108

야고보서
1:13-16 234

베드로후서
1:20-21 84
2:15 108
3:2 84
3:15-16 84

요한일서
1:1-3 65

2:16 204
2:23 296
4:2-3 98

유다서
3절 280
11절 108

요한계시록
1:1 78

옮긴이 **한화룡**은 경희대학교 경영학과를 졸업하고 IVP 간사를 역임했으며, 합동신학대학원대학교와 미국에 있는 웨스트민스터 신학교, 풀러 신학교에서 수학했다. 현재 백석대학교 기독교학부 조교수로 선교학 및 기독교 관련 교양과목을 가르치고 있다. 저서로 『전쟁의 그늘: 1950년, 황해도 신천학살 사건의 진실』(포앤북스), 『4대 신화를 알면 북한이 보인다』, 『도시선교』(이상 IVP)가 있으며, 역서로 『하나님 백성의 선교』, 『하나님의 선교』(이상 IVP), 『신약을 선교적으로 어떻게 읽을 것인가』, 『영적 전쟁의 정석』, 『하나님의 온전한 선교』(이상 대서) 등 다수가 있다.

기독교는 타종교로부터 무엇을 배울 수 있는가?

초판 발행_ 2018년 5월 23일

지은이_ 제럴드 맥더모트
옮긴이_ 한화룡
펴낸이_ 신현기

펴낸곳_ 한국기독학생회출판부
등록번호_ 제313-2001-198호(1978.6.1)
주소_ 04031 서울 마포구 동교로 156-10
대표 전화_ (02)337-2257 팩스_ (02)337-2258
영업 전화_ (02)338-2282 팩스_ 080-915-1515
홈페이지_ http://www.ivp.co.kr 이메일_ ivp@ivp.co.kr
ISBN 978-89-328-1444-5

ⓒ 한국기독학생회출판부 2018

책값은 뒤표지에 있습니다.
무단 전재와 복제를 금합니다.